Os
32 Princípios

RENER GRACIE
Paul Volponi

Os
32 Princípios

Utilize o poder do jiu-jítsu para ter sucesso nos negócios, nos relacionamentos e na vida

Prefácio de Jocko Willink

Tradução
Antenor Savoldi Jr.
Cássio de Arantes Leite
Renato Marques

Copyright © 2023 by Rener Gracie, Paul Volponi.
Este livro foi publicado mediante acordo com BenBella Books, Inc., Folio Literary Management, LLC e Agência Riff.

TÍTULO ORIGINAL
The 32 Principles

PREPARAÇÃO
João Guilherme Rodrigues e Leandro Kovacs

REVISÃO TÉCNICA
Thiago Demétrio Escaleira

REVISÃO
Midori Hatai e Rayana Faria

DESIGN DE CAPA ORIGINAL
Morgan Carr

ADAPTAÇÃO DE CAPA
Laísa Andrade

FOTO DE CAPA
Racquel Kussman

DIAGRAMAÇÃO
Tanara Vieira

CIP-BRASIL. CATALOGAÇÃO NA PUBLICAÇÃO
SINDICATO NACIONAL DOS EDITORES DE LIVROS, RJ

G757t

Gracie, Rener, 1983-
 Os 32 princípios : utilize o poder do jiu-jítsu para ter sucesso nos negócios, nos relacionamentos e na vida / Rener Gracie, Paul Volponi ; [tradução Antenor Savoldi Jr., Cássio de Arantes Leite, Renato Marques. - 1. ed. - Rio de Janeiro : Intrínseca, 2023.
 320 p. ; 21 cm.

 Tradução de: The 32 principles
 ISBN 978-65-5560-610-2

 1. Jiu-jítsu - Brasil. 2. Artes marciais. 3. Autorrealização. 4. Técnicas de autoajuda. I. Volponi, Paul. II. Góes, Marina. III. Savoldi Jr., Antenor. IV. Leite, Cassio Arantes. V. Marques, Renato. VI. Título

23-85763   CDD: 796.8152
                  CDU: 796.853.23

Gabriela Faray Ferreira Lopes - Bibliotecária - CRB-7/6643

[2023]
Todos os direitos desta edição reservados à
EDITORA INTRÍNSECA LTDA.
Av. das Américas, 500, bloco 12, sala 303
22640-904 – Barra da Tijuca – Rio de Janeiro – RJ
Tel./Fax: (21) 3206-7400
www.intrinseca.com.br

O jiu-jítsu é uma filosofia. Ele me ajuda a aprender a encarar a vida.

—Helio Gracie, fundador do jiu-jítsu brasileiro

Para minha mãe: muito obrigado por sempre me inspirar a aplicar os ensinamentos do jiu-jítsu nos momentos mais importantes.

—R. G.

Dedico este livro a todos os meus professores — das salas de aula às esquinas da cidade — que me mostraram que nada vem fácil: é preciso propósito e trabalho duro.

—P. V.

Sumário

Prefácio de Jocko Willink   9

Introdução   15

Capítulo 1:   O Princípio da Conexão   25

Capítulo 2:   O Princípio do Afastamento   35

Capítulo 3:   O Princípio da Distância   41

Capítulo 4:   O Princípio da Pirâmide   49

Capítulo 5:   O Princípio da Criação   59

Capítulo 6:   O Princípio da Aceitação   67

Capítulo 7:   O Princípio da Velocidade   75

Capítulo 8:   O Princípio do Relógio   85

Capítulo 9:   O Princípio do Rio   95

Capítulo 10:   O Princípio da Estrutura   105

Capítulo 11:   O Princípio de Kuzushi   115

Capítulo 12:   O Princípio do Reconhecimento   127

Capítulo 13:   O Princípio da Prevenção   137

Capítulo 14:   O Princípio da Tensão   147

Capítulo 15:	O Princípio do Forçado	159
Capítulo 16:	O Princípio da Postura	167
Capítulo 17:	O Princípio da Falsa Rendição	175
Capítulo 18:	O Princípio do Esgotamento	185
Capítulo 19:	O Princípio do Isolamento	195
Capítulo 20:	O Princípio do Sacrifício	203
Capítulo 21:	O Princípio do Impulso	211
Capítulo 22:	O Princípio do Pivô	219
Capítulo 23:	O Princípio da Carona	229
Capítulo 24:	O Princípio da Sobrecarga	237
Capítulo 25:	O Princípio da Âncora	247
Capítulo 26:	O Princípio da Chave-Catraca	259
Capítulo 27:	O Princípio da Flutuação	267
Capítulo 28:	O Princípio do Controle da Cabeça	275
Capítulo 29:	O Princípio do Redirecionamento	285
Capítulo 30:	O Princípio da Mobilidade	295
Capítulo 31:	O Princípio da Linha Central	305
Capítulo 32:	O Princípio do Grande Mestre	315
Agradecimentos		319

Prefácio

"Jiu-jítsu é vida", é o que costumam dizer os praticantes da arte suave. Uns repetem a frase com um tom jovial: praticá-lo é tão divertido e envolvente que parece permear todos os aspectos da sua existência. Outros preferem adotar um tom mais sério: o jiu-jítsu influencia nosso cotidiano de tal modo que se transforma em obsessão e passamos cada momento livre tentando aprender, desenvolver e aperfeiçoar nossas habilidades nessa arte marcial. Mas, quando penso em "Jiu-jítsu é vida", sempre me vem à mente uma correlação direta: as dificuldades, as provações, as tribulações e os triunfos que enfrentamos em nosso dia a dia se refletem no tatame, e vice-versa.

Fui apresentado à modalidade no começo dos anos 1990 por um reverenciado mestre-suboficial dos SEAL da Marinha dos Estados Unidos. Na época, eu era um jovem fuzileiro lotado em além-mar pela primeira vez. Durante nossa chamada matinal, o mestre-suboficial perguntou quem gostaria de aprender a lutar. Levantei a mão, e minha vida mudou para sempre.

Minutos depois, o mestre-suboficial — um cara magrelo, mais velho e bem menor do que eu — me aplicou uma série de nós, imobilizando-me em posições que não me deixavam outra escolha a não ser bater a mão em sinal de rendição. Fiquei besta. Que absurdo. Por mais que tentasse, eu não conseguia passar mais de trinta segundos atracado ao sujeito. Tentei várias e várias vezes, dei meu máximo para dominá-lo, mas era impossível.

Meus camaradas não tiveram melhor sorte.

Ao final de quase uma hora, o mestre-suboficial encarou aqueles rostos extenuados e falou: "Cavalheiros, sejam bem-vindos ao jiu-jítsu da família Gracie."

Eu não fazia ideia do que ele queria dizer. Aquele negócio estava mais para magia — um poder oculto além da minha compreensão. Mas uma coisa eu compreendi: precisava aprender quanto antes os segredos do poder mágico do jiu-jítsu.

O mestre-suboficial — seu nome era Steve Bailey — aprendera a lutar nos anos 1980 e 1990 na lendária Garagem Gracie, em Torrance, Califórnia. Como gostava de dizer, Bailey não era um mestre na arte, e sim um iniciante. Mas, para nos dominar completamente repetidas vezes e fazer com que nos rendêssemos com a maior facilidade, não precisou de mais do que alguns golpes básicos.

Assim teve início minha jornada no jiu-jítsu. Continuei treinando com o mestre-suboficial Bailey enquanto nosso destacamento permaneceu mobilizado. Quando regressei aos Estados Unidos, procurei uma academia e conheci o professor Fabio Santos, cuja linhagem no jiu-jítsu remetia diretamente à família Gracie.

Dediquei à arte cada hora disponível, às vezes passando na academia no horário do almoço para um treino rápido, voltando à noite para mais aulas. Eu estava obcecado. Aprendi as posições básicas: a montada, os ganchos das costas, a guarda, a meia-guarda, o controle lateral. Aprendi as finalizações básicas, os golpes realmente capazes de render o oponente: a chave de braço reta, a *kimura*, a americana, o estrangulamento de gola, a guilhotina, o mata-leão, as chaves de pé, tornozelo e joelho. Com o tempo, aprendi a lutar. Mas também comecei lentamente a perceber que o jiu-jítsu não era apenas um catálogo de golpes individuais. Na verdade, os golpes estavam interligados — funcionavam melhor quando combinados em sequência, apoiando-se uns aos outros. Isso, por sua vez, me levou a perceber que o jiu-jítsu tampouco se resumia a combinações de golpes: existem princípios subjacentes que fazem todo o sistema funcionar.

Mais importante, porém, é que com o tempo me dei conta de que os princípios do jiu-jítsu não são apenas uma forma de lutar — são uma forma de *raciocinar*. Percebi a correlação entre os princípios do jiu-jítsu, da liderança, do combate e da própria existência. Passei a aplicá-los em tudo que fazia. E quanto mais recorria a eles em todos os demais aspectos da minha vida, melhor ficava em conduzi-los: me tornei um fuzileiro melhor, um líder melhor, uma pessoa melhor.

Então, quando Rener Gracie, neto do criador do jiu-jítsu brasileiro Helio Gracie, me pediu para prefaciar seu livro, a empolgação que senti ao ler o título me fez dizer sim na hora: *Os 32 Princípios: Utilize o poder do jiu-jítsu para ter sucesso nos negócios, nos relacionamentos e na vida*. Era algo que fazia total sentido para mim, considerando a ligação pessoal de Rener com o fundador da modalidade, seu vasto conhecimento da arte, sua capacidade única de adaptar o jiu-jítsu para que qualquer pessoa fosse capaz de aprendê-lo, seu sucesso em vários empreendimentos comerciais (muitos deles sem relação com artes marciais) e sua honorável posição como neto, filho, marido, irmão e pai. Tudo isso simbolizava perfeitamente a máxima de que "jiu-jítsu é vida". Não via a hora de mergulhar na leitura. E não me decepcionei.

O livro delineia os preceitos subjacentes ao jiu-jítsu executados tanto na luta quanto na vida. São os mesmos princípios que aprendi e apliquei a todos os aspectos do meu dia a dia. Mas Rener os sistematizou de maneira simples, clara e fácil, de modo a serem acessíveis a qualquer pessoa, em qualquer situação, independentemente de ser um faixa preta ou de nunca ter vestido um kimono. Esses princípios foram testados dentro e fora do tatame, e seguramente ajudarão uma pessoa determinada a implementá-los. Eis alguns deles:

O Princípio do Afastamento ensina que em algumas situações é mais vantajoso se separar do adversário, recuar, tomar distância. Isso também vale para algumas situações da vida: em certos momentos, a melhor opção é se afastar do problema. Se a pessoa está num relacionamento ruim ou num emprego pouco gratificante, às vezes a única coisa a fazer é simplesmente desapegar e partir para outra.

O Princípio da Criação baseia-se em agir para provocar uma reação vantajosa. No tatame, significa executar golpes que levem a uma reação do oponente; na vida, criar um cenário que o ajude a se movimentar em direção ao objetivo desejado — por exemplo, perguntar coisas específicas a seu chefe de modo a conseguir um aumento ou assumir uma postura proativa em um projeto para deixar claro que você está pronto para ser promovido.

O Princípio do Forcado requer que o praticante utilize ataques múltiplos e simultâneos a fim de deixar o adversário em má situação — cada um dos desfechos disponíveis termina com o outro espetado em um dos dentes desse garfo. Por exemplo, um lutador experiente usará, ao mesmo tempo, um triângulo, uma chave de braço e uma raspagem. Para se defender do triângulo, o adversário se estica, ficando vulnerável a uma chave de braço, até ceder ao peso, perder o equilíbrio e ser raspado. A aplicação desse princípio à vida nos ensina a sempre tentar extrair o melhor de qualquer circunstância. Seja uma aliança estratégica entre empresas, seja a relação com os filhos, quando atuamos em várias frentes para transformar o desafio em vitória estamos aplicando o Princípio do Forcado.

O Princípio do Esgotamento recorre à paciência, à persistência e à pressão para derrotar um oponente. No jiu-jítsu, esse princípio é óbvio: um lutador usa certas posições para conservar a própria energia enquanto o outro se debate. Com o passar do tempo, o oponente fica exausto e pode ser facilmente derrotado. Na vida, esse princípio é igualmente eficaz: em vez de tentar forçar uma nova ideia, algo que pode resultar em atritos e conflitos desnecessários, é melhor introduzi-la aos poucos, com o tempo, de forma a ser plenamente compreendida e aceita de bom grado.

O Princípio do Sacrifício nos ensina que para ter sucesso é preciso fazer... bem, sacrifícios! O conceito vem do xadrez: ceder um peão para eliminar uma torre. No jiu-jítsu, significa correr o risco de abrir mão de um triângulo para vencer a guarda ou deixar a montada para tentar uma chave de braço. Na vida e nos negócios, também nada vem sem sacrifício. Às vezes, é preciso ignorar o lucro de curto prazo em troca de um crescimento de longo prazo ou resistir à tentação de dar aos filhos o que eles *querem* para ensinar a lição de vida que eles *precisam*.

O Princípio do Redirecionamento busca transformar uma situação negativa em positiva. Significa muitas vezes usar a energia do adversário contra ele próprio: quando você é empurrado com força excessiva, pode redirecionar essa energia para descobrir o outro com relativa facilidade. O princípio tem valor inestimável também fora do tatame, podendo ser empregado para apaziguar uma situação de conflito que esteja saindo do controle ou fazer aquele filho hiperativo que não consegue deixar o irmãozinho em paz direcionar as suas energias para algo mais produtivo, como brincar, se exercitar ou explorar coisas novas.

Enumerei apenas meia dúzia de exemplos dos princípios delineados neste livro. Alguns podem parecer óbvios, enquanto outros contêm mais vieses, são mais sutis. Mas são todos efetivos – no tatame e na vida. Como é difícil explicar os movimentos e golpes de uma luta marcial apenas com palavras, Rener incluiu um QR code no início de cada capítulo, remetendo a um vídeo em que ele e seu irmão, Ryron, demonstram e ensinam como aplicar à luta o princípio retratado (ah, se Sun Tzu tivesse acesso à mesma tecnologia quando escreveu *A arte da guerra*...). Esses vídeos complementares oferecem uma experiência única, fazendo a importante ponte entre as aplicações dos 32 Princípios na luta e na vida.

Assim que o leitor compreende o princípio, automaticamente enxerga como se aplica em todo lugar e circunstância.

O propósito do livro é levar os ensinamentos do jiu-jítsu ao maior número de pessoas possível, de modo que possam ser aprendidos e utilizados para tornar o leitor um verdadeiro grão-mestre da própria vida.

Mas tenha sempre em mente o que diz o último princípio: Helio Gracie, o cocriador do jiu-jítsu brasileiro, nunca parou de buscar conhecimento. Nunca deixou de ser um aprendiz. Nunca acreditou que sabia de tudo. E é o que também devemos fazer.

Precisamos aprender constantemente. E este livro é uma grande fonte de aprendizado.

Aprenda suas filosofias. Aprenda seus princípios. Aprenda suas lições.

Aprenda até que a frase "jiu-jítsu é vida" se torne uma certeza.

Sou grato a Rener Gracie por destilar a arte suave a seus 32 Princípios essenciais e deixá-los tão acessíveis ao conhecimento e ao aprendizado do público geral.

E sou grato à família Gracie por tudo que proporcionou ao mundo, e a mim pessoalmente, com as técnicas e a sabedoria do jiu-jítsu.

—Jocko Willink,
dezembro de 2022

Introdução

Olá. Meu nome é Rener Gracie. O jiu-jítsu brasileiro é um dos sistemas de defesa pessoal mais eficientes do mundo e tenho o privilégio de ter nascido na família que o criou. Embora não tenha diploma universitário, passei os primeiros dezenove anos da minha vida aprendendo a dominar a arte do jiu-jítsu, aperfeiçoando as centenas de técnicas que me permitiram controlar e derrotar adversários maiores e mais fortes. Após dominar fisicamente tais técnicas, dediquei as décadas seguintes a depurar a arte e a extrair seus ensinamentos básicos. Costumo usá-los para me orientar em situações desafiadoras e conquistei um alto nível de sucesso em minha vida pessoal e profissional. Com este livro, pretendo partilhar esses princípios, que foram a chave do meu sucesso, para que você também possa superar seus obstáculos e apreciar a vida com a confiança, a clareza e a convicção de um faixa preta — e, para desfrutar desse crescimento, não será preciso sequer pisar em um tatame!

Até o surgimento do jiu-jítsu brasileiro, nunca houve uma arte marcial que pudesse ser praticada por indivíduos menores e mais fracos para derrotar adversários maiores e mais atléticos com impressionante consistência em lutas de "vale-tudo". Meu avô, Helio Gracie, que parou de frequentar a escola na terceira série por ser uma criança debilitada e suscetível a intensos ataques de vertigem, inventou esse estilo de jiu-jítsu na década de 1920 junto com seu irmão como uma maneira de usar alavancas em vez de força na abordagem do jiu-jítsu tradicional. Apenas dez anos depois, pesando pouco mais de 63 quilos, meu avô se consolidou como o primeiro herói nacional dos esportes no Brasil, enfrentando desafiantes e os derrotando com regularidade, independentemente de sua categoria, tipo de arte marcial ou nacionalidade. Só que Helio Gracie não estava em uma missão para provar seu próprio valor, e sim, antes disso, para provar o valor da arte que criara.

A jornada da minha família para mostrar ao mundo o valor do jiu-jítsu brasileiro não parou com ele — meu avô repassou a tradição para seus filhos, cuja paixão pelo esporte era comparável à sua. Em 1993, meu pai, Rorion Gracie, que emigrou para os Estados Unidos em 1978 e por anos ensinou a arte do jiu-jítsu na garagem de casa, criou, junto com outros parceiros, o UFC (Ultimate Fighting Championship). Seu objetivo era realizar lutas entre grandes especialistas nas maiores artes marciais em um torneio de vale-tudo com oito competidores em rodadas eliminatórias, a fim de revelar ao público o que realmente funcionava – e não funcionava – em um combate pessoal. Não havia limite de tempo, categorias de peso, luvas nem regras. Escolhido para representar a família e competir no primeiro evento, meu tio, Royce Gracie, entrou no octógono da McNichols Sports Arena, em Denver, como se fosse um Davi prestes a enfrentar um trio de Golias na mesma noite, munido apenas de uma funda chamada jiu-jítsu. Após derrotar os três em menos de cinco minutos, ficou claro que as artes marciais nunca mais seriam as mesmas. Um ano após o primeiro evento do UFC, seu sucesso repetido no UFC 2 (e mais tarde no UFC 4) levou qualquer lutador sério de artes marciais a repensar completamente suas abordagens de luta. Três décadas se passaram desde essas duas vitórias brilhantes, e hoje nenhum lutador de MMA — Mixed Martial Arts — pisa no octógono sem primeiro ter investido pesado em suas habilidades de jiu-jítsu.

Quanto a mim, foi num tatame que aprendi a dar meus primeiros passos. Não sei o que é viver sem o jiu-jítsu, tampouco sem a confiança que essa arte estimulou em mim. Sempre que algum obstáculo na vida impede meu progresso, não dou meia-volta frustrado, sentindo-me indefeso e acreditando que o mundo me venceu. Em vez disso, vou atrás de uma potencial solução para o tal problema aparentemente insuperável. Mas, antes disso, qualquer um, inclusive eu, precisa ter a convicção de que a solução de fato existe. Isso é parte do que o jiu-jítsu me ensinou. Seja uma técnica individual ou um princípio essencial da arte, posso recorrer à minha caixa de ferramentas física e mental aprimorada no jiu-jítsu para lidar com os problemas — sejam eles pessoais, profissionais ou o que mais houver no meio — e encontrar soluções.

Sou professor há mais de 25 anos. Entre aulas presenciais e cursos gravados, ensinei jiu-jítsu a milhões de pessoas de todas as idades e lugares. De crianças vítimas de bullying a soldados das Forças Especiais, de empresários a vítimas de agressão sexual, muitos me procuraram com o objetivo de aprender as técnicas baseadas em movimentos de alavanca para levar a melhor nas circunstâncias caóticas de um embate físico violento. Após apenas alguns meses de treino, meus alunos chegam à conclusão de que usando a técnica correta no momento correto, estão muito mais capacitados do que jamais imaginaram. Uma vez tendo vivenciado esse inevitável progresso, passam a enxergar a vida por um prisma inteiramente diferente, e é aí que começa o verdadeiro crescimento.

Em 2020, com a pandemia de covid-19, eu e meu irmão mais velho, Ryron, tivemos que fechar as portas da Gracie University, nossa escola de jiu-jítsu no sul da Califórnia. Foi um verdadeiro soco no estômago da nossa paixão e meio de vida. Mas, em vez de cruzar os braços e aguardar a permissão para voltar a fazer o que tanto amávamos, corremos atrás das respostas que o jiu-jítsu tinha a nos oferecer de uma forma que nunca havíamos feito. Começamos a fazer perguntas e a conduzir experimentos para descobrir se havia um número finito de princípios claramente definíveis e fáceis de compreender nos quais *toda* a técnica se baseava. Embora o jiu-jítsu sempre tenha priorizado a *eficiência*, e os princípios mais gerais do *timing* e do *controle* fossem relativamente conhecidos, estávamos fortemente inclinados a pensar que havia algo mais profundo a ser explorado, algo que pudesse proporcionar grande valor aos praticantes do mundo todo. Após vários meses de estudo e incontáveis horas no tatame, identificamos o que chamamos de "32 Princípios". Concluímos que toda a técnica no jiu-jítsu era possibilitada por um ou mais desses conceitos, e essa sacada nos deu uma nova perspectiva sobre a arte. Empolgados para partilhar nossas descobertas, criamos uma série de vídeos demonstrativos chamados *Os 32 Princípios do jiu-jítsu*, e a reação da comunidade do jiu-jítsu brasileiro excedeu nossas maiores expectativas. Nas primeiras 72 horas após seu lançamento, o curso vendeu que nem água, tornando-se o curso de técnicas de artes marciais mais rapidamente vendido de todos os tempos.

O "alfabeto" do jiu-jítsu

Em busca de um feedback sincero sobre como os 32 Princípios impactavam alunos de jiu-jítsu do mundo todo, uma analogia nos ocorreu repetidas vezes: *Imagine que você está tentando aprender de ouvido um novo idioma. Então descobre que existe um alfabeto de 32 letras que lhe permite visualizar e compreender a formação das palavras bem diante dos seus olhos.* Com esses 32 Princípios, meu irmão e eu aparentemente descobríramos o "alfabeto" do jiu-jítsu brasileiro, que, com base no feedback dos praticantes, fossem eles experientes ou novatos, funcionou como um componente crucial para sua fluência geral na arte.

A vida sob um novo prisma

Após refletir muito sobre como os 32 Princípios haviam moldado meu próprio desenvolvimento no jiu-jítsu, não pude deixar de me perguntar se não os estaria usando subconscientemente para também moldar minha vida fora do tatame. Como vim a descobrir, a resposta era um sonoro "sim!". Tendo começado a trabalhar no negócio familiar aos treze anos, o jiu-jítsu moldou minha forma de interagir com o mundo, de modo que não foi surpresa perceber que eu me baseava nesses mesmos 32 Princípios desde que me entendo por gente para superar obstáculos e alcançar o sucesso em minha vida pessoal e profissional. Para exemplificar, aqui está um breve resumo de como os seis primeiros princípios do jiu-jítsu pautaram meus pensamentos e ações diante das adversidades ao longo dos anos e como, no processo, mudaram o rumo da minha vida:

- O Princípio da Conexão me permitiu transformar uma catastrófica contusão nas costas em um empreendimento global on-line capaz de aumentar exponencialmente o impacto da família Gracie.
- O Princípio do Afastamento me orientou em meio aos desafios e complexidades envolvendo a morte precoce e trágica da minha mãe.
- O Princípio da Distância me ensinou a lidar com as dificuldades dos relacionamentos pessoais quando duas pessoas de quem eu gostava acabaram traindo minha confiança.
- O Princípio da Pirâmide me inspirou a criar uma base sólida de produtos patenteados que puseram nossa empresa na vanguarda de uma indústria saturada.
- O Princípio da Criação fez com que minha família transformasse incontáveis praticantes de artes marciais tradicionais em fanáticos por jiu-jítsu brasileiro, usando métodos que eles jamais imaginavam.
- O Princípio da Aceitação salvou meu casamento antes mesmo de eu me casar, ao me permitir perceber que o fato de minha esposa não se encaixar no molde que eu achava que desejava não significava que ela não fosse exatamente quem eu precisava ter ao meu lado..

E a lista segue...

Quanto mais reflito sobre minha vida, mais vejo que não existe um único obstáculo que eu não tenha conseguido superar sem atribuir o sucesso a um ou mais dos 32 Princípios. Ainda que naquele momento eu não tivesse um nome para eles, após passar pelo processo de identificar, nomear e definir cada um, ficou perfeitamente claro que esses princípios haviam me guiado a vida toda.

Eliminando a única limitação do jiu-jítsu

Tendo dedicado quase quarenta anos à prática da arte suave, concluí ter identificado a única limitação do jiu-jítsu: a fim de se beneficiar do impacto transformador dessa arte marcial, a primeira coisa a fazer seria vestir um kimono e entrar no tatame para aprender as técnicas. Mas, com este livro, pretendo superar essa limitação.

Em parceria com o premiado autor e jornalista Paul Volponi e baseado nos 32 Princípios do jiu-jítsu, criei um currículo abrangente de resolução de problemas que qualquer um pode usar para enfrentar desafios pessoais e profissionais com a mesma confiança, convicção e clareza que, por quase um século, os praticantes dessa arte vêm usando durante as lutas.

Este livro se divide em 32 capítulos, um para cada princípio. Embora possam ser lidos na ordem apresentada, se o leitor preferir explorá-los aleatoriamente descobrirá o valor de cada um em si mesmo. Todos os capítulos possuem seções que delineiam como os princípios podem ser usados em diversos aspectos – suas aplicações no combate, na vida e nas relações pessoais e sociais –, mas sem se restringir a eles.

Aplicação no combate

Tenho falado a executivos e empreendedores em conferências de liderança por todos os Estados Unidos sobre o impacto e a aplicação dos 32 Princípios na vida e nos negócios. Não sou um palestrante tradicional: normalmente começo demonstrando diversas técnicas de jiu-jítsu no palco, não só para animar a audiência, mas também para contextualizar visualmente cada princípio em sua aplicação de combate antes de explicar como eles funcionam na vida e nos negócios. Quando contemplava a ideia de escrever o livro, uma das minhas principais preocupações era o fato de que os leitores não desfrutariam da mesma experiência visual proporcionada ao público em minhas palestras. Em busca de uma solução, me vali do Princípio do Tagalong (Capítulo 23) e decidi acrescentar um QR code no início de cada capítulo.

Ao ser escaneado pelo celular, o código abrirá breves vídeos em que meu irmão e eu demonstramos o princípio em questão no contexto de uma luta pessoal. Após assistir, o leitor ficará mais bem preparado não só para se defender em um confronto físico, como também para mergulhar na leitura do capítulo, no qual aprenderá sobre as aplicações desse mesmo princípio na vida.

Embora o QR code tenha sido inventado em 1994, foi apenas a partir da pandemia de covid em 2020 que seu uso se difundiu. Melhor teria sido se a pandemia nunca tivesse ocorrido, mas fico feliz que os aperfeiçoamentos tecnológicos que dela resultaram tenham me permitido lhe oferecer um lugar na primeira fileira para uma das minhas apresentações listadas entre as *Fortune 500*.

Aplicação pessoal

Em cada capítulo, relato certos episódios pessoais para ilustrar a onipresença dos princípios em minha vida: a ocasião em que usei o da Flutuação para identificar um ladrão; o da Postura para convencer minha professora do ensino médio a mudar minha nota no boletim; o do Rio para "acidentalmente" criar uma empresa de equipamentos que participou do *Shark Tank* da emissora ABC; e o do Relógio para socorrer um adolescente que sofria de um caso extremo de ansiedade social. Também apresento a colaboração de respeitados profissionais de diferentes áreas — atletas de elite, treinadores, artistas, empreendedores —, bem como de pessoas comuns focadas em forjar para si mesmas um lugar melhor no mundo, oferecendo uma perspectiva individual do uso dos princípios essenciais.

Uma vez compreendendo como cada um desses 32 Princípios me trouxe resultados, o leitor estará preparado para adotá-los e aplicá-los. Para ajudá-lo nessa jornada, apresentaremos uma série de situações hipotéticas e anedotas históricas para ilustrar algumas de suas aplicações mais comuns e poderosas.

Princípios em prática

Às vezes, o maior desafio é saber *qual* princípio se encaixa em determinada situação. No tatame, quando me vejo diante de uma posição ou situação desafiadora, meu subconsciente conduz um "Diagnóstico dos 32 Princípios" e, em questão de segundos, meu corpo adota os mais aplicáveis e produz uma técnica customizada. Mesmo que a posição em que me encontro seja pouco familiar, e a técnica que me ocorra seja uma que nunca utilizei antes, meu domínio dos 32 Princípios me permite ficar à vontade numa situação incômoda para os outros e improvisar de uma forma que parece quase mágica.

Ao final de cada capítulo, incluo exemplos do dia a dia sobre como aplicar o princípio de modo a ampliar as vantagens e aumentar a eficiência em qualquer oportunidade. Para o leitor captar a fundo o potencial ilimitado de resolução de problemas desse alfabeto, os exemplos incluem dificuldades nos negócios, educação dos filhos, questões de relacionamento e tudo que há entre uma coisa e outra. Em última análise, meu objetivo é desenvolver seu conhecimento desses princípios e sua confiança neles a um ponto em que você seja capaz de realizar um "Diagnóstico dos 32 Princípios" sempre que enfrentar alguma dificuldade na vida.

Em termos simples, todos os nossos problemas não passam de técnicas à espera de serem descobertas. E, quando os 32 Princípios forem incorporados ao seu DNA, como estão ao meu, as técnicas corretas se descortinarão na hora exata. Ao final do livro, o leitor contará com os 32 Princípios do jiu-jítsu em seu arsenal pessoal de resolução de problemas e passará a desfrutar da vida pelo prisma de um faixa preta do jiu-jítsu, mesmo sem nunca ter pisado no tatame.

—Rener Gracie

Psiu...

Eis aqui algumas breves definições para ajudar aqueles para quem o jiu-jítsu é uma novidade. Você vai encontrar diversos termos específicos na descrição dos 32 Princípios essenciais do jiu-jítsu e ouvirá menção a eles nos vídeos demonstrativos apresentados no começo de cada capítulo.

O gi é o kimono usado no jiu-jítsu, normalmente preso por uma faixa que representa a graduação do praticante. Embora usado também em outras artes marciais como o karatê e o taekwondo, no jiu-jítsu o kimono normalmente é feito de um material mais grosso para evitar que se rasgue com os agarrões do treinamento.

A maioria já deve ter ouvido falar da expressão "manter a guarda alta". É comum escutá-la no boxe e em outras formas de luta de impacto como uma técnica básica de usar as mãos para proteger a cabeça. No entanto, no jiu-jítsu o termo "guarda" é empregado com mais frequência para descrever a situação em que o praticante está deitado de costas, com o oponente por cima, posicionado entre suas pernas. Outra expressão com que o leitor vai se deparar é "passagem da guarda". É quando o oponente por cima escapa das pernas do lutador de costas e consegue ficar do seu lado esquerdo ou direito, ganhando o "controle lateral".

A "raspagem" ficou famosa graças ao filme *Karatê Kid*. Mas, no jiu-jítsu, significa mais do que simplesmente dar uma rasteira no adversário para levá-lo ao chão. Na raspagem também usamos um movimento de alavanca e os membros que forem necessários, a fim de escapar de uma situação inferior sob o corpo do oponente para uma posição dominante sobre ele.

Encerramos essa jornada linguística do modo como a maioria dos praticantes de jiu-jítsu espera terminar toda luta ou treinamento: com uma "finalização". É quando deixamos o adversário numa situação inescapável, por meio de um estrangulamento ou chave, e ele normalmente sinaliza sua rendição batendo no tatame ou no corpo do rival. Por ora, basta; você vai aprender muito mais ao longo do livro. Simplesmente pense em mim como um dicionário de kimono.

Escaneie aqui para aprender a aplicação de combate do **Princípio da Conexão**

Capítulo 1
O Princípio da Conexão

Otimize o sucesso com a constante evolução das ferramentas e táticas usadas para nos conectarmos aos outros no mundo à nossa volta.

Nossas vidas estão conectadas por um milhão de fios invisíveis. E ao longo de todas essas fibras compassivas nossas ações correm como causas e voltam como resultados.
—Herman Melville, escritor

O Princípio da Conexão serve como ponto de partida para nossa jornada pelo jiu-jítsu. Todo ser humano anseia por conexão: com a família, com o mundo e, sobretudo, consigo mesmo. Se o jiu-jítsu é o idioma que falaremos ao longo deste livro, o Princípio da Conexão servirá como uma primeira exposição a seu alfabeto. Aprenderemos a encadear seus recursos conectivos não para criar palavras no sentido literal, mas, antes, para gerar ações positivas e potenciais soluções para problemas e situações do cotidiano.

No jiu-jítsu, o praticante pode usar no tatame dezenas de partes do corpo para se conectar fisicamente com o adversário: mãos, pés, braços, pernas, coxas, quadril, pulsos, ombros, punhos, cotovelos e até axilas. São essas as ferramentas conectivas com que todos nascemos e que aprendemos a utilizar em proveito próprio desde muito pequenos. Mas o jiu-jítsu abre portas que nos permitem recorrer à nossa capacidade natural para estabelecer conexões de formas impensadas. Como um praticante da arte, uso essas ferramentas conectivas para agarrar, controlar, enganchar, empurrar ou puxar um adversário — tudo com o objetivo de me manter a uma distância segura ou de controlar um ataque.

Claro que o jiu-jítsu tem ramificações na vida que vão muito além das fronteiras do tatame. A arte, uma vez internalizada, entremeia-se a seus processos mentais e reações instintivas. Quanto mais você treina, mais vê seus princípios essenciais criando raízes em sua vida diária. Como isso funcionou para mim no caso do Princípio da Conexão? Descobri que as ferramentas conectivas do meu corpo possuem partes complementares ligadas à mente e à personalidade, partes essas que utilizo para estabelecer conexões com o outro. Não me refiro a calcanhares, peito, glúteos, tríceps ou bíceps. Aqui, são as capacidades de me comunicar, escutar, negociar, observar, solucionar problemas, aumentar ou reduzir a escalada de uma situação, me solidarizar, apaziguar, elogiar, abraçar ou talvez evitar determinada circunstância. Habilidades que me ajudam a manter o controle do dia a dia.

Assumindo as rédeas

Eu tinha apenas dezenove anos quando assumi os negócios da família ao lado do meu irmão, Ryron. Mal havíamos começado a trabalhar como instrutores na Gracie Jiu-Jitsu Academy (mais tarde Gracie University of Jiu-Jitsu) quando, certo dia, no fim do treino, senti uma dormência esquisita na perna direita, que evoluiu para uma dor aguda. Eu nunca sentira aquilo. *Será que rompi um músculo?*, pensei. Mas, ignorando o desconforto, continuei a treinar. Após várias semanas, a dor se tornou tão intensa que eu já não conseguia ficar de pé por mais de um minuto. Foi quando percebi que precisava de ajuda. Acompanhado por minha mãe, procurei um médico.

Os exames de imagem não deixaram dúvida: uma hérnia de disco na região lombar. Seria necessário realizar uma cirurgia e remover o disco. Por ser tão jovem, eu acreditava que meu corpo nunca me deixaria na mão, então a hérnia foi um golpe psicológico bem duro para mim. A cirurgia foi um sucesso, felizmente, mas os médicos me proibiram de voltar aos tatames por dez meses — praticamente um ano sem treinar!

Criado na família Gracie, eu fora ensinado que meu corpo era a única ferramenta necessária para causar impacto no mundo. Eu testemunhara a veracidade disso através de todas as pessoas importantes na minha vida. Todas se valeram do corpo para ensinar, expressar sua criatividade e obter seu sustento diário, inclusive meu avô, Helio, que permaneceu ativo além dos noventa anos. O problema de saúde me fez questionar, pela primeira vez, o caminho que eu havia escolhido. *E se acontecer de novo? E se eu precisar me aposentar do ensino do jiu-jítsu daqui a uns vinte anos ou algo assim?*

Foi então que recorri ao Princípio da Conexão. Percebi que precisava me conectar a meus alunos além do aspecto físico e passei a me concentrar em minhas habilidades de comunicação e linguagem. Também busquei essa conexão em um nível emocional mais profundo, ficando ainda mais sintonizado a suas esperanças, medos e objetivos pessoais. Mas, acima de tudo, eu queria muito encontrar uma nova abordagem no ensino do jiu-jítsu, algo que inicialmente seria visto como radical e herético no mundo das artes marciais. Durante o período que tive que ficar afastado, criei um guia que nos permitisse entrar em contato com a comunidade mundial de praticantes por intermédio da tela do computador, ensinando a arte do jiu-jítsu on-line.

A criação de uma grade curricular abrangente, que refletisse o modo como meu irmão e eu fomos ensinados, seria uma tarefa extremamente difícil. Mas o potencial de gratificação por levar o jiu-jítsu a pessoas fisicamente fora do nosso alcance, como se fossem elas mesmas participantes das aulas presenciais na Gracie University em Torrance, Califórnia, parecia empolgante e revolucionária. A realização de um curso como esse, em vídeo, nos proporcionaria ainda a oportunidade de documentar tudo que tínhamos aprendido com nossos professores, de modo que essas lições incrivelmente valiosas jamais desaparecessem. Mas, em 2008, nossa ideia foi recebida com forte repúdio pela comunidade estabelecida do jiu-jítsu: "É impossível ensinar a arte pela internet! Vocês vão ser motivo de piada!" Cheguei a ser chamado de "uma desgraça" por vários membros da própria família Gracie.

Sem nos deixar desencorajar pelas críticas, Ryron e eu seguimos em frente obstinadamente e dedicamos meia década de muito esforço para desenvolver o Currículo On-line Interativo da Gracie University. As conexões que essa iniciativa permitiu são lindamente abrangentes. Ela não só gerou uma base global de alunos conectada a um mesmo currículo de ensino total, como também possibilitou que eles se conectassem diretamente conosco. As pessoas podiam enviar vídeos da própria evolução no tatame, pelo qual seriam avaliados e receberiam um feedback personalizado da nossa equipe de instrutores certificados. Além disso, quando o aluno não conta com um Centro de Treinamento Certificado da Gracie Jiu-Jitsu próximo ao local onde mora, mas está à procura de parceiros de treinamento, a plataforma os conecta a outras pessoas de sua área com a mesma necessidade. Em poucos anos, essas conexões comunitárias se fortaleceram tanto que acrescentamos uma nova classificação de localização chamada "Garagens Gracie". Essa categoria identifica grupos de treinamento regionais não oficiais, formados por alunos dedicados sem acesso a uma escola certificada, mas que estivessem usando nosso currículo on-line como única fonte de instrução. Não fomos pioneiros apenas em novas maneiras de fazer as pessoas se conectarem com o jiu-jítsu, mas também em se conectarem entre si *graças* ao jiu-jítsu.

Atualmente, temos mais de 350 mil alunos em cerca de duzentos países. E na esteira tanto desse sucesso quanto da pandemia da covid-19, ironicamente, muitos de nossos críticos iniciais tentaram copiar nosso modelo de trabalho.

Em mais de uma ocasião me perguntaram se, em retrospecto, eu pensava na hérnia como uma espécie de bênção disfarçada. Minha resposta sempre foi a mesma: creio que as coisas não acontecem *com* você, e sim *para* você. Assim, fosse uma dádiva cósmica ou não, transformei o problema numa dádiva pessoal. É nisso que reside a beleza de encarar a vida com os 32 Princípios do jiu-jítsu na bagagem. Para cada situação aparentemente catastrófica, há uma técnica disponível à espera de resolvê-la.

Ligando os pontos

Scott Butler mora em Shepparton, Austrália, uma pequena cidade de aproximadamente 50 mil habitantes a 150 quilômetros de Melbourne. Em 2009, quando decidiu praticar o jiu-jítsu brasileiro pelo programa de ensino a distância da Gracie University, ficou claro para ele que seu sucesso dependeria em parte de encontrar parceiros para treinar.

"Sou dono de uma imobiliária. Como conheço um monte de gente, comecei a procurar outras pessoas interessadas em fazer jiu-jítsu", disse Scott. "Falei com todos os meus clientes, amigos, familiares e vizinhos para ver se conseguia convencer alguém a treinar comigo na minha garagem. Não foi nada fácil. No começo, ninguém parecia interessado e precisei ser bastante persistente."

A persistência e o desejo de aprender de Scott acabaram compensando. "A certa altura, havia regularmente de doze a catorze adultos e cerca de vinte e cinco crianças na minha garagem. A presença daquelas pessoas era importante para mim porque, naquele estágio da vida, eu e minha esposa já tínhamos nosso primeiro filho. Eu queria aprender a ensinar crianças para quem sabe um dia ensinar as minhas, além de criar uma rede com parceiros de treinos para eles no futuro", relatou Scott, atualmente pai de três.

Em 2013, Scott foi a Sydney participar de um seminário apresentado por mim. Um ano depois, passou a viajar regularmente à Gracie University, na Califórnia, a fim de continuar a progredir na arte. Hoje, ele administra um próspero Centro de Treinamento Certificado em sua cidade natal, onde dá aula para mais de 150 alunos. Qual teria sido a chave do sucesso? "Eu sabia que esse era o caminho. Que bastava me comprometer a uma rotina de treinamentos diários e, com o tempo, as habilidades viriam. A meu ver, o sucesso é um processo de múltiplas camadas: sua carreira precisa estar em dia, sua família precisa estar feliz para que possa apoiá-lo e, assim, seus interesses podem ser potencializados e concretizados."[1]

---

[1] Entrevista concedida a Paul Volponi em 19 de fevereiro de 2022.

Para Scott, o Princípio da Conexão reforçou múltiplos pontos de contato em sua vida, criando a ponte estável que o conduziu a seu tão sonhado destino.

Do tatame ao supermercado

No jiu-jítsu, nossa conexão com um adversário é usada para fornecer três feedbacks importantes: prevenir, promover ou prever um movimento. Por exemplo, podemos estender as mãos com a palma para a frente, conectando-as ao antebraço do adversário de modo a impedir um golpe iminente. A mera ação sem dúvida levará o oponente a executar um gesto de ataque. É provável que esse adversário retraia um braço para tentar desferir um soco. A conexão nos permite sentir esse movimento e prever o ataque em evolução. Nossa reação poderia muito bem ser avançar ainda mais, diminuindo a distância de modo a negar ao golpe o espaço e a amplitude necessários para ser desferido com alguma potência significativa.

Imagine que você está em um supermercado, empurrando seu carrinho para chegar ao caixa, e alguém atrás de você acha que você furou a fila. Além disso, o sujeito berra que ali é o caixa rápido e que você tem mais itens do que o estabelecimento permite (digamos, o máximo é dez, e há doze itens em seu carrinho). Ele fica cada vez mais exaltado e está prestes a perder a cabeça. Então, avança um passo na sua direção. Você rapidamente move o carrinho para que funcione como um "amortecedor", um espaço seguro entre você e o desconhecido furioso. A seguir, recorre às palavras como um segundo amortecedor, garantindo a ele que não tinha a menor intenção de desrespeitá-lo nem de passar na sua frente. Mas, apesar de todas as tentativas de apaziguar a situação, ele empurra o carrinho contra o seu. Sim, eu sei, esse cara passou dos limites; mas, em vez de focar nisso, como praticante de jiu-jítsu, você está atento ao fato de que agora foi estabelecida uma conexão física entre vocês. Dá para sentir a tensão do carrinho dele contra o seu. No momento em que o sujeito enraivecido puxa o próprio carrinho para voltar à carga, é possível perceber o alívio dessa tensão. A conexão entre vocês lhe permite prever o movimento seguinte em tempo real. Assim, você avança com o carrinho na direção dele a fim de restabelecer a conexão e impedir que o carrinho dele acumule a energia cinética necessária para atacar com força violenta. Enquanto isso, continua argumentando e tenta apelar a seu bom senso, estabelecendo uma conexão humana para interromper a escalada da situação. Esse é um exemplo fictício de como o Princípio da Conexão pode oferecer informações numa circunstância tensa sem sequer tocar na pessoa.

> *Nada existe em isolamento. Precisamos parar de fingir que somos indivíduos capazes de seguir fazendo as coisas sozinhos.*
> —Margaret J. Wheatley, escritora e professora

Conexões invisíveis

Ao longo dos anos, dei aulas de jiu-jítsu para muitos alunos com deficiência visual. A ideia de estar em conexão com um adversário é algo que, em geral, ecoa profundamente na vivência diária dessas pessoas e, por isso, elas costumam dominar o Princípio da Conexão mais depressa do que outros alunos. Embora ninguém dotado de visão seja capaz de realmente saber como é a experiência de não poder enxergar, há um exercício que costumo usar com meus alunos que, ao mesmo tempo que oferece um vislumbre da experiência, ilustra muito bem o Princípio da Conexão. Removendo minha faixa da cintura, eu a seguro numa ponta e instruo o aluno a segurar na outra, mantendo mais ou menos um metro de distância entre nós, com a faixa relaxada. Em seguida, peço a ele que feche os olhos e tente prever em que momento partirei para o ataque. Como a faixa está frouxa, não há tensão em nosso contato e o aluno na verdade tem de se defender às cegas, tentando adivinhar de onde virá o golpe. Mas, quando estico a faixa, de modo a criar tensão em nosso contato, quando eu avanço, ele sente o afrouxamento e consegue prever a agressão perfeitamente. Chamamos de "confiáveis" as conexões em que há tensão e de "não confiáveis" as sem tensão.

Perfil: Maria Liana Mutia

Maria Liana Mutia representou os Estados Unidos no judô nas Paralimpíadas. Sob a administração da International Blind Sports Federation (IBSA), o judô masculino estreou em 1988 nos Jogos de Seul e o judô feminino foi acrescentado aos Jogos de Atenas, em 2004.

"O judô influenciou meu modo de conduzir o cotidiano, principalmente em termos de autoconfiança", afirma ela. "Minha deficiência visual começou na adolescência, quando também passei a praticar judô. Tenho certeza de que, se não fosse por isso, minha consciência espacial seria muito menor, assim como teria menos confiança para me mover.

"Na condição de mulher com deficiência visual, o judô me ensinou a não ter medo. Quando morava na cidade, muitas vezes senti que alguém me seguia, talvez encorajado por meu gênero, aparência ou óbvia deficiência, não sei dizer ao certo. Embora a experiência do judô possa ser diferente para indivíduos dotados de visão e sem impedimentos físicos, treinar o esporte serviu para me deixar confiante e alerta para o ambiente, além de mais segura quanto à minha capacidade de autodefesa. Ao me dar essa consciência espacial, o treinamento no judô me ensinou a lidar com potenciais situações ameaçadoras e a impedir uma escalada ainda maior delas."[2]

Utilize o princípio da Conexão para...

- **Ser dono de sua própria identidade:** Ficamos tão consumidos pelo desejo de estar em companhia de outros que perdemos a conexão com quem realmente somos. Invista mais tempo em seu desenvolvimento pessoal.

---

[2] Entrevista concedida em 5 de janeiro de 2022.

- **Empatia:** Quando suspeitamos que alguém em nossa vida apresenta sintomas de depressão, é importante buscar o diálogo e a conexão. Quando a pessoa estiver preparada para se abrir, ela saberá a quem recorrer.
- **Marketing:** Seu objetivo é captar novos clientes, mas identifica que o marketing da sua empresa está ultrapassado. É hora de buscar ajuda de um especialista para encontrar novas maneiras de se conectar ao seu público-alvo.
- **Criação de filhos:** Se sua relação com um filho adolescente vem sendo difícil, tente buscar formas de conexão significativas para ele.

As faixas

O sistema de graduação moderno das artes marciais tem sua origem no judô japonês do fim do século XIX. Ele foi concebido por um homem chamado Jigoro Kano (1860-1938), amplamente reconhecido como fundador do judô atual. O sistema de faixas começou como uma maneira de identificar visualmente a proficiência do aluno, ao mesmo tempo que indica seu nível de habilidade dentro do grupo.

Hoje, a maioria dos alunos de artes marciais recebe uma nova faixa sempre que promovidos ao nível de treinamento seguinte. Mas, originalmente, a faixa usada era a mesma por todo o tempo de aprendizado, simplesmente tingida de outra cor quando acontecia a graduação. É por isso que a cor normalmente progride do claro para o escuro, facilitando o processo de tintura. Alguns praticantes de jiu-jítsu têm uma interessante superstição de nunca lavar a faixa, alegando que o conhecimento conquistado com tanto esforço poderia ir embora junto com a água. Além disso, uma faixa branca que nunca é lavada ficará literalmente preta, refletindo o acúmulo de conhecimento ao longo dos muitos anos de uso e dedicação.

Escaneie aqui para aprender a aplicação de combate do **Princípio do Afastamento**

Capítulo 2
O Princípio do Afastamento

Aprenda a perceber quando insistir faz mais mal do que bem e quando desistir faz mais bem do que o imaginado.

Desapego não significa não se permitir ser imbuído pela experiência. Pelo contrário, significa ficar plenamente imbuído dela. É assim que somos capazes de deixá-la para trás.
—Mitch Albom, escritor

Todo mundo certamente já ouviu falar da filosofia chinesa do *yin-yang,* baseada na ideia de que forças opostas e contraditórias podem ser complementares. Muitas artes marciais tomam esse conceito emprestado, e com o jiu-jítsu não é diferente. Se o Princípio da Conexão, que explica como o contato com o oponente pode prevenir, promover e prever movimentos, é nosso *yin,* o Princípio do Afastamento é, sem dúvida, o *yang.* O Princípio do Afastamento nos proporciona a eficácia ideal por meio da *separação* deliberada de nosso oponente. Afinal, para manter uma boa posição é igualmente importante saber como se desconectar, mesmo que momentaneamente. Seja em um confronto físico, em uma discussão ou em uma luta interna para alcançar um objetivo, perceber quando é mais vantajoso se afastar de algo trará benefícios tanto ao seu jiu-jítsu quanto à sua vida.

Descanse em paz, mãe

O Princípio do Afastamento tem um significado extremamente pessoal. Na primavera de 2021, o marido da minha mãe, Mark (meus pais, Suzanne e Rorion Gracie, se divorciaram quando eu tinha doze anos), foi diagnosticado com câncer de próstata em estágio 4. A notícia deixou nossa família em choque e minha mãe se prontificou imediatamente a cuidar dele e a ajudar a planejar todas as opções de tratamento possíveis.

Meses depois, certa noite, eu e minha esposa, Eve, aguardávamos minha mãe, que vinha ficar com nossos dois meninos enquanto saíamos para um jantar. Os planos, no entanto, mudaram abruptamente. Faltando menos de uma hora para sairmos, minha mãe telefonou e disse: "Rener, não estou me sentindo bem. Estou com uma dor no abdômen." Como ela já tivera episódios de pedras na vesícula, imaginamos que fosse essa a causa mais provável. No dia seguinte, minha mãe procurou um médico para fazer alguns exames e, semanas depois, recebeu o diagnóstico de uma forma rara de câncer, no ducto biliar, uma das manifestações mais agressivas da doença.

Fiquei devastado. Como mãe de cinco, ela sempre fora uma rocha para mim e meus irmãos, particularmente prestativa em zelar por seus muitos e adorados netos. Quando jovem, ganhara o apelido de "Mãe do Jiu-Jítsu na América", pois cuidara sozinha da casa e dos filhos para que meu pai pudesse dar aulas até tarde em nossa escola improvisada na garagem.

A família toda se concentrou numa busca intensa pelos médicos e pela clínica certos, na esperança de encontrar uma cura milagrosa. Minha mãe, que sempre levara um estilo de vida ativo até poucas semanas antes do diagnóstico, estava cada dia mais enfraquecida, até se ver confinada ao leito. Então, certo dia, me chamou e, com a voz debilitada, disse: "Querido, eu tive uma vida ótima, vivi mais do que poderia imaginar. Me sinto muito realizada e estou feliz por ter chegado até aqui." Ainda que ouvir aquilo me deixasse arrasado, suas palavras foram claras e a mensagem subjacente era inequívoca: ela não queria tomar parte naquela batalha obstinada que travávamos por ela. A despeito de toda a dor, ela se agarrava à vida apenas para nos satisfazer.

Escutar isso me obrigou a tomar a decisão mais difícil da minha vida, mas o Princípio do Afastamento ecoou em meus ouvidos. Às vezes, as pessoas mais próximas não precisam da ajuda que temos a oferecer, e sim de um tipo diferente de ajuda: elas precisam que a gente entenda que não há problema em deixar partir.

Por fim, aceitei o fato de que deixar minha mãe seguir seu caminho era a forma mais poderosa de amor e a melhor maneira de proporcionar o conforto de que ela necessitava. Convencer Mark, seu marido, não foi tarefa das mais fáceis. Mas tivemos uma conversa longa e emotiva. Minha mãe, uma mulher cuja natureza era cuidar dos outros, só ficaria aliviada quando soubesse que Mark ficaria bem. Frisei para meu padrasto a importância do desprendimento, de que ele liberasse minha mãe do que ela via como uma obrigação. No fim, ele aceitou. Uma semana após Mark se internar numa clínica para receber tratamento, ela finalmente encontrou a paz, cercada em sua cama pelos adorados filhos.

Desapego não tem a ver com se recusar a sentir, tampouco com deixar de cuidar ou dar as costas a quem se ama. Desprendimento é um gesto profundamente honesto, alicerçado na verdade sobre como são as coisas.
—Sharon Salzberg, escritora e professora de meditação

Que tal ceder a vez?

É manhã de domingo. Imagine que você está esperando para ser atendido em uma padaria movimentada. Assim que começa a fazer o pedido, outro cliente vira para você e diz, em tom agressivo: "Ei, eu cheguei aqui primeiro. Você passou na minha frente." Tanto você quanto o atendente explicam que não, que o outro cliente está enganado. Só que o sujeito fica mais irritado a cada segundo e parece prestes a perder o controle. Obviamente o problema não tem a ver com quem vai pegar o último pão de centeio. O mais provável é que o sujeito tenha tido uma manhã (ou mesmo uma semana ou um mês) ruim e imaginar que foi passado para trás na fila tenha sido a gota d'água. Você sabe que levar essa questão a um cabo de guerra não trará benefício algum, especialmente ao cliente transtornado. Então, educadamente cede a vez a ele e deixa o assunto de lado.

No tatame, com frequência falamos sobre a importância do desprendimento para a sobrevivência. Imagine que você esteja com as costas no chão, agarrado firmemente ao oponente. Se ele tentar erguê-lo com a intenção de batê-lo contra o tatame, é preciso recorrer ao Princípio do Afastamento como estratégia de defesa, afrouxando e se desfazendo de sua pegada. Jamais permita que tirem suas costas do chão: isso dá ao adversário a chance de usar a gravidade a seu favor.

No jiu-jítsu, como na vida, permanecer firmemente alicerçado é extremamente útil. Não devemos deixar que outras pessoas nos coloquem em situações indesejadas — seja fisicamente, como no tatame, seja emocionalmente, como na história da padaria. Mas lembre-se de que o Princípio do Afastamento é uma via de mão dupla: às vezes caberá a você ditar o momento da desconexão, às vezes ao adversário. Seja como for, o aluno que domina o Princípio do Afastamento colhe benefícios.

> *Desapego não quer dizer que você não deve possuir nada, e sim que nada deve possuir você.*
> —Ali, primeiro imame do islã

Utilize o Princípio do Afastamento para...

- **Preservar a dignidade:** Após muitos anos de casamento, você percebe que as diferenças irreconciliáveis têm levado vocês a se odiarem. Assim, você se predispõe a passar por um processo de divórcio amigável, a fim de conservar a dignidade e o respeito do relacionamento.

- **Meditar:** Os desafios profissionais e familiares levaram seus níveis de estresse a um ponto insustentável. Adote o hábito de, todos os dias, deixar tudo de lado por dez minutos e meditar.
- **Recomeçar:** Cansado de odiar seu emprego, você decide mudar de vida e trabalhar com algo de que gosta, mesmo que essa escolha traga certo grau de incerteza.
- **Abrir mão:** Você batalhou muito por um projeto, mas o gerente resolveu seguir em uma "direção diferente". É hora de guardar o ego no bolso e apoiar a decisão.

O dualismo do *yin-yang*

Para compreender o conceito de *yin-yang*, imagine o seguinte cenário: à medida que o sol nasce e lentamente se move pelo céu, uma montanha e o vale abaixo se tornam o teatro visual de uma relação interconectada. Ao longo das primeiras horas da manhã, a face norte é a área sombreada pela imensa presença da montanha — o *yin*. A face sul, no momento banhada pela luz do sol, desempenha temporariamente o papel de *yang*. Mas, no decorrer das horas, ambas lentamente trocam de papel: o *yin* se torna o *yang* à medida que a parte visível é obscurecida e a parte sob a sombra fica visível.

A ideia dual do *yin-yang* tem raízes na antiga cosmologia chinesa, que considera a criação do universo, incluindo os seres humanos, um acontecimento regido por tal dualidade. O filósofo Confúcio, nascido no século VI a.C., afirmou: "*Yin* e *yang*, masculino e feminino, forte e fraco, rígido e macio, céu e terra, luz e trevas, trovão e raio, frio e calor, bem e mal [...] o universo é constituído pela interação de princípios opostos." Na antiga medicina chinesa, acreditava-se também que a boa saúde fosse decorrente de um equilíbrio adequado entre o *yin* e o *yang*.

A ciência, a filosofia, as artes marciais e vários esportes possuem elementos fundamentais dessa ambivalência vista na cultura chinesa. O desenho circular representando o *yin-yang* — um círculo dividido por duas metades gêmeas em forma de lágrima, uma preta e outra branca, com círculos menores na tonalidade oposta em cada uma — é um símbolo taoísta. Ele foi concebido para representar a unidade indiferenciada que teria dado origem ao universo e persiste até hoje.

Escaneie aqui para aprender a aplicação de combate do **Princípio da Distância**

Capítulo 3

O Princípio da Distância

Compreenda o impacto que
a distância exerce na eficácia.

Enxergamos apenas uma curta distância à frente, mas podemos perceber como resta muito a ser feito.
—Alan Turing, matemático

Uma das premissas do jiu-jítsu, e também uma das mais universais que existem, é o Princípio da Distância. Qualquer pessoa sabe como é ser atacado por um agressor, seja com um soco ou um chute, e sem dúvida todo mundo sabe como é ver alguém se aproximando para dar um abraço ou um aperto de mão.

Controlar a distância em relação ao outro para realizar corretamente certos movimentos predeterminados é um conceito ao qual fui exposto e que pratico desde pequeno. Até uma criança aprende rapidamente que não deve tentar alcançar o pote de biscoitos enquanto não estiver a uma distância adequada.

Em qualquer modalidade de luta, quem controla a distância controla os eventuais danos. Por quê? Para tentar acertá-lo, o adversário precisa estabelecer a distância apropriada a fim de desferir um golpe com potência substancial. E se considerarmos que a distância é a manutenção da posição adequada (incluindo as concessões que fazemos aos outros em nossa órbita diária, seja no trabalho, nos estudos e nas relações pessoais), o Princípio da Distância pode perfeitamente ser comparado a um departamento de recursos humanos interior.

De olhos bem abertos

Eu lamento amargamente ter tomado parte da história que escolhi para ilustrar o Princípio da Distância. Como instrutores de jiu-jítsu e administradores da Gracie University ao redor do mundo, eu e Ryron conhecemos muita gente. Temos uma infinidade de relações com as mais diversas pessoas e nos posicionar em relação a elas de forma tão autêntica quanto segura é um eterno desafio.

Muitos anos atrás, alguém que fazia parte de nosso círculo de confiança havia mais de uma década chegou ao fundo do poço moral e ético. Embora estivéssemos a muitos quilômetros de distância, pois morávamos em regiões diferentes do país, ele era considerado por nós um amigo íntimo. Para nosso choque e consternação, eu e Ryron ficamos sabendo por fontes confiáveis que havia um grande número de acusações de agressão sexual contra ele.

Mas como era possível que essa pessoa tivesse conseguido ocultar sua verdadeira natureza por tanto tempo? Como passava a imagem de ser um homem muito íntegro, nossa decepção foi ainda mais profunda. E um fato piorou a questão: sua relação pública e privada com a Gracie University em parte facilitara que ele tirasse proveito de pessoas inocentes.

Depois de muito refletir, chegamos à conclusão de que havíamos fracassado em aplicar o Princípio da Distância a esse relacionamento. Nunca estávamos por perto com a frequência necessária para testemunhar como ele tratava as pessoas à sua volta. Pelo contrário, tínhamos permanecido presos o tempo todo a uma "zona vermelha" da relação, um espaço perigoso onde ações imprevistas podem desferir um golpe muito doloroso em nossas emoções e reputação (na próxima seção veremos como isso se reflete no tatame). Após admiti-lo em nosso círculo pessoal e profissional, passamos a considerá-lo um amigo próximo — mas, infelizmente, não tanto a ponto de enxergarmos quem ele realmente era e conseguirmos evitar os danos que seu verdadeiro caráter poderiam causar.

Embora ninguém houvesse feito uma denúncia formal à Justiça, a quantidade e a gravidade das queixas era suficientemente substancial para tomarmos a decisão de romper qualquer ligação com ele e nos distanciarmos completamente.

Meses depois, para nosso pesar, uma nova série de alegações do mesmo cunho, envolvendo outra pessoa em nossa zona vermelha, veio à tona. Essa outra pessoa também vivia a quilômetros de nós, em outro estado, e contava com nossa confiança implícita.

Embora nunca tenha nos faltado a consciência do enorme peso que o sobrenome Gracie carrega, foram necessários esses dois incidentes para percebermos que sempre haveria oportunistas ao redor, pessoas tentando forjar relações conosco em benefício próprio, para o bem ou para o mal. Depois dessas falhas em aplicar o Princípio da Distância, nos tornamos extremamente vigilantes acerca dos laços de confiança que criamos.

Não pretendo com isso sugerir que controlar o distanciamento em algo tão fluido e delicado como uma amizade seja fácil ou possa ser quantificado com alguma fórmula concreta. Obviamente, estou vendo a situação em retrospecto, desfrutando de uma visão ampla, e as pessoas sempre podem nos decepcionar – mesmo as mais próximas. Mas fato é que o Princípio da Distância aplicado aos relacionamentos é tanto viável quanto valioso. Quando somos muito íntimos de alguém, devemos estar próximos o bastante a ponto de conhecer seu caráter ou distantes o suficiente para recuar diante de circunstâncias inesperadas. Caso contrário, qualquer abalo dentro da zona vermelha pode causar um estrago irreparável.

A proteção da porrada

Costumo me referir ao controle da distância em uma briga de rua como a "proteção da porrada". A ideia tem até uma classificação, como um semáforo de apenas duas cores. Ocupamos a zona verde quando estamos além do alcance de um golpe, onde o oponente não pode nos atingir. Se ele der um passo, podemos simplesmente recuar na mesma medida, permanecendo a uma distância segura. Com o jiu-jítsu, porém, há uma zona verde oposta, que é quando estamos tão próximos do adversário que seus golpes são incapazes de obter impulso suficiente para serem desferidos com a força ideal. Essa é a distância em que nossas técnicas no jiu-jítsu podem começar a ser aplicadas.

Entre essas zonas verdes fica nossa zona vermelha, cuja cor significa perigo. É onde o oponente consegue reunir potência suficiente para nos machucar. Temos de aprender a nos mover através da zona vermelha para chegar à zona verde, onde o jiu-jítsu pode ser aplicado. Aprendemos rapidamente a passar pela zona vermelha, considerando nosso próprio *timing*, bem como o do oponente. Uma vez atracados na disputa, porém, duas questões pertinentes devem vir à mente na mesma hora: quais técnicas do jiu-jítsu posso usar contra meu adversário e quais ele pode usar contra mim?

O repertório geral de técnicas possíveis na arte suave é assombroso. Assim, como sintetizar a ideia de estar preparado para essa imensa quantidade? É simples: obtendo compreensão plena da distância. O espaço relativo e a distância entre você e seu adversário vai determinar quais técnicas podem ser executadas com sucesso por ambas as partes e quais técnicas, no momento, não.

O efeito que a distância exerce na mente é o mesmo que exerce no olhar.
—Samuel Johnson, escritor e pensador

Espaço pessoal

Perceber e calcular distâncias entre nós e os outros é uma função que realizamos o tempo todo. E sempre que falhamos ou, mais provavelmente, há uma divergência de opiniões, surge a frase: *Você precisa respeitar meus limites, meu espaço pessoal.* O espaço pessoal costuma ser definido como o espaço físico envolvendo os arredores imediatos de um indivíduo, onde qualquer invasão parece ameaçadora ou desconfortável. Como isso funciona? Os pesquisadores nos campos da neurociência, da psicologia, da sociologia e da zoologia afirmam que o cérebro, de maneira um tanto inconsciente, calcula uma "zona segura" em torno do corpo. É um mecanismo puramente defensivo. No mundo natural, é conhecido como "zona de fuga", onde, diante do predador, o animal decide se deve se preparar para lutar ou tentar fugir.

Na sociedade humana, nossas fronteiras pessoais aceitas são constantemente recalculadas, a depender de cada situação. Como qualquer um já deve ter observado, quatro estranhos em um elevador muito provavelmente ocuparão os quatro cantos do cubículo, proporcionando uns aos outros o máximo espaço pessoal disponível. Porém, se novos passageiros entram no elevador, em geral a distância de um braço (o limiar da zona vermelha para um praticante de jiu-jítsu) é suficiente para a maioria se sentir confortável em relação aos próprios limites. E se no andar seguinte ainda mais passageiros embarcam, todos ajustam novamente seu espaço pessoal. Se alguém julga inaceitável essa mudança nos limites pessoais, talvez decida descer e pegar o próximo.

Utilize o Princípio da Distância para...

- **Administrar tarefas:** Você está sobrecarregado de coisas que parecem vir de todas as direções. Diante disso, percebe a necessidade de abordar uma tarefa de cada vez a fim de obter um progresso diário mensurável.
- **Relacionar-se no trabalho:** Você começa a formar uma opinião negativa sobre um colega. Então, deliberadamente toma distância e limita suas interações com a pessoa, na esperança de mudar sua perspectiva.

- **Reagir emocionalmente:** Você recebe um e-mail irritante do chefe e digita furiosamente uma resposta, mas, antes de apertar ENVIAR, se afasta do computador e vai dar uma caminhada. Quando volta à sua mesa, reescreve o e-mail num tom mais equilibrado.
- **Supervisionar as emoções:** Você se sente exaurido por uma pessoa que ocupa sua zona vermelha emocional por tempo demais. Desse modo, você se aproxima para tentar solucionar as questões, mas, quando isso não funciona, se distancia completamente.

De onde vem a potência de um soco?

A potência envolvida em um soco deriva da técnica. Nem com toda a força natural do mundo é possível desferir um soco realmente poderoso se a ação não for executada adequadamente. O movimento (em física, a quantidade de movimento é definida pela massa do objeto multiplicada por sua velocidade) é um elemento preponderante em desferir um golpe poderoso. Assim, quanto maiores a força e a velocidade, maior o potencial para a energia do golpe e até um nocaute.

No caso de um boxeador, a força é gerada do chão ao punho por meio de uma corrente cinética. Essa corrente possui inúmeras partes móveis, inter-relacionadas para proporcionar eficiência máxima. A força do chão é transferida aos pés, depois às pernas, subindo pelo quadril e pelo torso para chegar aos ombros e finalmente ao punho. Qualquer perturbação ao longo da corrente cinética pode diminuir severamente a potência.

É por isso que, numa luta, boxeadores muito próximos se agarram num *clinch*, interrompendo a cadeia cinética. Nesse caso, o juiz os separa, permitindo a ambos restabelecer a distância apropriada para gerar potência. O objetivo de um praticante de jiu-jítsu é minimizar o espaço do oponente, controlando a distância e dando aos golpes do outro menos oportunidades de ganhar impulso, inibindo a corrente cinética.

Escaneie aqui para aprender a aplicação
do **Princípio da Pirâmide**

Capítulo 4

O Princípio da Pirâmide

Invista numa base sólida.

Depois do amor, a coisa mais importante é o equilíbrio.
—John Wooden, treinador de basquete

No jiu-jítsu, o Princípio da Pirâmide é de vital importância. É ele que permite ao lutador permanecer no controle de si e do oponente. O alicerce estrutural da pessoa repousa sobre ele, proporcionando ao praticante uma base sólida, capaz de oferecer equilíbrio e estabilidade. A ideia se aplica tanto ao plano horizontal, quando podemos estar por cima de um adversário, quanto ao vertical, quando os dois lutadores estão de pé e tentam derrubar um ao outro. Em ambos os cenários, esse princípio proporciona um sólido ponto de contato com a força de oposição. Como o nome indica, o Princípio da Pirâmide extrai sua lógica da matemática.

Considere o seguinte: um triângulo tem três pontos de contato e uma base incrivelmente estável. Se você se põe ereto com os pés unidos, possui essencialmente um único ponto de contato com o solo. Isso não deixa de ser uma demonstração de força, tendo em vista que vai contra a ação da gravidade; mas você ainda pode ser facilmente desequilibrado por qualquer força vinda da frente, de trás e dos lados. Se você abrir as pernas na largura dos ombros, terá dois pontos de contato com o solo — é um pouco mais forte, porém ainda suscetível a perturbações em seu equilíbrio, especialmente quando vindas de trás ou da frente. Mas agora acrescente um terceiro ponto de contato acocorando e apoiando uma das mãos no chão (como um jogador de futebol americano), formando um triângulo entre os pontos de contato da base, e sua estabilidade aumenta drasticamente em todas as direções. Acrescentar um terceiro ponto de contato em geral também transfere seu centro de gravidade mais para baixo — e isso é uma vantagem extra.

Imagine que você esteja no ônibus, a caminho do trabalho. Uma pessoa idosa sobe no ponto seguinte e vem andando pelo corredor, mas todos os bancos estão ocupados. Você se levanta para oferecer seu lugar e, bem nesse momento, o ônibus entra novamente em movimento. Você está com uma bolsa pendurada no ombro e segurando um copo de café, permanecendo ereto com os pés ligeiramente afastados e balançando de leve com o movimento do veículo e as várias outras forças em ação. À medida que o ônibus ganha velocidade e faz uma curva, você oscila como uma torre de peças do jogo Jenga. Um buraco na rua ou uma parada abrupta podem resultar num tombo sério. Assim, qual seria nossa reação instintiva? Esticar o braço para buscar apoio na barra acima ou no encosto de banco mais próximo. Essa ação proporciona um terceiro ponto de contato que instantaneamente melhora o equilíbrio. No tatame, podemos usar uma das mãos ou as pernas, a cabeça ou até o adversário para criar um terceiro ponto de equilíbrio, formando nosso triângulo.

O jiu-jítsu é dinâmico, resultando em movimento constante, e se desenrola de forma tridimensional. Assim, troquemos nosso triângulo por seu equivalente tridimensional, uma pirâmide. Derrube uma pirâmide de lado, imitando os movimentos fluidos e transitórios de um praticante de jiu-jítsu, e você ainda terá um trio de pontos de contato e uma base fortemente equilibrada. O desenho da pirâmide faz com que a maior parte de seu peso esteja mais próxima do solo, atenuando as forças que a empurram para baixo. Isso torna essa forma geométrica um modelo incrivelmente estável e, para nossos propósitos, móvel, na medida em que nossa postura/estrutura se altera a cada posição sucessiva no jiu-jítsu – por isso o Princípio da Pirâmide. Gregos e egípcios na antiguidade, tendo erigido monumentos piramidais que sobreviveram ao teste do tempo, certamente servem de modelo para esse raciocínio. Do mesmo modo, em nossa vida, devemos investir na construção de fundações sólidas.

> *Houve ocasiões em que fiquei sem sair por três ou quatro dias, períodos em que não pus o pé fora da fábrica. O preço que paguei por isso foi não estar com meus filhos e meus amigos.*
> —Elon Musk, sobre a época em que trabalhava 120 horas por semana[3]

Equilíbrio nos negócios

Para todos os fins práticos, meu avô, Helio, junto com seu irmão, Carlos, foi o inventor do jiu-jítsu brasileiro. Meu pai, Rorion, emigrou para os Estados Unidos levando na bagagem sua paixão por difundir a arte, que era basicamente sua única forma de sustento financeiro por estas bandas. Depois, como cocriador do UFC, meu pai foi responsável por escolher seu irmão Royce para ser o novo representante da arte nessa competição.

Como mencionei na Introdução, com 1,83 metro de altura e 80 quilos, visto ao lado de adversários imensos, meu tio Royce mais parecia um Davi enfrentando vários Golias, tanto no UFC 1 quanto no UFC 2. Suas impactantes vitórias nesses torneios de vale-tudo realmente abriram os olhos das pessoas e criaram uma incrível demanda pelo jiu-jítsu brasileiro. Mas, embora aparentemente centenas de mi-

---

[3] David Gelles et al. "Elon Musk Details 'Excruciating' Personal Toll of Tesla Turmoil", *The New York Times*, nytimes.com. 16 de agosto de 2018 (acessado em 17 de janeiro de 2022).

lhares de pessoas batessem às portas das academias de luta no mundo todo para aprender a arte marcial, o clã Gracie não detinha os direitos sobre ela. E nada mais justo. A despeito da inestimável divulgação do jiu-jítsu promovida por minha família, ele pertence ao mundo. É de domínio público, pura e simplesmente.

Qualquer um podia pendurar uma tabuleta na porta dizendo *Jiu-jítsu Brasileiro do Zé das Couves*. Isso significava que um monte de gente estaria aprendendo um jiu-jítsu *genérico* sem qualquer relação com o difundido pela família Gracie, muitas vezes lecionado por instrutores desprovidos de uma paixão verdadeira pela arte e do conhecimento exigido para ensiná-la corretamente. O logotipo da nossa marca de jiu-jítsu é um triângulo, uma forma reverenciada na comunidade do jiu-jítsu porque oferece três pontos de equilíbrio para uma base sólida, representando perfeitamente o Princípio da Pirâmide, como acabamos de ver.

Quando Ryron e eu assumimos os papéis de liderança na Gracie University, em 2002, percebemos que a proliferação de escolas oferecendo o jiu-jítsu brasileiro pelos Estados Unidos afetaria enormemente a posição da nossa organização na indústria das artes marciais. O nome da nossa família não era uma base forte o bastante para erigir um império do jiu-jítsu duradouro. Se pretendíamos criar algo que impactasse o mundo por muitas gerações, precisávamos fortalecer nossos alicerces. Mas onde encontrar os pontos extra dos quais precisávamos? Foi necessário admitir o seguinte: embora não pudéssemos reivindicar a arte do jiu-jítsu brasileiro como nossa, tínhamos em mãos a grade curricular e a metodologia de ensino únicas da nossa família.

Essa sacada foi a centelha que deu origem a uma série de programas patenteados de jiu-jítsu para iniciantes. O carro-chefe, o Gracie Combatives, baseia-se nas técnicas fundamentais do jiu-jítsu que todo praticante deve aprender no começo de sua jornada. Já o programa Gracie Bullyproof é voltado para crianças a partir dos 3 anos, proporcionando a elas a coragem e a confiança de enfrentar valentões sem recorrer à violência. O Women Empowered é um programa de autodefesa baseado em nossas técnicas de jiu-jítsu e nos princípios essenciais da arte para enfrentar vinte dos tipos mais comuns de ataques perpetrados contra mulheres. Para ser empregado com sucesso, o Princípio da Pirâmide exige constante reavaliação e reconfiguração dos pontos básicos que sustentam sua evolução, por isso o Women Empowered (originalmente concebido por mim e Ryron em 2011) foi reestruturado anos mais tarde por minha esposa, Eve, que é faixa roxa de jiu-jítsu. Eve trouxe ao programa um ponto de vista específico e um equilíbrio inerente que nós, como homens, não teríamos sido capazes de proporcionar.

Em gritante contraste com a abordagem padronizada utilizada pela maioria das escolas de jiu-jítsu no mundo todo, Ryron e eu ficamos muito orgulhosos de criar esses programas patenteados e oferecer abordagens voltadas para iniciantes no jiu-jítsu de todas as idades e níveis atléticos. O sucesso desses programas não só trouxe mais estabilidade num mercado extremamente competitivo, como também serviu de base para o crescimento global da Gracie University, de uma forma que excedeu nossas expectativas mais ambiciosas.

A história de Kayla

Além de ter sido duas vezes medalhista de ouro olímpica e a primeira norte-americana — nas categorias masculina ou feminina — a obter o ouro no judô, Kayla Harrison também é campeã de MMA. Ela partilhou conosco sua história de vida no esporte e contou vários episódios que se relacionam com os 32 Princípios delineados neste livro. Harrison foi vítima de violência sexual na adolescência e o comovente relato dessa experiência está detalhado em seu livro, Fighting Back: What an Olympic Champion's Story Can Teach Us about Recognizing and Preventing Child Sexual Abuse — and Helping Kids Recover *[Contra-atacando: o que a história de uma campeã olímpica pode nos ensinar sobre perceber e prevenir o abuso sexual infantil... e ajudar as crianças a se recuperarem] . Ela também é criadora da Fearless Foundation, organização voltada à conscientização sobre a violência sexual contra crianças.*

"Acredito piamente que todo mundo tem um propósito na vida. E embora o que ocorreu comigo tenha sido horrível, sinto que tudo acontece por um motivo. Ganhar duas medalhas de ouro nas Olimpíadas e ser campeã do MMA é ótimo, é fantástico, mas também muito egoísta e não retribui nada à sociedade. Meu objetivo é fazer desse mundo um lugar melhor do que o encontrei. Sendo assim, decidi usar minha história para denunciar o abuso sexual e educar as pessoas. A Fearless Foundation é como meu terceiro filho [Harrison adotou os dois filhos de um tio falecido]. Nada desperta maior paixão em mim. Por isso quero criar uma grande plataforma que me permita continuar lutando e alertando as pessoas. Minha esperança é tornar ampla a discussão sobre a violência sexual, baixar os índices negativos e ajudar as vítimas não só a sobreviver, como também a prosperar."[4]

Coragem e medo

Como todos os demais, o Princípio da Pirâmide é relevante fora do tatame. Nosso objetivo deve ser desenvolver ferramentas emocionais e de comunicação que nos orientem em meio a uma infinidade de obstáculos sociais e ao mesmo tempo nos mantenham equilibrados. Entre essas ferramentas e características estão autoestima saudável, humildade, confiabilidade, autoconfiança, respeito pelos outros, capacidade de lidar com a pressão, determinação e ética. Se a pessoa é capaz de se valer de pelo menos três dessas ferramentas quando for necessário, as chances de controlar a situação, em vez de ser controlado por ela, aumentam substancialmente.

Uma autoestima saudável o poupará de cair em muitas das armadilhas que a vida apresenta — intencionais ou não. Quando a pessoa acredita em si mesma, as palavras e ações dos outros, especialmente daqueles que depreciam seu caráter, têm muito menos chance de abalar nosso emocional ou provocar uma reação atípica.

---

[4] Entrevista concedida a Paul Volponi em 18 de janeiro de 2022.

> *Se damos aos outros o poder de dizer que somos incríveis, também lhes damos o poder de dizer que não valemos nada. Quando começamos a nos preocupar com a opinião das pessoas, abrimos mão do controle.*
> —Ronda Rousey, campeã de MMA

O medo do fracasso desequilibra muita gente — estudantes, atletas, vendedores, artistas, professores, empreendedores, médicos e tantos outros. É um medo tão comum que tem até nome científico: atiquifobia, e pode causar uma ansiedade paralisante. Quando essa paralisia se instala, tende a neutralizar as outras características positivas da pessoa, pois a progressão de se mover de um ponto a outro da experiência sai dos trilhos.

A parte mais complicada para um faixa branca no jiu-jítsu é lidar com a frustração de ser controlado o tempo todo no tatame. Alguns alunos nunca vão além dos primeiros estágios do treinamento por acreditarem que a jornada será muito difícil e que a curva de aprendizado envolvida em ser dominado corresponde a uma espécie de fracasso. Os alunos que perseveram além desse ponto possuem algumas das características positivas enumeradas aqui, o que os torna capazes de encontrar um equilíbrio entre o fracasso inicial e o sucesso posterior.

> *Errei mais de nove mil arremessos na carreira.*
> *Perdi quase trezentas partidas.*
> *Em vinte e seis ocasiões, o arremesso decisivo esteve nas minhas mãos e errei.*
> *Fracassei repetidas vezes na vida.*
> *Por isso fui bem-sucedido.*
> —Michael Jordan

Utilize o Princípio da Pirâmide para...

- **Almejar o crescimento:** Você está em busca de uma promoção no trabalho, mas não domina as habilidades da atual função que poderiam alavancar sua aspiração.
- **Empoderar seu filho:** Você insiste com seu filho que ele deve enfrentar o valentão da escola, mas não proporciona a ele a autoconfiança e as habilidades de autodefesa necessárias para tal.
- **Diversificar:** Seu negócio está muito baseado em um único produto ou serviço, por isso não consegue deixar a competição para trás.
- **Estabelecer uma rotina:** A vida é difícil, então você cria uma rotina matinal que oferece a energia, o otimismo e a clareza mental necessários para extrair o máximo proveito de cada dia.

O foco fenomenal de Helio Gracie

A finalização numa disputa de jiu-jítsu é normalmente sinalizada por tapinhas do lutador dominado, indicando o fim da luta tanto a seu oponente quanto ao árbitro. No jiu-jítsu há um conhecido golpe chamado "*kimura*", uma chave de braço que causa a hiper-rotação do ombro. O nome é uma homenagem ao campeão de judô japonês Masahiko Kimura, que a utilizou para derrotar o criador do jiu-jítsu brasileiro, Helio Gracie, em uma luta no Maracanã, no Rio de Janeiro, em 1951, diante de 20 mil espectadores. Vale ressaltar, porém, que Gracie, cujo braço se quebrou em dois lugares com o golpe terrivelmente doloroso, em nenhum momento entregou os pontos. Na verdade, a equipe, preocupada com sua segurança, acabou jogando a toalha para sinalizar o fim do combate. A tenacidade de Helio Gracie é um testemunho de seu foco fenomenal, bem como do imenso orgulho que ele sentia por suas habilidades, sua arte e seu país. Na história das competições esportivas, o embate entre os dois figura como uma das raras vezes em que a reputação de um lutador cresceu ainda mais com a derrota.

Escaneie aqui para aprender a aplicação de combate do **Princípio da Criação**

Capítulo 5
O Princípio da Criação

Comece com o objetivo em mente e, em seguida, use ações direcionadas para transformar sua visão em realidade.

Assim, o que é de suprema importância na guerra é atacar a estratégia do inimigo.
—Sun Tzu, estrategista militar, escritor e filósofo

Quando ouvem a palavra "criação", as pessoas podem evocar muitas imagens diferentes. Talvez sejam fãs de vários artistas – ou criadores – em áreas que vão da moda à música e à arquitetura. Essas referências talvez sejam responsáveis pela criação de receitas, invenções, pinturas, poemas, histórias ou um novo sistema para completar uma tarefa de forma mais eficiente em seu trabalho. Suas mentes também podem se concentrar em ideias ainda mais amplas, como a criação do tempo, espaço e tudo o que engloba nosso universo. No jiu-jítsu, o Princípio da Criação não é tão abstrato; apenas ensina a usar uma ação deliberada para forçar uma reação específica do oponente. Essa reação que estamos tentando provocar pode ser usada a nosso favor.

Meu avô certa vez observou: "O jiu-jítsu é uma ratoeira. A armadilha não persegue o rato. Mas quando o rato pega o queijo, a armadilha desempenha seu papel." Da mesma forma, o jiu-jítsu é uma arte que faz pleno uso de contra-ataques. O oponente se move ou ataca, e nós respondemos de acordo, o que torna o fluxo da ação muito livre, por natureza. O Princípio da Criação é projetado para colocar o praticante de jiu-jítsu no comando desse tempo e fluxo. Não precisamos esperar que as coisas aconteçam ao acaso. Em vez disso, podemos forçar a mão do nosso oponente por meio do Princípio da Criação e ditar o fluxo de acontecimentos a seguir.

No tatame, a experiência muitas vezes indica o que esperar. Praticantes mais graduados geralmente fazem com que os menos graduados sintam como se sua mente e movimentos estivessem sendo previstos, como se os de nível superior estivessem vários passos à frente. Isso acontece porque lutadores com experiência estão o tempo todo se perguntando: *O que eu quero que meu oponente faça?* Então eles aplicam o estímulo para que isso aconteça, provocando uma finalização, uma fuga ou uma inversão.

Gostamos de dizer: seja o primeiro e o terceiro. Isso significa literalmente que quem está no controle de uma situação faz o primeiro movimento, sabendo qual será a resposta do oponente (o segundo movimento). Em seguida, atinge seu objetivo por meio do terceiro movimento, aquele que definimos para nós mesmos. Ao aplicar o Princípio da Criação à sua vida cotidiana, comece com um objetivo específico em mente. Em seguida, faça de suas ações subsequentes um trampolim para tornar esse objetivo uma realidade.

Criando um burburinho

Antes de meu pai criar um burburinho global a respeito do jiu-jítsu brasileiro ao cofundar o UFC, ele dera início à mesma tarefa em uma escala muito menor no sul da Califórnia, influenciando as pessoas, uma a uma, com o objetivo de provocar um efeito dominó e divulgar a arte do jiu-jítsu brasileiro para o maior número de pessoas possível. Enquanto ensinava em sua garagem, ele oferecia uma aula gratuita a cada pessoa que encontrava. E se elas levassem um amigo para treinar, meu pai daria a cada um uma aula grátis, oferecendo uma espécie de bônus pela indicação. Isso era considerado o estágio um de seu plano. E quanto ao estágio dois? Bem, este basicamente aconteceu sozinho.

Além de ser divertido, alguns consideram o treinamento de jiu-jítsu viciante. Não demorou muito até que a garagem estivesse lotada de praticantes, muitos dos quais haviam treinado outras artes marciais. Eles voltavam para suas antigas escolas e diziam aos instrutores de lá: "Você já ouviu falar do jiu-jítsu brasileiro? Esse negócio realmente funciona!" É claro que aqueles instrutores, preocupados em perder negócios, diziam a seus alunos: "Jiu-jítsu brasileiro é uma porcaria." Depois de ouvir esses comentários, meu pai convidava os tais instrutores para um desafio *amistoso* na garagem. Enfatizo a palavra "amistoso" porque meu pai jamais teve intenção de machucar esses adversários. Ele queria derrotá-los da maneira mais humana possível. Para meu pai, não se tratava de ego ou realização pessoal. Tudo que ele queria era provar que a arte marcial da nossa família era mais eficaz do que as outras.

Quando jovem, testemunhei dezenas desses desafios. A garagem ficava cheia de alunos do meu pai, ansiosos para ver o resultado. O que mais me impressionava nessas disputas era a rapidez com que meu pai vencia. As lutas duravam dezesseis segundos, vinte e quatro segundos, trinta segundos. Um minuto ou dois, no máximo. O oponente tentava armar um golpe devastador, um soco ou um chute. Muitas vezes, antes mesmo que isso acontecesse, meu pai atacava bem rápido e, como no bote da anaconda, envolvia-se ao redor do oponente e o levava ao chão, onde ele daria os tapinhas de desistência. Foi isso que criou o tal burburinho na comunidade de artes marciais da Califórnia. A partir dali, a reputação cuidadosamente semeada do jiu-jítsu brasileiro e as lendárias disputas do desafio Gracie só aumentariam, o que acabou provocando um fluxo de estudantes de todos os cantos do globo. Gerar o máximo de conscientização e adoção do nosso jiu-jítsu sempre foi o objetivo, e na época da garagem o engajamento do meu pai nesses desafios contra qualquer um ilustra a aplicação perfeita do Princípio da Criação.

Richard Bresler

O professor Richard Bresler foi oficialmente o primeiro aluno de jiu-jítsu brasileiro nos Estados Unidos.

Richard Bresler conheceu Rorion Gracie no final dos anos 1970, tornando-se seu primeiro aluno nos Estados Unidos. Bresler foi apresentado à arte durante um período muito difícil de sua vida. Ele havia acabado de começar a fazer terapia para lidar com o uso recreativo de drogas, um hábito que vinha se intensificando. "Eu estava em um momento extremamente infeliz da minha vida e achava que as drogas eram o meu problema. Acontece que elas eram apenas um sintoma, não o problema todo", disse Bresler. "Eu queria mudar. Eu não gostava de quem eu estava me tornando, então procurei ajuda de um terapeuta. Eu estava em busca de algo melhor quando o jiu-jítsu entrou na minha vida e me ajudou a manter o foco."

Bresler continuou fazendo terapia e praticando jiu-jítsu, até abandonar as drogas. Sendo um dos alunos mais confiáveis de Rorion Gracie, Bresler organizou um bom número de desafios que aconteceram na Garagem Gracie e em outros lugares. Bresler relembra uma conversa entre Gracie e um instrutor de outra arte marcial antes de uma dessas lutas. "Não acho que seja o jiu-jítsu. Acho que é você, Rorion. Você é muito bom", disse o sujeito, ao que Rorion prontamente respondeu: "Não, é o jiu-jítsu."[5]

Contra-ataques em jogos e esportes

Mesmo sem se dar conta, a maioria das pessoas tem muita experiência com o Princípio da Criação. Qualquer um que já tenha se sentado a uma mesa de xadrez pensando no movimento seguinte e depois no movimento seguinte de seu oponente, experimentou o princípio em

---

[5] Entrevista concedida a Paul Volponi em 14 de janeiro de 2022.

ação. E se xadrez não lhe interessa, que tal pôquer? Um jogador com uma boa mão no início do jogo pode fazer uma aposta alta para obrigar os adversários a desistir de mãos promissoras, mas que ainda precisam ser preenchidas. O outro lado disso seria um jogador com uma excelente mão apostando como se tivesse uma mediana, encorajando os oponentes a aumentarem as apostas.

Os treinadores de futebol americano costumam colocar seu melhor recebedor sozinho em um lado do campo. É uma maneira de forçar a defesa adversária a dobrar a marcação neste recebedor, deixando o outro lado do campo sem defensor, ou a enfrentar aquele talentoso jogador no um contra um. Qualquer opção defensiva pode criar oportunidades de pontuação incríveis em um ataque voltado para a criação. As oportunidades de gol no contra-ataque também predominam no futebol e no hóquei no gelo, sempre que o ataque adversário é incentivado a comprometer muitos jogadores em uma jogada ofensiva, abrindo suas posições na defesa.

A palavra "contra-ataque" foi cunhada pela primeira vez em 1800 por estrategistas militares e usada em jogos de guerra. A tática do contra-ataque militar entra em jogo quando um lado defende com sucesso o ataque inicial do oponente e depois faz o inimigo correr atrás por meio de um ataque (contra-ataque) próprio.

Tire um tempo para pensar. Mas quando chegar a hora de agir, pare de pensar e vá com tudo.
—Napoleão Bonaparte

A concessionária

Suponha que você esteja sentado em uma concessionária. Você está pensando em fazer um *leasing* de um modelo do ano anterior, e o vendedor está disposto a negociar, porque os modelos do ano já chegaram no showroom. As opções de financiamento são boas e a concessionária ainda tem um carro em estoque na sua cor favorita, vermelho intenso. O único ponto de negociação que resta é a quilometragem ao longo do contrato. Você tem um filho que faz faculdade longe de casa e planeja fazer várias viagens para visitá-lo. A quilometragem que eles estão oferecendo é padrão. Mas você quer algo melhor e está disposto a investir um tempo pechinchando com o vendedor até conseguir; esse é seu objetivo. Eles não vão a lugar nenhum até a hora de fechar, então você adota a mesma postura para se colocar em pé de igualdade com o vendedor.

A papelada está toda pronta, aguardando sua assinatura. O único espaço em branco que permanece no contrato de locação é o campo da quilometragem. O gerente já apareceu e conversou com o vendedor para você ouvir. "Não ultrapassamos esta quilometragem padrão nos *leasings* em hipótese alguma", afirmou ele, há quase duas horas. Mas você ainda está ali sentado, impedindo o vendedor de lidar com outros potenciais clientes.

Dá para ver a frustração no rosto do gerente por ter que voltar à mesa do vendedor. É nesse momento que você dá uma cartada e coloca o Princípio da Criação em ação. Você pega o celular e liga para uma segunda concessionária, de uma montadora diferente. "Olá, a que horas vocês fecham o showroom hoje?", pergunta, alto o suficiente para que seus dois oponentes ouçam. "Não, não precisa ir para outro lugar", argumenta o gerente, acenando para que você guarde o celular. "Queremos que seja nosso cliente. Hoje e no futuro. Vamos abrir essa exceção, certo? Pode fechar com a quilometragem que está pedindo", diz ele por fim ao vendedor. Esperando o momento mais oportuno, você fez um movimento sagaz e obteve a reação que desejava. O Princípio da Criação em sua plenitude.

Utilize o Princípio da Criação para...

- **Obter apoio:** Você identificou o melhor caminho a seguir para sua empresa, mas ainda precisa obter um consenso para que todos os colegas engajem.

- **Pedir mais:** Você quer um aumento de salário. Então se reúne com seus supervisores para perguntar exatamente o que eles querem de você para que isso aconteça.
- **Negociar:** Você quer comprar um carro por vinte mil, mas o valor do modelo que você quer é trinta mil. Você oferece dez mil de entrada e tenta parcelar o restante.
- **Gerenciar chiliques:** Você sente que seu filho está prestes a dar um chilique. Começa a planejar com antecedência uma estratégia para reduzir o drama, na esperança de alcançar um desfecho amigável.

Escaneie aqui para aprender a aplicação de combate do **Princípio da Aceitação**

Capítulo 6
O Princípio da Aceitação

Reconhecer quando é melhor ceder do que resistir.

Uma curva na estrada não é o fim da estrada...
a menos que você não consiga fazer a curva.
— Helen Keller, escritora e ativista social

Uma luta é uma luta. Um obstáculo é um obstáculo. É preciso resistir e lutar contra eles. Investimos tempo, força e emoções em grandes e pequenos confrontos quase todos os dias. Mas nem todos os resultados, sejam momentâneos ou de longo prazo, acabam a nosso favor. Ter consciência disso é especialmente útil no tatame do jiu-jítsu. Se nosso adversário consegue encaixar uma técnica contra nós, durante sua aplicação haverá um momento em que ficará claro que ele vai prevalecer e obter a posição desejada. E essa visão da realidade pode nos oferecer uma oportunidade muito útil e importante para melhorar nossa própria posição futura. É o chamado Princípio da Aceitação. Considere o seguinte: se você for o primeiro a aceitar a inevitabilidade de uma ação realizada contra você, também terá a oportunidade de ser o primeiro a se preparar para o resultado dessa ação. E essa aceitação pode ser extremamente valiosa para determinar o que acontecerá a seguir.

Ampliando meu ponto de vista

Minha cunhada, Victoria, arranjou uma encontro às cegas entre mim e sua amiga, Eve Torres, que ela descreveu como incrivelmente inteligente, atlética e, de acordo com sua avaliação inicial, "provavelmente boa demais" para mim. Nosso primeiro encontro? É claro que foi uma aula de jiu-jítsu na Gracie University. Dezoito meses depois. Eve e eu estamos em um relacionamento sério. Uma noite, de forma totalmente não planejada, surgiu o assunto sobre casamento e filhos. Sem nunca ter abordado esses tópicos, de repente estávamos em uma conversa bastante focada nos papéis de marido e mulher na criação dos filhos.

Minha família vem do Brasil, um país latino-americano onde os papéis de gênero estiveram claramente definidos por séculos. Sendo um Gracie, estava entranhado em mim, tanto quanto a arte do jiu-jítsu, que o modelo de família ideal era aquele em que a mulher fica em casa para cuidar dos filhos. Mas, quando introduzi essa ideia na conversa, Eve me deu um sermão, abalando minhas convicções com um ponto de vista diferente. "Eu discordo totalmente", disse ela. "Acho que uma mulher pode ser uma ótima mãe e ainda ter uma carreira." Essa discussão beirou uma briga que durou quase cinco horas (no meio da noite), com cada um defendendo apaixonadamente seu ponto de vista.

Por fim, Eve disse: "Rener, nunca houve um momento em minha vida em que minha mãe (procuradora federal) não estivesse trabalhando. Nunca tive uma mãe que não tivesse uma carreira. Ela acordava todo dia e ia trabalhar, e nunca senti que ela não me amava ou não se importava comigo. Hoje eu não a amo apenas por ser minha mãe, eu a admiro." Foi nesse momento que eu percebi. Eve estava absolutamente certa. Aquela mulher que eu achava tão incrível, com quem eu queria me casar, tinha vindo de uma família em que pai e mãe trabalhavam. Eve e seus irmãos não são apenas bem-educados e bem-sucedidos, mas também são três das pessoas mais social e emocionalmente saudáveis que eu já conheci. Também me dei conta de que os pais dela eram casados havia trinta anos, enquanto meus próprios pais haviam se divorciado quando eu tinha 12 anos, e meu pai estava em seu terceiro casamento.

Eu estava sendo apresentado em tempo real ao Princípio da Aceitação. Naquele momento, embora em parte parecesse uma derrota, eu sabia que precisava dar um voto de confiança e abandonar aquela abordagem ultrapassada e machista. Além do mais, com certeza eu não precisava do peso do meu passado sobre nosso futuro juntos. Como minha família recebeu essa minha mudança de postura? Bem, depois que Eve e eu nos casamos e ela se tornou uma mãe trabalhadora de dois meninos incríveis, Raeven e Renson, meu pai nunca comentou absolutamente nada a respeito. Minha mãe, no entanto, abraçou totalmente a ideia de Eve continuar tendo uma carreira. Na verdade, compramos uma casa ao lado da dela, e minha mãe esteve sempre presente para ajudar com nossos filhos quando necessário. Durante seu casamento com meu pai, minha mãe assumiu o papel que lhe foi designado — o de dona de casa em tempo integral. Eu sei que, de forma muito real, ajudando com os meninos e nos apoiando, minha mãe sentia que estava trilhando esse caminho junto com Eve.

Hoje, Eve é chefe de gabinete (COS) da Gracie University, uma peça fundamental para o sucesso da organização em todos os níveis. Depois de reinventar completamente nosso programa Women Empowered, ela passou a avaliar cada aspecto do projeto de expansão do negócio para identificar onde melhorias sistemáticas poderiam aumentar a eficiência de pessoal e processos (uma função natural para ela, levando em conta sua formação em engenharia industrial pela USC).

Eve superou todas as minhas expectativas em relação ao papel de mãe, e me dói pensar no que poderia ter acontecido se eu não tivesse sido salvo pelo Princípio da Aceitação tantos anos atrás.

Você pode encontrar muitas derrotas, mas não deve ser derrotado. Na verdade, pode ser necessário enfrentá-las para saber quem você é, de quais quedas pode se levantar, e como sairá disso depois.
—Maya Angelou, escritora

Piquenique/combate empresarial

Em que ponto você deve começar a usar o Princípio da Aceitação? O ideal é que seja logo após o resultado inevitável de uma ação contra você se tornar evidente, mas pouco antes de o resultado se tornar evidente para seu oponente. Uma boa diretriz é quando uma ação está aproximadamente 60% concluída contra você. Quando a ação passar da metade do caminho e não valer mais o seu esforço para resistir, ceder dará a você um espaço de tempo (os 40% restantes) para ações positivas, como conservar energia, obter uma posição um pouco melhor do que seu oponente havia planejado ou se preparar física e mentalmente para o próximo movimento. Claro, ninguém entra em uma briga com um cronômetro na mão para contar esses acontecimentos, então é difícil calcular com exatidão.

Saber quando mudar de marcha, ou seja, passar da resistência para a aceitação, é uma questão de tempo, uma habilidade que só pode ser aprimorada com a experiência no tatame. Na vida acontece a mesma coisa: quanto mais experiência você tem, mais fácil fica reconhecer o momento de abrir mão de algo que não é bom para você. Depois de aplicar com sucesso o Princípio da Aceitação, acolha sua nova posição com consciência plena. Pergunte a si mesmo: quais são as possibilidades futuras? Para qual técnica devo fluir em seguida e qual princípio ou combinação de princípios é mais aplicável a partir desse ponto?

Mudar sua postura de resistir para ceder também pode desequilibrar seu oponente. Como? Imagine que você está em um piquenique com o pessoal da empresa. Existem dois departamentos rivais, o de envio e o de recebimento, e os membros de cada um estão sempre se gabando de que o seu é mais importante para o sucesso da empresa do que o outro. Durante o piquenique, os dois departamentos decidem fazer um cabo de guerra amistoso, uma disputa com uma grande poça de lama entre os times rivais. Embora haja sete participantes de cada lado da corda, as pessoas do departamento rival somam aproximadamente 70 quilos a mais do que a sua equipe. Para piorar, você é o primeiro da fila, com a poça de lama quase na sua cara. Ah, e você também está usando um par de tênis branco novinho em folha.

Aos trinta segundos de competição, já dá para sentir o inevitável chegando. A força do seu lado está lenta e com certeza começando a decair. Você se aproxima cada vez mais do iminente destino encharcado de lama. "Vamos, pessoal!", grita o outro esquadrão na tentativa de definir a disputa. Assim que eles colocam todo o esforço em um puxão feroz, você grita: "Agora!" Então seus companheiros de equipe soltam a corda. Ter tomado impulso ajuda você a pular a poça de lama, enquanto o esquadrão rival cai de costas e se suja na grama. "Parabéns, vocês foram mesmo a equipe mais forte", você reconhece com toda a sinceridade, em uma situação muito mais limpa do que estaria se não tivesse empregado o Princípio da Aceitação.

Anthony Pepe

Em seu segundo torneio de boliche profissional da Bowlers Association, em 2014, Anthony Pepe estava nas finais de um evento que seria transmitido pela ESPN. Canhoto, Pepe já estava sendo reconhecido por experientes profissionais e comentaristas por seu notável equilíbrio durante a aproximação e o lançamento de uma bola de boliche de quase 7 quilos rumo à dezena de pinos a 18 metros de distância. "Equilíbrio e ritmo. Essa é a chave para a habilidade e repetibilidade", disse Pepe que, em uma disputa de três jogos para determinar qual adversário enfrentaria o líder do torneio, fez 295 pontos, apenas um strike abaixo de um jogo perfeito, chegando à final. "Eu só tinha cinco pinos com a minha última bola. Estava muito nervoso e fui um pouco rápido demais até a linha de lançamento. Vamos dizer apenas que, depois de onze strikes seguidos, não foi meu melhor lançamento." Mas Pepe, ao aceitar rapidamente os resultados de sua pior jogada do dia, descartou qualquer sentimento de decepção antes de ser decisivo e despachar o líder do torneio, garantindo o título. "É uma questão de visualização, de imagem. Antes de verdadeiramente alcançar o feito, você precisa se ver realizando-o em sua mente."

O Princípio da Aceitação não se mostrou eficaz apenas para Anthony Pepe em suas atividades profissionais. Ele queria ser o reflexo mais verdadeiro possível de si mesmo. "Quando fiz o anúncio sobre minha sexualidade, na época, me tornei o segundo jogador de boliche abertamente gay", disse

Pepe. "Fiz o anúncio sobretudo por mim. Senti que precisava resolver essa questão comigo mesmo, mas, sinceramente, não sabia o que esperar do esporte. Eu estava, sim, angustiado e estressado quando fiz o anúncio, mas isso não me impediu. No fim das contas, acabei recebendo um apoio incrível da comunidade do boliche. E com certeza tem sido muito positivo para a minha vida ter sido aceito como eu realmente sou."[6]

* * *

Minha felicidade cresce na proporção direta da minha aceitação e na proporção inversa das minhas expectativas.
—Michael J. Fox, ator

Utilize o Princípio da Aceitação para...

- **Sobreviver:** Você está dirigindo no gelo e perdeu o controle do carro, então sabiamente começa a se preparar para o impacto e sobrevive com apenas alguns cortes e hematomas.
- **Discutir:** Você está em uma discussão acalorada com um amigo, até que percebe que vencê-la pode fazer você perder o relacionamento.
- **Seguir em frente:** Chega a notícia de que todos em seu departamento serão demitidos, então, antes mesmo do final do dia, você já está procurando um novo emprego.
- **Manter-se motivado:** Você ficou abaixo da sua meta pessoal de condicionamento físico, mas, em vez de focar nisso, se sente motivado mesmo com um pequeno progresso.
- **Adaptar:** Você percebe que seu filho não está se desenvolvendo exatamente da forma que você esperava, mas, em vez de tentar mudá-lo, você aceita quem ele é e faz as mudanças necessárias em você mesmo para ser o pai que ele precisa.

---

[6] Entrevista concedida a Paul Volponi em 14 de março de 2022.

Os olhos do público

Todo mundo precisa lidar com mudanças. Mas como escolhemos lidar com elas, e se as aceitamos ou não em nossas vidas pensando em encontrar a melhor forma possível de mesmo assim avançar, nem sempre é fácil, especialmente para artistas talentosos. O ator Michael J. Fox estava no meio de uma carreira de sucesso no cinema e na televisão quando, em 1991, começou a apresentar sintomas da doença de Parkinson, um distúrbio degenerativo do sistema nervoso central que pode afetar gravemente as habilidades motoras. Em 1998, Fox anunciou sua condição ao mundo, tornando-se um militante ferrenho em prol da conscientização e do financiamento de pesquisas sobre a doença. Mais de uma década depois, antes de se aposentar, Fox participou de um episódio da série *Curb Your Enthusiasm* no qual ele sacode uma garrafa de refrigerante antes de entregá-la ao protagonista, Larry David. Quando David abre a garrafa e toma um banho de refrigerante, ele pergunta: "Você fez isso de propósito?" Fox responde, tímido: "Foi o Parkinson." Que incrível é o dom de poder fazer os outros rirem com a aceitação de seus próprios problemas de saúde.

O francês Henri Matisse (1869–1954) foi um pintor e escultor incrível, conhecido por suas imagens maravilhosas cheias de luz e cores brilhantes. Mas, durante seus últimos anos de vida, Matisse enfrentou um câncer e uma posterior cirurgia tornou extremamente difícil se manter fora da cama. Ficar de pé diante do cavalete estava fora de cogitação. Foi nesse momento que Matisse iniciou uma nova fase em sua carreira. Usando uma tesoura, ele cortava pequenos pedaços de papel colorido, organizando-os em forma de colagem para compor imagens impressionantes. O compromisso de Matisse em se adaptar às mudanças permitiu que ele não perdesse a alegria de viver, ao mesmo tempo que legou ao mundo um resultado artístico de imensa beleza.

Escaneie aqui para aprender a aplicação de combate do **Princípio da Velocidade**

Capítulo 7
O Princípio da Velocidade

*Adapte sua velocidade para
manter o equilíbrio e otimizar os resultados.*

*A vida é mais do que simplesmente fazê-la
correr mais depressa.*
—Mahatma Gandhi

Estou sempre pregando aos meus alunos que eles precisam ser menos previsíveis e estar mais no controle da situação. Com base nessa premissa, o Princípio da Velocidade pode fazer uma grande diferença na sua taxa de resultados positivos. No tatame do jiu-jítsu, com frequência queremos mudar a velocidade com que seguramos o adversário, de lento para rápido e de rápido para lento. Por quê? Bem, isso faz com que nossos oponentes estejam constantemente tentando adivinhar qual abordagem vamos adotar a seguir. E isso pode criar oportunidades incríveis, tanto no jiu-jítsu quanto na vida.

Quando você está no controle para ir do lento ao rápido, ou do rápido ao lento, os outros estão seguindo o seu ritmo, e não o contrário. Imagine que você está organizando uma corrida de velocidade com alguns amigos. Todos estão na linha de largada. Veja, não seria bom se você fosse o primeiro a largar? Não acha que teria mais sucesso de um modo geral se soubesse exatamente o momento em que o sinal para correr vai soar? Considere o seguinte: sempre haverá alguém que é naturalmente mais rápido do que você, alguém cujos reflexos são mais rápidos. Então, como você vai se antecipar a essa pessoa em um ponto específico ou em uma ação desejada? A resposta é: esteja no controle do tempo. Como praticante de uma luta corpo a corpo, se você está sempre rápido, você é previsível. Se você está sempre lento, você também é previsível. Alternar entre os dois extremos é muito mais eficaz e torna você muito mais difícil de ser lido, mantendo o oponente em desvantagem o tempo todo.

Suponha que um desses amigos com quem você está competindo seja a velocista olímpica Sydney McLaughlin, vencedora de duas medalhas de ouro pelos Estados Unidos. Ela está entre as mulheres mais rápidas do mundo. Você simplesmente não tem como derrotar McLaughlin nos 100 metros rasos. Mas talvez possa derrotá-la em uma série de tiros de 10 metros se distraí-la ou se estiver no comando da largada. Poderia acontecer mais ou menos assim: "Ei, Sydney, esse tênis que você está usando é legal, hein! E eu também adorei o seu... E JÁ!"

Isso é exatamente o que tentamos reproduzir no tatame contra nossos oponentes. Qual velocidade é melhor: rápida ou lenta? Resposta: a melhor é aquela que vai tornar seu próximo movimento mais difícil de prever. Lembre-se: oferecer energia a um oponente ou um parceiro em qualquer velocidade é uma forma de comunicação. A outra pessoa provavelmente vai seguir o ritmo que você estabelecer. Quanto maior a diferença entre as mudanças de velocidade, maiores o choque e a surpresa. Na vida, aja sempre com rapidez e decisão para aproveitar as oportunidades quando elas se apresentarem.

Alternando velocidades

Anos atrás, eu e Eve estávamos no auge de nossas agendas de viagem, sempre na estrada a trabalho. Eram inúmeros voos por mês; Eve lutando pela WWE e eu dando palestras sobre jiu-jítsu em todo o país. E embora geralmente viajássemos separados, compartilhávamos uma mesma queixa: ter uma boa noite de sono era quase impossível.

Nenhum dos travesseiros de viagem disponíveis no mercado — e olha que tentamos *todos* — parecia capaz de resolver a temida síndrome da "cabeça solta". Isso acontece quando a pessoa pega no sono e sua cabeça naturalmente cai para a frente com a gravidade, fazendo-a acordar na hora com um solavanco. É algo que pode acontecer várias vezes em questão de minutos. Depois de um voo cruzando o país, eu estava tão irritado com a síndrome da cabeça solta que imediatamente fui à internet e comprei um par de poltronas padrão de avião. Mandei entregar as poltronas em casa e fomos com elas para a garagem a fim de tentar resolver o problema de uma vez por todas.

Logo ficou óbvio para mim que a solução poderia ser encontrada através da alavanca, usando o ângulo mais vantajoso para manter a cabeça na posição vertical com o mínimo de força. Em poucos dias, desenvolvemos um protótipo funcional com o qual ficamos extremamente satisfeitos, e então solicitamos uma patente. Com a fixação de uma alça simples no encosto de cabeça ou do assento e, em seguida, prendendo uma máscara acolchoada para os olhos na alça de segurança, o dispositivo oferece ao usuário uma experiência única de dormir sentado em gravidade zero. Ao contrário de outros produtos similares, nosso design mantém a pressão do pescoço e das artérias carótidas, que transportam sangue para o cérebro e podem causar dores de cabeça quando bloqueadas.

E como batizamos esse novo travesseiro de viagem? "Sleeper Hold", é claro (um trocadilho intencional com o nome dado em inglês ao golpe mata-leão).

Como o Princípio da Velocidade entrou em ação? Bem, depois de um fluxo intenso de trabalho inicial, precisamos desacelerar e colocar o Sleeper Hold em banho-maria por alguns anos. No Capítulo 9, você vai saber mais sobre a minha visita ao programa *Shark Tank*, mas com outra invenção em que optei focar primeiro. Essa escolha foi, sem dúvida, a decisão mais acertada, já que as viagens aéreas pararam em 2020 com a pandemia da covid-19.

Quando a covid-19 começou a desaparecer e as pessoas finalmente voltaram a voar, comecei a usar o Sleeper Hold em voos e o acessório chamava a atenção dos passageiros. Em um voo para Cincinnati, onde eu daria uma palestra sobre liderança jiu-jítsu para executivos da Procter & Gamble, uma passageira chamada Patty queria saber onde poderia comprar um Sleeper Hold. Seu argumento foi tão poderoso que concordei em iniciar uma campanha de financiamento coletivo e, finalmente, colocar aquele produto no mercado. Dizer que voltamos a todo vapor seria um eufemismo. Em questão de semanas, Eve e eu projetamos o logo da empresa, criamos um site, solicitamos patentes adicionais e produzimos mais de uma dúzia de vídeos de marketing para garantir a campanha de lançamento mais bem-sucedida possível. Mas, às vésperas do grande momento, recebi uma ligação do meu guru pessoal de marketing digital, Kenny, que disse: "Rener, você sabe que eu adoro o produto e todos os materiais promocionais que você preparou, mas preciso desaconselhar o lançamento neste momento."

Aquilo me deixou destruído e, na minha cabeça, não havia nada que pudesse me impedir de ir em frente. Já era outubro, eu tinha esperado mais de cinco anos e todas as peças estavam, enfim, no lugar. Então, quando eu disse a Kenny que queria lançar antes do fim do ano, ele não fez rodeios e disse: "Eu te apoio e sempre vou apoiar, não importa o que aconteça, mas, com base em todos os dados de financiamento coletivo disponíveis e o retorno de alguns colegas especializados nesta área, o quarto trimestre (outubro, novembro, dezembro) é a pior época do ano para lançar uma campanha desse tipo."

Quando perguntei o motivo, Kenny explicou que os custos dos anúncios de mídia social disparam nesta época do ano, então poderíamos acabar gastando 500% a mais para alcançar o mesmo número de clientes em comparação com qualquer outra época. Para simplificar: "Rener, se você esperar até o primeiro trimestre do ano que vem, sua campanha de financiamento pode ter um desempenho 500% melhor do que se for lançada agora. Você está disposto a correr esse risco?"

Embora meu orgulho não quisesse dar ouvidos a Kenny, meu coração sabia que ele estava certo. Então, enquanto escrevo estas páginas, estamos, mais uma vez, esperando pacientemente o momento certo para lançar o Sleeper Hold. A mudança de velocidade em torno desse projeto é inigualável no âmbito da minha trajetória profissional: saímos rápido, desaceleramos, corremos para o lançamento, paramos no quarto trimestre e, se tudo correr bem, vamos estourar no mercado no início do próximo ano. Embora este livro vá para a gráfica antes disso, só o tempo dirá se o lançamento perfeitamente cronometrado fará ou não do Sleeper Hold o travesseiro de viagem de maior sucesso de todos os tempos. Seja como for, a saga de cinco anos do Sleeper Hold seguirá sendo uma poderosa lição sobre o Princípio da Velocidade.

E quanto a ser rápido... é apenas questão de hábito. Se você adquirir o hábito de ser rápido, vira algo tão fácil quanto ser lento, até mais fácil.
—Anna Sewell, autora de *Black Beauty*

Velocidade nos negócios, som e sinalização

Nos negócios, a velocidade é equiparada à quantidade de tempo que uma empresa leva para atingir certas marcas de produção, vendas e receitas. É uma medida valiosa da direção e da taxa de movimento. Por exemplo, a Buffalo Trace, uma das destilarias mais reconhecidas do Kentucky, produziu recentemente seu barril de produto de número sete milhões desde a Lei Seca. A empresa levou uma década para passar da marca de seis milhões de barris para sete milhões. Mas o forte crescimento do mercado de *bourbons*, com alta demanda nos Estados Unidos e no exterior, significa que a empresa provavelmente alcançará seu próximo marco de um milhão de barris em menos da metade desse tempo, gerando a necessidade de aperfeiçoar as instalações de produção e aumentar a força de trabalho.

Para não ficar atrás de grandes concorrentes — como Jim Beam e Woodford Reserve —, a Buffalo Trace também vai precisar garantir um desempenho consistente na manutenção dos cronogramas de produção e dos padrões de qualidade. Assim, um sucesso rápido se traduz em um trabalho ainda mais árduo para que a empresa mantenha a trajetória ascendente.

Outro exemplo do Princípio da Velocidade em ação envolve a arte da comunicação. O ato de variar a velocidade do seu padrão de fala, seja de rápido a lento, alto a suave ou grave a agudo, pode causar fortes impressões no público. Professores, representantes de vendas, jornalistas de rádio, guias turísticos, advogados, profissionais de relações públicas e atores estão entre as muitas profissões que precisam manter a atenção do ouvinte por um período prolongado. O público pode facilmente começar a se desligar do discurso ao som de uma voz monótona. E sempre que uma ênfase particular precisa ser colocada em informações essenciais dentro de uma apresentação mais longa, o orador certamente deve considerar mudar o tom e a cadência de sua voz. Às vezes, até mesmo baixar o tom a um sussurro pode levar o ouvinte a sintonizar com mais atenção. Em uma fala final para um júri, um advogado pode enfatizar seu ponto mais importante, evidenciando as palavras quase que individualmente, talvez até as pontuando com um movimento do dedo.

E quanto ao Princípio da Velocidade na música? Uma canção pop média dura de três a cinco minutos. Por que essa duração? Para manter a atenção do público. E quanto às várias músicas muito mais longas que estão no topo das listas de reprodução dos ouvintes há décadas? Bem, vamos analisar "Stairway to Heaven", do Led Zeppelin, um megassucesso que atravessa gerações. Essa canção adorada tem pouco mais de oito minutos, certo? Ela se vale de algo para quebrar o modelo padrão? Sim, o Princípio da Velocidade. A música começa suave, lenta e baixa. Então, logo após a metade, o andamento acelera até que, no fim, ela se transforma em um hino rock'n' roll com tudo que tem direito: guitarra acelerada e gritos melódicos. No fim, mais uma mudança de tempo para que a canção termine como começou, devagar e suave. Trata-se simplesmente de uma obra-prima do Princípio da Velocidade. Quer pesquisar o Princípio da Velocidade em outras canções longas famosas? Dê uma olhada em "Bohemian Rhapsody", do Queen, "American Pie", de Don McLean e "A Day in the Life", dos Beatles.

Por fim, pense nas sinalizações que vemos todos os dias, das que têm mais palavras às que têm menos. Ou em termos do Princípio da Velocidade, das longas às curtas, com as mais curtas chamando nossa atenção de forma imediata.

"Não nos responsabilizamos por itens perdidos"
"Zona de passagem proibida"
"Cão de guarda de plantão"
"Limite de velocidade"
"Pare"

Se o sinal de "Pare" com uma palavra tão curta não chamar sua atenção, espera-se que a cor vermelha e a peculiar forma octogonal o façam.

As pessoas na NBA são tão atléticas quanto você. Esse é o jogo. Você precisa ter a mudança de ritmo. Você precisa mudar a velocidade para contornar as pessoas.
—Kawhi Leonard, bicampeão da NBA
e duas vezes MVP das finais

Utilize o Princípio da Velocidade para...

- **Falar:** Você está fazendo uma apresentação de negócios quando, de repente, varia sua cadência e o público fica mais interessado.
- **Gerenciar emoções:** Uma criança se machuca e entra em pânico, então você dá a ela tempo para respirar e depois fala com ela usando um tom de voz lento e tranquilizador.

- **Realizar lançamentos:** Você trabalha pacientemente em um projeto há anos, quando de repente as condições do mercado mudam. Você aproveita a oportunidade para lançar o produto antes que os concorrentes ganhem força.
- **Equilibrar a carga de trabalho:** Uma mudança de demanda no trabalho exige que você acelere a produtividade em determinados momentos, mas, em outros, permite que diminua a velocidade para evitar esgotamento.

Vire o jogo

No segundo jogo das finais da liga de beisebol de 2021, o arremessador do Atlanta Braves, Charlie Morton, deu um chutinho na placa da sua zona de arremesso, encarando o rebatedor José Altuve, do Houston Astros, no final da terceira entrada. Durante a entrada anterior, Morton havia levado uma bolada na perna direita, vinda do bastão de um adversário. Morton ignorou a dor e continuou arremessando. Ele não sabia na época, mas sua perna estava quebrada, uma fratura da fíbula direita. Ele conseguiu o segundo *strike* contra Altuve, com uma bola rápida de 154 quilômetros por hora.

Não havia dúvida de que Morton estava começando a sentir dor. Será que ele conseguiria lançar outra bola com aquela velocidade? Quando essa possibilidade virou incerteza, Morton decidiu que era hora de mudar de velocidade. Seu último arremesso, lançado antes que ele fosse retirado do jogo devido à lesão, foi uma bola curva de 128 quilômetros por hora. Isso era o mais lento que um arremessador da liga principal conseguiria lançar em direção à base principal. A diferença de 25 quilômetros por hora nesses arremessos consecutivos deixou o rebatedor do Astros completamente desestabilizado — tanto que Altuve nem conseguiu tirar o bastão do ombro para rebater. O árbitro confirmou o terceiro *strike*. E embora tenha perdido seu arremessador craque pelas partidas restantes das finais, a equipe de Charlie Morton acabou se tornando campeã.

Escaneie aqui para aprender a aplicação de combate do **Princípio do Relógio**

Capítulo 8

O Princípio do Relógio

Reconheça que o movimento certo na hora errada é o movimento errado.

Os dois guerreiros mais poderosos são a paciência e o tempo.

—Tolstói, escritor

A sinergia é um tema dominante dentro dos 32 Princípios do jiu-jítsu, e o Princípio do Relógio é um excelente exemplo disso, operando de mãos dadas com vários dos princípios aos quais já fomos apresentados. Como o Princípio do Relógio é aplicado no tatame? Ao interromper e antecipar o momento de aplicação das técnicas ou de obtenção dos objetivos do oponente, você pode ter um melhor controle sobre o resultado.

Todo praticante da arte tem um relógio hipotético dentro da cabeça que funciona a todo momento em cima do tatame. Todos também têm um plano previsto quando iniciam uma ação. Eles sabem quanto vai levar para iniciar e realizar determinada técnica, então se dão certo tempo para alcançar a posição desejada. Mas sempre que você interrompe esse tempo, isso frustra o oponente e drena sua energia. Isso também oferece a você a sedutora oportunidade de controlar o tempo restante, com o qual seu adversário estava contando para a conclusão da técnica.

Para ilustrar a relação sinérgica do Princípio do Relógio com os demais, vejamos dois princípios relacionados: Distância e Velocidade. No que o Princípio da Distância serve para controlar o fluxo de ação por meio da distância ou do espaço entre os oponentes, o Princípio do Relógio serve para controlar o tempo de uma luta. O Princípio da Velocidade é baseado no uso de uma mudança no tempo para o praticante ganhar uma vantagem, enquanto o Princípio do Relógio pode interromper totalmente a tentativa do oponente de mudar as velocidades e as estratégias que ele planejou usar contra nós. Portanto, existe uma excelente sinergia entre esses três princípios. Embora independentes, eles são intimamente relacionados.

Lutando por Shane

Uma de nossas alunas na Gracie University é psicóloga, e acreditava que um de seus pacientes adolescentes se beneficiaria muito com a prática do jiu-jítsu. "Rener, esse garoto, Shane, sofre de ansiedade extrema. Sempre que ele está em uma situação social nova ou quando se sente inseguro, ele vomita descontroladamente", relatou ela. Se era importante o suficiente para que minha aluna sugerisse o jiu-jítsu como uma possível solução, então decidi aceitar o desafio de ensinar Shane pessoalmente. Para o nosso primeiro encontro, escolhi o meio da tarde em um dia da semana em que havia menos pessoas em nosso prédio. Eu estava na escola aguardando a chegada de Shane e sua mãe, quando recebi uma ligação no meu celular. "Sinto muito, Rener. Acho que não vai dar. Estamos estacionados do lado de fora, mas Shane não quer entrar", disse ela. Eu senti que, se não fizesse um esforço extra naquele momento, estaria desistindo de Shane antes mesmo de conhecê-lo. "Bem, eu poderia pelo menos ir aí fora e vê-lo? Dar um oi?", perguntei. "Claro", respondeu a mãe.

Eu saí de kimono e avistei a mãe de Shane de pé ao lado de seu carro. Shane estava sozinho no banco de trás no lado do passageiro. À medida que me aproximava do carro, eu podia ouvir Shane chorando alto em meio a uma respiração ofegante, todo encolhido. A mãe me encarava, e eu podia ver o desamparo em seus olhar. Em silêncio, movi os lábios e perguntei: *Posso entrar e falar com ele?* Ela confirmou com a cabeça. Dei a volta até o banco de trás do lado do motorista e entrei no carro, me sentando ao lado de Shane. Ele gritou sem parar por mais vinte minutos sem nunca levantar a cabeça para olhar para mim. Em todo esse tempo, eu não disse uma palavra. Por fim, Shane ficou sem energia (um exemplo do meu uso do Princípio do Esgotamento, sobre o qual falarei no Capítulo 18), e, exceto por sua respiração ofegante, houve silêncio por um momento. Foi quando perguntei: "Ei, Shane, o que você gosta de fazer para se divertir?" Depois de vários segundos, ele respondeu: "Jogar videogame." Devemos ter passado uns quinze minutos conversando sobre o tema antes de eu dizer: "Shane, eu sou o Rener e estou muito feliz que você esteja aqui. Se não houver problema, queria levar você para fazer uma visita guiada pela nossa escola." Ele enfim assentiu.

Uma vez lá dentro, passei muito tempo mostrando a Shane nossos vestiários e o Museu da Família Gracie. Quando me senti confortável com sua confiança em mim, levei Shane e a mãe até uma de nossas salas de treinamento particulares e disse: "Você não vai acreditar em como os tatames são macios aqui. Tire os sapatos, venha aqui sentir que legal!" Ele obedeceu, e, em uma jogada rápida, eu finalmente o tinha exatamente onde queria. A mãe dele estava sentada no canto mais distante, deixando Shane e eu no centro dos tatames. Perguntei a Shane se eu poderia mostrar a ele uma técnica de jiu-jítsu. Ele concordou e de fato se deitou para que eu pudesse assumir a posição sobre ele. Uma vez lá, eu disse: "Ok, agora tente me tirar daqui." Ele tentou ao máximo, mas não conseguiu. Então trocamos os papéis.

"Tudo bem, me segure e não me deixe levantar." Shane concentrou todas as suas forças em me manter parado, mas escapei em dois segundos usando uma simples técnica de escape. Ele ficou eufórico com a minha manobra. "Beleza, agora deixe eu te ensinar como se faz", falei. Quando subi em Shane, ele escapou usando a mesma técnica. Isso o fez abrir um sorriso de orelha a orelha. Nós praticamos a técnica várias vezes juntos, corrigindo detalhes. Ao longo da hora seguinte, pude ensinar a Shane mais seis técnicas iniciais. Então olhei para a mãe dele e vi que seus olhos estavam cheios de lágrimas de alegria.

É claro que a ansiedade de Shane não desapareceu por completo naquele dia. Na vez seguinte, ele levou quinze minutos para entrar. Na terceira aula levou apenas sete. Então, na quarta aula, Shane já me encontrou dentro do prédio. Ele praticou jiu-jítsu conosco por muitos anos e até passou das aulas particulares para um ambiente de grupo. Shane acabou recebendo sua faixa azul em uma cerimônia com a presença de cerca de trezentas pessoas, um grande passo para o jovem, que depois partiria para a faculdade.

Como o Princípio do Relógio influenciou na minha interação com Shane naquele primeiro dia? Bem, fazer o movimento certo na hora errada ainda é o movimento errado. *Timing* é tudo. Se eu tivesse tentado tirar Shane do carro ou colocá-lo no tatame cedo demais, antes de ter sua confiança e de ele estar emocionalmente pronto para tal, mesmo as minhas melhores intenções teriam sido totalmente ineficazes. Na verdade, em dois momentos chave eu escolhi deliberadamente a inação em vez da ação (esperar no carro e permitir que ele se familiarizasse aos poucos com o prédio da escola), e essas decisões ajudaram a fazer a diferença. Foi o teste final do Princípio do Relógio.

A experiência me deixou com sentimentos ambíguos. Fiquei extremamente satisfeito por Shane ganhar algo valioso naquele dia e por eu poder fazer parte disso. Mas também me senti exausto, como se tivesse lutado por duas horas. Parecia que eu tinha acabado de sair de uma batalha de unhas e dentes. Só que eu não estava lutando *contra* alguém, estava lutando *por* alguém: Shane. Essa batalha me fez usar literalmente tudo o que eu tinha — todas as ferramentas, todas as técnicas, tudo o que aprendi na vida e no treinamento de jiu-jítsu. E valeu a pena cada grama de energia empenhado em ajudar Shane a assumir o controle da própria vida.

Tempo, tempo, tempo

Você pode não estar consciente disso, mas conhece bem o Princípio do Relógio. Ele acontece na sua vida também. Muitas vezes, você o sentiu agindo contra objetivos pessoais cuidadosamente planejados. As interrupções não precisam nem ser orquestradas por um oponente de verdade, apenas pelos efeitos da Lei de Murphy: qualquer coisa que pode dar errado vai dar errado.

Digamos que você esteja preparando o jantar para sua esposa e sogros. É uma receita nova, que você nunca experimentou. O livro de receitas afirma que entre o tempo de preparo e cozimento, toda a refeição, desde a tábua de cortes até a mesa de jantar, levará cerca de uma hora. Só por garantia, você calculou dez minutos a mais. E bem quando você começa a cortar os legumes, o telefone toca. Você vê pelo identificador de chamadas que é seu dermatologista. Está esperando há dias por essa ligação, para saber mais sobre a erupção na nuca do seu filho. É uma chamada que você não pode ignorar, então você atende.

Cinco minutos depois, a campainha toca. É um FedEx do seu trabalho, que vai exigir sua assinatura, então você apaga o fogo por um momento. Que maravilhoso ter calculado aqueles dez minutos extras, não é mesmo? Mas as distrações não param por aí. Em seguida, seu cachorro arranha a porta para sair pelos fundos. Você sabe que tipo de acidente pode acontecer se não o deixar sair logo, e os convidados estão chegando. Sua filha começa a chorar porque o monstro da secadora de roupas comeu uma de suas meias de bolinha roxa favoritas. Distraído com todas essas interrupções, você usa a *airfryer* e o micro-ondas ao mesmo tempo e — *puf* — o fusível da resistência da cozinha queima. Você está frustrado, mentalmente exausto e no escuro. E sequer havia um adversário manipulando as cordas. Esse é o poder inato do Princípio do Relógio.

Agora, imagine que há um relógio em sua casa que está dez minutos atrasado. Você se atrasaria para tudo em sua vida: escola, trabalho, encontros, compromissos. Mas e se você tivesse um relógio adiantado dez minutos? Chegaria cedo para todos os compromissos que mencionamos. De uma forma ou de outra, sua vida estaria desequilibrada porque o fluxo de tempo foi interrompido. A única coisa pior do que viver a vida por qualquer um desses dois relógios é se o único relógio em sua vida real for ainda menos confiável. Como assim? Talvez o único relógio em sua vida esteja, às vezes, dez minutos adiantado e, às vezes, dez minutos atrasado. Quando você pensa que descobriu o erro e consertou a diferença, mas não o fez, o resultado é confusão total. Não há previsibilidade. No jiu-jítsu, esse é o tipo de efeito que você deseja causar no oponente: imprevisibilidade para causar uma interrupção no fluxo de tempo dele, esteja você forçando o relógio a ficar mais lento ou mais rápido.

Preciso saber como é feito o relógio depois que você me disser que horas são. Quero saber todos os detalhes para entender como funciona.
—Sandra Bullock, atriz

Princípio do Relógio Marítimo

A tradição de promover corridas de remo começou com os táxis aquáticos do século XVIII ao longo do rio Tâmisa, na Inglaterra. Em 1852, os Estados Unidos tiveram sua primeira competição atlética intercolegial na forma de corrida de botes, chamada de "regata", entre Yale e Harvard. Hoje, o treinador Bill Porter está no comando da equipe feminina de remo em Yale há mais de duas décadas, tendo conquistado vários títulos nacionais aos chamados Bulldogs. Como o Princípio do Relógio se reflete no remo? Bem, nesse esporte o Princípio do Relógio é usado ao contrário. Cronometrar e estar em sincronia com seus companheiros de equipe é importante na maioria dos esportes, mas é absolutamente essencial no remo, especialmente para uma equipe de oito pessoas.

Muito da sincronia da equipe recai sobre os ombros de um remador de referência conhecido como "voga", cujo trabalho é estabelecer um ritmo para os outros imitarem, colocando as pás de seus remos dentro e fora da água simultaneamente. "Encontrar alguém para ocupar essa posição é a primeira peça. É necessário alguém que tenha ritmo e um movimento fácil de seguir, alguém que os outros remadores possam seguir e depois começar a trabalhar as combinações [mudanças de velocidade]. Lembre-se: embora toda a equipe esteja sentada, todos têm alturas diferentes e comprimentos de pernas e braços diferentes. É ótimo quando os corpos estão todos sincronizados, mas ainda mais importantes são os ângulos dos remos entrando e saindo da água, bem como a carga do remo debaixo d'água", observa Porter, que apesar do advento dos equipamentos tecnológicos para medir esses vários ângulos, ainda prefere fazê-lo a olho nu.

Mesmo que o remo não seja um esporte de contato, é possível atrapalhar o *timing* do outro barco. "Se a outra tripulação estiver à frente e você começa a diminuir a distância, como os remadores estão voltados para trás e podem estar olhando para um barco que se aproxima, você pode atrapalhar a sincronia deles e perturbá-los enquanto motiva sua própria tripulação." As corridas geralmente têm 2 mil metros ou 1,2 milha de distância, e exigem uma equipe que possa operar sob uma espécie de tensão relaxada. "A pessoa precisa relaxar e ter um nível relativo de elasticidade. Mas sem dúvida o remo é um dos esportes mais difíceis, fisicamente cansativos e dolorosos — o que é contraintuitivo, porque olhando da margem tudo parece muito tranquilo...

"O movimento de remar um grande barco é muito ritmado. O barco flui e reflui abaixo de você, e é possível sentir o casco se movendo quando você coloca o barco em alta velocidade. Para os remadores, trata-se de encontrar o ritmo e a respiração de cada um. Portanto, de certo modo, é um pouco parecido com música e dança. Um barco bom e rápido é muito bem coreografado, com todos os remadores em sintonia", explica o treinador Bill Porter.[7]

---

[7] Entrevista concedida a Paul Volponi em 15 de março de 2022.

No campo de jogo

No beisebol, o Princípio do Relógio está constantemente em ação. E esta é uma afirmação impressionante, levando em conta que o beisebol é o único grande esporte de equipes que não usa um relógio de jogo — um novo relógio de campo, no entanto, será introduzido na temporada de 2023. Sempre que o arremessador estiver em uma boa sequência e quiser manter seu ritmo rápido na área de onde lança, você verá o rebatedor sair da caixa em sua área ou ir para o círculo onde se alinham os batedores para passar um pano com alcatrão em seu taco (hoje o rebatedor só pode pedir tempo uma vez a cada participação) ou qualquer outra desculpa para desacelerar o arremessador. Em retaliação, um arremessador irritado pode até jogar uma bola alta de raspão no rebatedor (utilizando o Princípio da Distância), o que funciona como um *amigável* alerta conhecido como *chin music* — ou "música para o queixo".

O arremessador também pode usar o Princípio do Relógio para frustrar um corredor na primeira base que tenha a intenção de roubar a segunda. Um arremessador pode fazer vários arremessos para a primeira base, em movimentos chamados de *pickoff*, tanto rápidos quanto lentos, para quebrar o ritmo do corredor em sua tentativa de largada rápida (uma demonstração do Princípio da Velocidade). Em uma bela situação de faca de dois gumes, o corredor na primeira base pode combinar o Princípio da Distância e o do Relógio para atrapalhar a sincronia de tempo do arremessador. Como? Ao alcançar uma distância longa o suficiente, o corredor da base praticamente força o arremessador a lançar para a primeira base em vez de fazer o arremesso para a base principal, interrompendo seu ritmo favorável. Se o arremessador não o fizer, o corredor ganha o claro benefício de abrir uma distância ainda maior. Assim, o arremessador é forçado a escolher entre os conflitos apresentados pela aplicação dos dois princípios.

Essa sinergia de princípios também pode ser bem observada na relação entre defensores e recebedores no futebol americano. Os defensores podem sacrificar a ideia de manter uma distância segura entre eles e os recebedores (para que um recebedor veloz não passe direto por eles) enfrentando o recebedor cara a cara na linha de saída da bola. No instante em que a jogada é iniciada, o defensor irá atrasar ou bloquear o recebedor a fim de diminuir sua capacidade de executar uma rota de passe limpa. Isso também prejudica a sincronia entre o *quarterback* e o recebedor. No entanto, se o recebedor conseguir driblar esse congestionamento com um movimento impulsionado pela velocidade, ele ganha uma grande vantagem sobre o defensor, que não terá uma distância de segurança ou margem de erro para tentar impedir que ele receba a bola. Pelas lentes do Princípio do Relógio, fica nítido que o *timing* realmente é tudo.

> *A única razão para a existência do tempo*
> *é evitar que tudo aconteça de uma só vez.*
> —Albert Einstein

Utilize o Princípio do Relógio para...

- **Priorizar a família:** Você está passando um tempo importante na companhia da sua família quando recebe uma ligação do escritório e decide não atender.
- **Conectar-se:** Você chega em casa do trabalho e, antes de começar a falar sobre como foi o seu dia, pergunta ao seu cônjuge como foi o dia dele ou dela.
- **Comunicar no momento certo:** Você quer abordar sua chefe para falar sobre um aumento, mas percebe que ela está estressada com o lançamento de um novo produto, então decide esperar por um momento melhor.
- **Educar os filhos:** Seu filho se comporta mal, mas não está preparado emocionalmente para ouvir o que você tem a dizer, então deixa a conversa para outro dia.

Escaneie aqui para aprender a aplicação de combate do **Princípio do Rio**

Capítulo 9

O Princípio do Rio

Supere obstáculos ao fluir ao redor deles.

A inteligência é como um rio: quanto mais profunda, menos barulho faz.
—Desconhecido

O jiu-jítsu espelha uma série de processos no mundo natural, por isso nada mais apropriado que vários de seus princípios fundamentais — por exemplo, o Princípio do Rio — sejam inspirados em fenômenos da natureza. Pense na água que flui velozmente na correnteza de um rio. De repente, aparece uma rocha enorme, que assoma na superfície. A torrente, de modo perspicaz, não perde tempo com a rocha. A água não bate de frente teimosamente com o obstáculo, na tentativa de provar qual dos dois é o mais forte. O que está em jogo não é uma disputa de poder. O xis da questão é a persistência. Basta contemplar a imensidão do Grand Canyon, fissura resultante de cinco a seis milhões de anos de contínua erosão hídrica, para saber que, no fim das contas, a água é capaz de esculpir um caminho de sua própria escolha através da rocha sólida. Esse tipo de perda do foco eficiente aplica-se apenas aos seres humanos que se distraem com algum desafio ou dificuldade que encontram ao longo de sua jornada. A água, com naturalidade, criou uma maneira melhor, mais eficiente. A água não se concentra onde está a rocha. Em vez disso, concentra-se onde a rocha *não* está.

Ela opta por trilhar o caminho de menor resistência, e jamais perde de vista seu objetivo primordial: chegar ao mar.

Não entenda mal o Princípio do Rio — não se trata de um exercício de passividade. Tenha em mente o conceito de uma barragem. Quando as águas de um rio se deparam com uma barragem, há momentos em que avançar e traçar o caminho de menor resistência não é imediatamente possível. Mas a ideia não é seguir em frente a qualquer custo. Não tenha medo de errar por excesso de paciência. Quando se vê interrompida por uma represa, a água começa a se avolumar. Ela continua acumulando energia potencial e espera por uma fraqueza da qual possa tirar proveito. É nesse meio-tempo que recuperamos a energia gasta anteriormente e planejamos nosso próximo passo. Assim que aparece uma fraqueza da qual podemos nos valer — talvez uma pequena rachadura na represa —, nós a aproveitamos no mesmo instante. Seja no tatame ou na vida, o que compõe o Princípio do Rio é uma mentalidade persistente.

Nadando com tubarões

Dois dias depois do Natal de 2016, eu estava no parque curtindo uma caminhada matinal na companhia de meu filho Raeven. Eu vestia um moletom com capuz, porque chovera na noite anterior e ainda havia um pouco de umidade no ar. Mas, quando o sol da Califórnia despontou com força total, precisei tirá-lo. O primeiro pensamento que me ocorreu foi amarrá-lo na cintura. Acontece que eu nunca gostei desse visual, e queria ser o *pai descolado* do parque. Então, de forma despojada, simplesmente pendurei o moletom sobre um dos ombros. Mas, quando me abaixei para pegar meu filho, o moletom caiu na grama úmida e enlameada. Instantaneamente, minha mente de jiu-jítsu afeita à resolução de problemas entrou em ação. Eu pensei: *Tem que haver um jeito melhor.*

No momento em que entrei em casa, eu me tranquei no escritório com o moletom sujo, alguns clipes de papel, cadarço, fita adesiva e tesoura. Trinta minutos depois, eu tinha criado meu primeiro protótipo funcional de um moletom com capuz que, quando a pessoa não estivesse vestindo, poderia ser transformado em uma mochila. Foi assim que nasceu minha empresa de roupas Quikflip. Seis meses e várias melhorias no produto depois, levei as primeiras amostras para testes públicos em Venice Beach, abordando pessoas que caminhavam pelo calçadão carregando jaquetas e moletons. Registrei as reações de espanto delas ao ver como meus moletons eram confortáveis e como as peças podiam ser facilmente transformadas em uma mochila. Bem, o vídeo viralizou e, em trinta dias, vendi o primeiro lote de cinco mil Quikflips produzidos por mim. Depois, aconteceu algo ainda mais incrível. Os produtores do programa de TV *Shark Tank*, da rede ABC, me ligaram. Foi como um sonho que se tornava realidade. Havia muito tempo eu sonhava em participar desse *reality show* de sucesso e negociar com os "tubarões" — executivos poderosos e empresários donos de impérios —, mas não tinha intenção de vender nossa escola de jiu-jítsu. Essa oportunidade, no entanto, me daria a perspectiva de associar a marca Quikflip a um parceiro de negócios muitíssimo bem-sucedido, um investidor faixa preta, com quem eu certamente poderia aprender algumas coisas.

No dia da gravação, pisando naquele famoso tapete de empreendedorismo sob as luzes quentes do estúdio de TV, eu me vi cara a cara com um quinteto de obstáculos peso-pesado: Mark Cuban, Daymond John, Kevin O'Leary (também conhecido como sr. Maravilhoso), Lori Greiner e Robert Herjavec. Mas cheguei bem preparado, e me concentrei tanto no pitch de venda quanto no Princípio do Rio para continuar fluindo em direção ao meu destino, que era o de exibir a marca Quikflip para um público de mais de meio milhão de espectadores. Após minha apresentação inicial, que incluiu rechaçar dois ataques do meu irmão Ryron (porque é claro que não iríamos perder a oportunidade de compartilhar um pouco da magia do jiu-jítsu no horário nobre da televisão), os tubarões começaram a me bombardear com perguntas.

"Rener, eu quero saber das vendas", anunciou o sr. Maravilhoso. Mas eu ainda não havia terminado a apresentação completa da minha linha de roupas. Ele não seria capaz de interromper meu avanço. Então, acionei o Princípio do Rio e continuei por um caminho alternativo. "Calma aí", falei, dando a entender que tinha ouvido o aparte, mas sem abrir mão do controle da situação. Deixei claro que tínhamos adicionado outras peças ao catálogo, indo além de apenas moletons. "Isto não é um produto, pessoal. É uma empresa", afirmei. Em seguida, sem pedir permissão, peguei o copo de água do sr. Maravilhoso da mesa à frente dele. Vesti uma segunda peça da minha "roupa conversível" e, então, derramei a água sobre minha cabeça para demonstrar que o tecido era à prova de água e, em um movimento ousado, mostrei ao mundo a jaqueta de chuva Dryflip. Foi uma jogada mais do que apropriada da minha parte, considerando que estava em pleno processo de utilizar o Princípio do Rio. Simplesmente continuei falando sem parar, vendendo meu peixe, e insisti em alardear as qualidades da minha marca, porque eu sabia que não haveria uma segunda chance. "Rener, será que vamos conseguir falar *alguma coisa* durante sua apresentação?", perguntou Daymond John, em um tom mais ou menos frustrado. "Só estou tentando chegar lá", completou. Mas eu também estava tentando *chegar lá*. Ao meu próprio destino, não o dele.

"Você é uma força da natureza", admitiu o sr. Maravilhoso, que acabou me fazendo uma oferta. Foi a vez de Lori começar a falar sério sobre chegar a um acordo de negócios comigo, embora a voz de Kevin continuasse persistente. "Kevin está falando comigo. Mas neste momento eu não estou falando com Kevin", assegurei a Lori, mantendo contato visual com ela. "Estou falando com você." No fim das contas, optei por fechar acordo com Lori, presenteando-a com uma "faixa preta de negócios" honorária (por mais famosa que a pessoa possa ser, a única maneira de ganhar uma faixa de verdade é nos tatames). No final, superei todos os obstáculos e passei muito mais tempo apresentando meu produto do que negociando, o que era exatamente o meu objetivo. Muitos dos negócios firmados no ar durante o *Shark Tank* nunca são consumados nas semanas e meses subsequentes, e foi exatamente isso que aconteceu com o acordo que Lori me propôs. Para a Quikflip, porém, a exposição em horário nobre, em um programa de televisão de alta visibilidade, foi uma tremenda vitória.

O rio está em toda parte.

—Hermann Hesse, escritor ganhador do Prêmio Nobel

Realização de testes e evolução das responsabilidades no trabalho

É lógico que não é preciso ser um lutador competindo em um tatame de jiu-jítsu para encontrar enormes obstáculos. Eles podem surgir subitamente em qualquer aspecto da nossa vida, seja no trabalho, na escola ou nos relacionamentos diários. É importante ressaltar que, quando nos fixamos nesses impedimentos, eles parecem ainda maiores do que são, e isso interrompe nosso progresso porque desperta uma mentalidade ineficiente.

Talvez você seja um estudante fazendo uma prova importante. Pode ser uma prova final ou de meio de semestre de matemática, em que você tem apenas cinquenta minutos para resolver quarenta questões. O professor passa por sua carteira e coloca a prova virada para baixo. Ao ver as várias páginas grampeadas juntas, você respira fundo. Está preocupado com a possibilidade de não ter tempo suficiente para terminar, porque no passado isso já foi um problema para você. "Alunos, podem começar a prova", anuncia o professor. Você vira a folha e, às pressas, escreve seu nome no topo da página. As primeiras questões oferecem pouca ou nenhuma dificuldade. Confiante em suas respostas, você desenvolve um ritmo. Um fluxo. Tudo está se movendo às mil maravilhas, tranquilamente. Eis que surge a questão que interrompe seu impulso natural avante.

Para piorar, a resolução dessa questão envolve uma equação específica. E é uma equação que você guardou na memória cinco minutos antes do início da prova, mas naquele momento deu um branco e não se lembra de nada. Você fica frustrado. De repente, fica paralisado. Inerte, você ouve os outros alunos virando as páginas de suas provas. Enquanto eles avançam, você permanece travado. O Princípio do Rio lhe ensina a passar para uma posição melhor, a entender que esbarrou em um obstáculo que não pode consumir todas as suas energias. Você precisa sacrificar essa luta de menor monta, na qual se engalfinha com uma única questão individual, para se dedicar com todas as forças à batalha de maior envergadura em que tem de encarar as muitas questões que ainda estão por vir — além de alcançar o objetivo de obter uma nota suficiente para ser aprovado. Os especialistas em testes e provas dirão exatamente a mesma coisa: não se deve administrar mal o tempo disponível debruçando-se sobre um único problema.

Os ambientes de trabalho estão em frequente evolução. Os deveres envolvidos em qualquer cargo estão sujeitos a sofrer mudanças desafiadoras, que exigem o máximo de esforço. Talvez isso tenha acontecido com você. Muitas das coisas que outrora fazia tão bem, que lhe renderam elogios, não estão mais entre suas responsabilidades. Você se sente frustrado com a complexidade de suas novas atribuições, convencido de que, mesmo que acabe dominando essas funções, todo o seu trabalho árduo passará despercebido. Em essência, seu fluxo de trabalho chegou ao famoso "fundo do poço". Você se tornou infeliz, obcecado e estagnado, e fica ruminando sobre as coisas que estragaram o ritmo que antes você havia estabelecido. No entanto, é preciso lembrar que o mundo não é estático e que a mudança é uma parte contínua da vida. O Princípio do Rio ensina você a estar mais sintonizado com um ambiente dinâmico, fluindo para contornar todos os tipos de obstáculo, sobretudo os autoimpostos. É preciso ter uma crença robusta em si mesmo para fazer essas mudanças no meio do caminho ou da carreira. Mas é exatamente isso que o Princípio do Rio inspira em seus praticantes.

Perfil: Nada de sopa para você!

Em 1995, o ator Larry Thomas invadiu de supetão os aparelhos de TV do país e do mundo em um episódio da série cômica Seinfeld *intitulado "O nazista da sopa".* Thomas interpretou Yev Kassem, proprietário de uma lojinha de sopa em Nova York, que foi apelidado de "o nazista da sopa" pelo elenco de personagens. Seu bordão curto e absurdo — "Nada de sopa pra você!" — caiu nas graças do público em todo o mundo. Thomas é um artista marcial treinado em karatê Shotokan, que normalmente é considerado uma arte marcial "dura", refletindo mais yin (lado mais difícil) do que yang (lado mais suave).

No início da carreira como ator, a princípio Thomas cogitou atropelar os obstáculos em seu caminho: "É claro que o karatê transformou um menino inseguro em um adulto confiante e, como resultado, isso me ajudou a me proteger nas ruas. Atuar, por outro lado, não podia ser algo feito à base de músculos. Eu precisei desenvolver um tipo diferente de confiança. [...] Tive que me render. Ser atingido e não revidar. Sim, o nazista da sopa era impaciente e defendia as próprias regras. Porém, no final, ele foi derrotado pelas próprias ações." Antes de se dedicar à atuação, Thomas teve empregos como fiador, barman e zelador. Como é possível traçar um paralelo entre a carreira de ator e o Princípio do Rio? "Nos meus primeiros anos como ator, tive que me desvencilhar das posições firmes e da concentração que prevaleciam no Shotokan em troca da sensação mais fluida que floresce quando o ator se entrega a um personagem. Ao atuar, você tem de se render ao momento e se curvar ao roteiro."[8]

---

[8] Entrevista concedida a Paul Volponi em 2 de abril de 2022.

Utilize o Princípio do Rio para...

- **Desenvolver hábitos:** Seu objetivo é fazer com que seus filhos consumam mais frutas, legumes e verduras, mas eles odeiam essas coisas, então você introduz vitaminas saborosas na dieta deles como um primeiro passo na direção certa.
- **Encontrar soluções:** Você está trabalhando em um projeto para aumentar a eficiência em sua empresa, mas o orçamento sofre um corte, então, em vez de exaurir por completo seus recursos e ficar na miséria, você reúne as ferramentas disponíveis para criar uma solução alternativa que alcance o mesmo resultado.
- **Perdoar:** Sua namorada cancela em cima da hora o almoço marcado; em vez de ficar desapontado, você decide ir ao bar, onde desfruta de uma refeição agradável e de uma ótima conversa com um completo desconhecido.
- **Envelhecer com sabedoria:** Você chega a um ponto da vida em que seu corpo envelhecido não é mais capaz de realizar as atividades esportivas que tanto amava, então você começa a aprender a arte suave do jiu-jítsu, e seu único arrependimento é não ter começado antes.

O impactante Bruce Lee

A citação mais icônica de Bruce Lee ecoa o poder do Princípio do Rio. "Esvazie a mente. Seja sem forma. Disforme e informe. Como água. Se você coloca água em um copo, ela se torna o copo. Se coloca água em uma garrafa, ela se torna a garrafa. Se coloca água em uma chaleira, ela se torna a chaleira. Ora, a água pode fluir ou pode colidir. Seja como a água, meu amigo", enfatizou Lee, que acabou construindo sua própria arte marcial chamada Jeet Kune Do, ou "o caminho do punho interceptador", que salientava a eficiência pessoal. Suas palavras sobre a força da água são uma proclamação contra a rigidez, contra o hábito que as pessoas têm de ficar estagnadas numa forma específica ou agir com obstinada rigidez mental, em vez de se deleitarem com a flexibilidade e a liberdade.

Lee, cujo nome de batismo era Lee Jun-fan, nasceu no bairro de Chinatown, em São Francisco. No entanto, foi criado em Hong Kong, onde seu pai era um astro da ópera cantonesa (o equivalente atual a um astro pop dos Estados Unidos). Essa conexão com o mundo da atuação e da interpretação artística deu a Lee a oportunidade de ser escalado para vários filmes como ator mirim. Quanto à carreira adulta, costuma-se atribuir a Lee a mudança na maneira como os asiáticos são vistos no cinema, na TV e, em última análise, na sociedade ocidental.

Antes do início da década de 1970, os asiáticos que trabalhavam em Hollywood eram escalados, principalmente, para papéis subservientes, como garçons e empregados domésticos. Lee começou a aparecer na TV estadunidense na série *O besouro verde* (1966-1967) interpretando Kato, um ajudante/criado do herói protagonista. Mas foi o estrondoso sucesso de Lee no exterior como ator principal em dois filmes baseados em artes marciais — *O dragão chinês* (1971) e *A fúria do dragão* (1972) — que deu a ele o poder de barganha para escrever e produzir seu próprio material para o público ocidental. A Warner Bros. Studios financiou *Operação Dragão* (1973), com roteiro de Lee, bancando um imenso orçamento de 850 mil dólares, o que, em valores atuais, provavelmente se traduziria em mais de 500 milhões de dólares. "É necessário mostrar o verdadeiro [asiático] [...] Acho que [o que vimos nos filmes] está muito desatualizado. Quero pensar em mim mesmo como um ser humano", disse Lee, que infelizmente morreu de um edema cerebral em 1973, aos 32 anos.

Muitos astros do cinema que atuam em produções inspiradas em artes marciais, a exemplo de Jackie Chan, Donnie Yen e Rina Takeda, têm uma dívida de gratidão com Lee pelas portas que ele abriu.

Escaneie aqui para aprender a aplicação de combate do **Princípio da Estrutura**

Capítulo 10
O Princípio da Estrutura

Aumente a eficácia aprimorando a eficiência sistemática.

Toda ideia que é verdadeira tem uma forma e é capaz de muitas formas. O que determina o valor de uma ideia é a variedade de formas de que ela é capaz.
—Frank Lloyd Wright, arquiteto

Os praticantes de jiu-jítsu podem ser vistos como arquitetos, pois estão sempre construindo novas posições corporais ao longo de uma luta corpo a corpo com liberdade de movimento. Em termos estruturais, essas posições devem ser sólidas o suficiente para suportar as forças aplicadas por nossos oponentes, além de dar sustentação a nossos próprios ataques. A melhor maneira de testemunhar isso é no Princípio da Estrutura. Uma vez que presumimos que nossos oponentes serão maiores, mais fortes e mais atléticos do que nós, sempre que possível tentamos usar nossa estrutura esquelética para ocupar o lugar da força física e da massa muscular pura. Essa técnica é chamada de "estruturação".

A estrutura de uma casa geralmente consiste em montantes (hastes verticais de uma parede), chapas de revestimento (membros horizontais de uma parede), vigas (traves de madeira dispostas paralelamente de parede a parede para sustentar o piso ou o telhado), caibros, viga mestra e piso. A estrutura do corpo humano é o nosso esqueleto, que serve como ponto de fixação para músculos, ligamentos, tendões e articulações. No jiu-jítsu, usamos a estrutura esquelética para otimizar nossa vantagem em muitas situações, incluindo bloquear golpes, proteger-se de ataques, desfazer uma pegada ou manter o oponente a uma distância segura. Também nos permite ganhar espaço para criar a oportunidade de executar nossos próprios golpes enquanto interrompemos a investida do oponente. O Princípio da Estrutura foi tremendamente importante para meu avô Helio na criação do jiu-jítsu brasileiro, porque ele não era um homem grande com muita força física. Ele tinha 1,75 metro de altura e pesava apenas 65 quilos.

Quais são as vantagens de confiar na estrutura em detrimento da força muscular? Coloque-se na posição de flexão de braços — mantenha a cabeça alinhada ao tronco e ao quadril, formando uma linha reta —, abaixe-se até que os cotovelos estejam dobrados em 90 graus e permaneça na posição. Nesse momento, seu único oponente é a gravidade. Mesmo livre das pressões adicionais que um adversário humano poderia aplicar, em pouco tempo você vai começar a sentir uma queimação nos tríceps, bíceps, peitorais e deltoides. Essa sensação se deve ao acúmulo de ácido lático decorrente do esforço muscular prolongado. Por outro lado, se você esticar os braços até o ponto mais alto da posição de flexão, não terá os mesmos fatores de fadiga, pois os ossos dos braços estão alinhados e se apresentam em um ângulo perpendicular ao chão. Num confronto ou duelo físico, ossos como coluna cervical, úmero, ulna, rádio, fêmur, tíbia e quadril podem se unir em diferentes sequências para criar estruturas capazes de superar a força muscular. E, para o oponente, a experiência de colocar a força muscular contra uma estrutura bem concebida pode ser ao mesmo tempo exaustiva e desmoralizante.

Encontrando a estrutura adequada

A maioria das pessoas sabe que venho de uma família de lutadores. Mas também nasci no seio de uma família de professores. E me sinto igualmente orgulhoso disso. Se alguém perguntasse ao meu avô: "Helio, por que você, sendo fisicamente menor, entrava no ringue para lutar contra aqueles atletas mais pesados, com calibre de campeões?", com certeza ele responderia: *"Para provar aos meus alunos que tudo o que eu ensinava era verdadeiro. Que eles podiam confiar em mim como professor e no jiu-jítsu brasileiro como a arte da eficiência."*

Dei minha primeira aula de jiu-jítsu aos 13 anos e atualmente tenho mais de um quarto de século de experiência em como transmitir esse conhecimento. Há pouco mais de uma década, quando a Gracie University começou a se expandir — em sintonia com o aparentemente insaciável desejo global pelo jiu-jítsu brasileiro —, percebi que o Princípio da Estrutura seria essencial para disseminar, com eficácia, as sementes que minha família tinha cultivado. Nos tatames, o Princípio da Estrutura se preocupa com o alinhamento adequado do esqueleto, de modo a criar a máxima alavancagem. Esse princípio se reflete também no mercado, no qual os principais componentes de qualquer negócio, incluindo nossa escola de jiu-jítsu, precisam estar adequadamente alinhados para produzir em alto nível. De que maneira esse conceito se relaciona diretamente com a Gracie University? Além de ensinar os alunos, o que propicia a Ryron e a mim uma satisfação incrível por abrirmos novos olhos para nossa bela arte, certificamos instrutores oficiais nos programas Gracie que criamos e patenteamos; posteriormente, licenciamos esses alunos a ensinar nossos programas em suas próprias escolas.

Os instrutores em potencial aprovados pela Gracie participam de um estudo intensivo de materiais, metodologia e técnicas, com duração total de doze meses, enviando vídeos de seu progresso ao longo do processo. Assim que essa etapa da formação é concluída, eles passam uma semana na Gracie University em Torrance, na Califórnia, quando participam de nosso Programa de Certificação de Instrutores e devem obter notas altas o suficiente para receber a aprovação. À guisa de compensação por todo o trabalho e comprometimento árduos, nossos instrutores recebem a garantia de que não certificaremos outro instrutor Gracie para atuar dentro de um raio de oito quilômetros de sua escola. Em certo momento, no entanto, descobrimos uma grave falha em nosso modelo de negócios. Um instrutor em potencial localizado, digamos, na área de Dallas/Fort Worth, no Texas, talvez não soubesse que outra pessoa dentro desse mesmo raio também estava inscrita no Programa de Certificação de Instrutores. O que aconteceria se, depois de dez meses ou mais de estudo rigoroso, essa outra pessoa fosse certificada primeiro? Isso nos parecia uma terrível injustiça. Então empregamos o Princípio da Estrutura a fim de reordenar os componentes do nosso modelo, tornando-os mais fortes e eficientes.

Agora, qualquer pessoa interessada em ser nosso representante paga de forma antecipada o custo integral do Programa de Certificação de Instrutores; com isso, permitimos que reserve seu território pelo prazo de um ano. Essa nova estruturação trouxe dois benefícios adicionais. Por causa do investimento financeiro que nossos instrutores em potencial fazem no curso de formação, eles se tornaram mais comprometidos em concluir com êxito o processo no tempo previsto. Ademais, para mim e para Ryron, significou receber um retorno financeiro melhor pelo tempo que investimos em treinar os alunos, já que menos instrutores em potencial desistiam no meio do processo. E por que é tão importante termos esses representantes? Bem, isso gera receita extra para nosso negócio. O mais importante, porém, é assegurar a manutenção da missão secular de nossa família de desenvolver uma rede abrangente de membros da equipe Gracie para transmitir a arte do jiu-jítsu brasileiro. Lembre-se: nós podemos ministrar apenas um número limitado de aulas por dia e, dentro de um tatame, cabe apenas um número limitado de alunos por vez. Por meio de nossa rede global de instrutores credenciados, esse número cresceu de modo exponencial.

Claro que essa expansão global não seria possível sem nosso uso anterior do Princípio da Pirâmide, que deu à Gracie University mais equilíbrio e mais estabilidade no mercado das artes marciais. Como a família Gracie não é *dona* do jiu-jítsu brasileiro (ninguém pode patentear ou registrar uma forma de arte), Ryron e eu desenvolvemos e licenciamos programas, a exemplo do Gracie Combatives, Gracie Bullyproof e Women Empowered. Testemunhar a perfeita interação entre o Princípio da Estrutura e o Princípio da Pirâmide, que se complementam nos negócios com o mesmo vigor de uma luta nos tatames, segue sendo uma prova da sinergia poderosa entre nossos 32 Princípios básicos.

Perfil: Espírito de luta do balé

George Birkadze é o diretor artístico do Conservatório de Dallas, uma escola privada de artes cênicas. Ele dedica a vida pessoal e profissional a mesclar duas paixões intensas: o balé e as artes marciais.

George Birkadze cresceu nas ruas da República Socialista Soviética da Geórgia, onde ser um dançarino adolescente significava também ter que aprender a lutar. "Minha ligação inicial com as artes marciais foi para me defender. Para lutar contra os valentões que sabiam que eu era dançarino e associavam isso a algum tipo de fraqueza", disse Birkadze, que estudou no famoso Teatro Bolshoi, em Moscou. "Mas, quando comecei a amadurecer e fiz 16 anos, desenvolvi uma compreensão mais profunda de como [a dança e as artes marciais] se encaixam. Afinal, ambas são artes com movimentos e padrões organizados. Ouvi Muhammad Ali dizer: 'Flutue como uma borboleta e ferroe como uma abelha.' Além disso, reconheci que muitas das artes marciais tinham totens de animais os quais tentavam imitar, como tigres e garças, e o mesmo acontece em diversos balés. Ambos exigem dedicação e treinamento para realizar com maestria seus movimentos e técnicas."

De que forma o Princípio da Estrutura e o Princípio da Pirâmide se fundem no balé? "A estruturação e o equilíbrio são fatores importantíssimos na dança. Um avião não tem condições de voar da forma adequada, superar as forças da natureza, a menos que esteja devidamente equilibrado. Nas artes marciais, eu tento desequilibrar meu oponente [uma ilustração do Princípio de Kuzushi, que discutiremos no Capítulo 11]. Porém, na dança, o que vale é o oposto disso. Eu uso minhas habilidades de estruturação para manter meu parceiro em perfeito equilíbrio. Esses princípios se refletem também na plateia, que, acredito eu, se sente mais tranquila e segura quando as posições dos dançarinos no palco estão corretas." Embora o lendário bailarino russo Mikhail Baryshnikov tenha fugido da opressão soviética para a liberdade artística do Ocidente quase uma década antes de George Birkadze nascer, o aspirante a artista encontrou, por acaso, o trabalho de Baryshnikov, e de imediato o adotou como um de seus primeiros heróis. "O governo tenta sufocar o legado de pessoas como ele. Mas descobri um vídeo pirata de apresentações de Baryshnikov. Fiquei impressionado com os movimentos que ele era capaz de fazer em pleno ar. Lembro-me de pensar comigo mesmo: *Como esse cara faz isso?*"

Quando a União Soviética ruiu, Birkadze deixou a Geórgia para embarcar em uma odisseia ensinando dança e coreografia em diversos países, incluindo Portugal, Espanha e França, antes de se estabelecer nos Estados Unidos. "É importante que as pessoas saibam que a dança e as artes marciais têm uma história em comum. Há a capoeira brasileira. Os *katas* do karatê se assemelham a uma dança. Os tambores e danças de guerra africanas eram executados antes das batalhas. E, na França renascentista, um verdadeiro cavalheiro sabia dançar e duelar com uma espada."[9]

A estruturação no mundo

Fora dos tatames do jiu-jítsu, durante um dia normal, todos nos estruturamos em muitos momentos diferentes. Seja para abrir a porta da geladeira, sentar-se diante do volante do carro, juntar as folhas no quintal, passar o aspirador de pó no tapete ou abrir uma lata de refrigerante, nós alinhamos de forma adequada nosso esqueleto para executar

---

[9] Entrevista concedida a Paul Volponi em 28 de março de 2022.

a tarefa com eficiência. São coisas que realizamos com muita prática. Nós as fazemos de maneira quase automática e com pouca premeditação. Mas há um número igual de vezes na vida em que planejamos com mais cuidado nossa postura e criamos estruturas para enfrentar forças maiores.

O desempenho máximo é a meditação em movimento.
—Greg Louganis, campeão olímpico de saltos ornamentais

Pense no simples ato de mergulhar fundo numa piscina. O objetivo é alinhar e posicionar seu corpo de forma aerodinâmica na entrada, de modo a minimizar o impacto ao bater na água. Isso é um tipo de estruturação. Todos nós sabemos o que acontece quando a estruturação é ruim e o resultado do mergulho acaba sendo uma barrigada. Dependendo da altura do mergulho, essa estruturação defeituosa pode doer à beça ou até mesmo deixar o mergulhador sem ar. A estruturação adequada? Com os braços bem esticados à frente, as mãos do mergulhador normalmente estão unidas e são as primeiras a cortar a água, com um controle postural projetado para criar uma espécie de janela pela qual o resto do corpo passa. A estruturação de mergulhadores profissionais ou olímpicos é tão bem construída que, muitas vezes, eles conseguem uma entrada quase sem gerar respingos, o que é chamado de "rasgo", porque produz o som característico de papel sendo rasgado. O segredo para esse tipo de entrada é estar perfeitamente perpendicular à água. Isso é o que também tentamos alcançar no jiu-jítsu. O Princípio da Estruturação é mais eficiente quando a estrutura esquelética que acionamos é perfeitamente perpendicular à força do oponente.

Frank Lloyd Wright (1867-1959) talvez seja o arquiteto mais reverenciado de todos os tempos. Era conhecido por uma filosofia de design denominada "arquitetura orgânica", cujas estruturas combinam elementos humanos e naturais. Essa filosofia é um maravilhoso reflexo da capacidade do Princípio da Estrutura de ajustar a estrutura esquelética para suportar cargas. A maior façanha arquitetônica de Wright foi a construção da residência conhecida como *Fallingwater House* (a casa da cascata), construída em cima de uma cachoeira de nove metros, na Pensilvânia. Diz-se que a casa parece desafiar as leis da física, flutuando no ar sobre as quedas-d'água. Obviamente, pelo que sabemos sobre arquitetura e o Princípio da Estrutura, isso não tem como ser verdade. Tal qual um praticante de jiu-jítsu em busca da técnica correta para se ajustar a determinada situação, Wright usou uma série de cantilévers (vigas fixadas em apenas uma das extremidades) de concreto armado como fundação para sustentar a casa, ao passo que as pontas não fixas pairam quase magicamente no ar.

O Princípio da Estrutura também pode ser interpretado em termos sociais. Afinal, não somos todos nós arquitetos de nossa própria vida? Ninguém quer ter uma vida que se assemelhe a uma casa construída com cartas de baralho. E por quê? Bem, por não ter a estruturação adequada, um castelo de cartas pode ser facilmente derrubado por vibrações fortuitas ou até mesmo por um espirro repentino. Ao construir uma estrutura de vida melhor e mais sólida, podemos imaginar nossos amigos e familiares como os membros de apoio e sustentação, atuando como traves verticais e chapas de revestimento horizontais nas paredes ao nosso redor. As vigas e o teto sobre nossa cabeça, bem como o piso sob nossos pés, podem ser reforçados por nossa saúde, hobbies, vida profissional e bem-estar emocional. Esse é outro exemplo de um dos princípios do jiu-jítsu que se estende além dos tatames para influenciar nossa vida diária.

> *Há muito tempo percebi que as pessoas talentosas*
> *e capazes de grandes feitos raramente se acomodam*
> *e permitem que as coisas lhes aconteçam.*
> *São elas que saem à procura e fazem as coisas acontecer.*
> —Leonardo da Vinci

Utilize o Princípio da Estrutura para...

- **Planejar:** Sua empresa depende excessivamente de um pequeno número de funcionários-chave; sendo assim, você toma medidas para minimizar os riscos, documentando todas as responsabilidades e procedimentos que regem as funções que eles exercem.
- **Priorizar o amor:** Você está tão ocupado com o trabalho e se deixa consumir por suas obrigações como pai ou mãe que se esquece de priorizar o tempo com sua cara-metade; portanto, você assume o compromisso de, uma vez por semana, sair à noite com seu par.
- **Estabelecer prazos:** Você insiste em não ser vítima da Lei de Parkinson, epigrama que declara que "o trabalho se estende de forma a preencher a quantidade de tempo disponível para sua realização"; assim, você desenvolve o hábito de estabelecer prazos para tarefas importantes em sua vida.
- **Definir parâmetros:** O desempenho escolar de seu filho ou filha está prejudicado devido ao vício em videogames; então, você começa a exigir que ele ou ela termine o dever de casa todos os dias antes de ter autorização para usar qualquer dispositivo eletrônico.

Escaneie aqui para aprender a aplicação de combate do **Princípio de Kuzushi**

Capítulo 11

O Princípio de Kuzushi

Busque primeiro entender para depois ser entendido.

Equilíbrio não é algo que você alcança "algum dia".
—Nick Vujicic, escritor e palestrante motivacional

Sempre que um aluno de jiu-jítsu presencia uma queda, seja ela física ou figurativa, as duas perguntas que ele deve se fazer imediatamente são: "Como isso aconteceu?" e "Em que ponto meu equilíbrio ficou comprometido?" Nós já fomos apresentados à importância dessas questões ao discutir o Princípio da Pirâmide. Portanto, se existe um inverso direto dele, um conceito baseado na matemática que nos permite manter o controle de nós mesmos e de nossos oponentes por meio da construção de um alicerce sólido capaz de fornecer equilíbrio e estabilidade, este certamente é o Princípio de Kuzushi. A palavra "Kuzushi" vem do verbo japonês *kuzusu*, que significa derrubar, nivelar, destruir ou demolir. No jiu-jítsu, nosso foco é desequilibrar o oponente. Isso significa que precisamos abalar a pirâmide ou base estável sobre a qual repousa o peso do nosso adversário.

Por meio da dinâmica da matemática e da gravidade, o Princípio de Kuzushi nos permite desequilibrar adversários mais pesados e mais fortes. Uma forma comum de colocar em prática o Princípio de Kuzushi é aplicando uma raspagem, retirando totalmente uma das pernas de nosso oponente do contato com o solo. E, se o centro de gravidade do oponente permanecer o mesmo, impossibilitado de usar o Princípio da Pirâmide para reconfigurar seus pontos de equilíbrio, ele será levado ao chão.

Uma segunda maneira de usar o Princípio de Kuzushi no jiu-jítsu é não atacar os braços e as pernas do oponente, mas investir diretamente contra seu centro de gravidade, levantando, empurrando ou puxando-o além de seu ponto de equilíbrio. Esse tipo de ataque é empregado com mais frequência na posição inferior de uma luta agarrada, seja para escapar, passar para uma posição melhor ou até mesmo inverter completamente o posicionamento, saindo da parte de baixo para ficar por cima do oponente.

Com certeza você já viu a queda de quadril clássica do jiu-jítsu, em que o lutador iça o oponente até a altura do quadril e então o joga no chão. Essa é uma técnica absolutamente linda, semelhante a um balé de mecânica corporal em movimento. Porém, nem todo adversário sucumbe a esse golpe. Mesmo que o lutador consiga uma posição excelente, empurrando o quadril diretamente contra o corpo do oponente, se o equilíbrio do oponente permanecer centrado, aplicar a queda será quase impossível. Imagine tentar jogar um saco de 80 quilos de cimento molhado por cima do ombro. O saco não vai se mexer, ponto-final. Mas, se primeiro o lutador fizer um movimento — por exemplo, enganchando a perna do oponente a fim de desequilibrá-lo, para, em seguida, tentar aplicar a queda de quadril —, o tal saco de cimento úmido e pesado pode, de repente, se transformar em um saco de penas. O uso desse movimento adicional reflete o Princípio da Criação, que lança mão de uma ação específica para forçar uma reação específica de nosso oponente, a qual podemos usar a nosso favor. Esse é outro excelente exemplo de sinergia entre os princípios, de como eles estão todos conectados.

A avaliação no Yelp

Para desestabilizar o equilíbrio de meu oponente numa luta, primeiro devo entender onde está a base do equilíbrio dele. Na vida, de maneira parecida, se meu objetivo é influenciar o modo de pensar de alguém, devo primeiro entender *exatamente* a posição dessa pessoa. Um exemplo: muitos anos atrás, uma aluna do ensino fundamental chamada Miranda participou, pela primeira vez, de uma de nossas aulas Gracie Bullyproof. Embora eu não estivesse dando aula naquela turma específica, acabei conhecendo pessoalmente Miranda e a mãe dela, Myra, logo depois que esta postou uma avaliação no Yelp [site de recomendações e avaliações de empresas que funciona como guia urbano e rede social] de uma única estrela sobre nossa escola. E, embora eu tenha me tornado imune aos ocasionais comentários odiosos dirigidos a mim por valentões da internet anônimos e muitas vezes mal-informados, se um aluno de carne e osso da Gracie University tiver uma experiência ruim, estou disposto a fazer o que for para consertar isso. Sendo assim, fiquei tão preocupado com o que essa mãe tinha a dizer sobre a experiência que eu quis entrar em contato com ela, mas, como a avaliação era anônima, pedi à minha equipe que vasculhasse nossos registros de frequência; por meio da eliminação, por fim identificamos a aluna e encontrei o número da mãe.

    Levei dois de nossos gerentes até um escritório, fechei a porta, telefonei para a mãe e coloquei a ligação no viva-voz. "Myra, aqui quem fala é Rener Gracie. Soube que você ficou insatisfeita com a experiência na nossa escola. Poderia, por favor, me contar o que aconteceu?" E então, ao longo dos vinte minutos seguintes, Myra fez um relato de como sua filha Miranda, assim que passou pelas nossas portas, ficou abandonada e negligenciada num canto. Aparentemente, nenhum dos instrutores percebeu que ela era uma aluna nova em meio a uma turma numerosa. Para piorar a situação, colocaram Miranda para treinar as técnicas com um aluno que tanto ela quanto a mãe consideraram muito agressivo. Em seguida, Myra passou a descrever o sentimento de total desamparo ao observar Miranda nos tatames. Ela detalhou o inquietante tumulto em seu estômago, o crescente latejar no peito, depois a intensa queimação na garganta, até que por fim decidiu chamar um instrutor para se colocar entre Miranda e seu parceiro.

A julgar pela voz de Myra, pude notar que, para ela, era extremamente difícil relatar o ocorrido. Mas, para mim, também foi difícil ouvir, entender que mãe e filha depositaram sua confiança na Gracie University e que nós as decepcionamos por completo. Jurei que isso nunca mais se repetiria, e que Miranda seria a última criança a ter uma primeira experiência negativa em nossos tatames.

Tratando-se de uma escola, implementamos de imediato novos protocolos, reajustando a proporção de instrutor por aluno e tomando medidas para assegurar que um instrutor sempre reconheça um novo aluno e assuma o papel de parceiro da criança novata para a prática das técnicas. Mas isso não foi suficiente para mim. Eu precisava me acertar com Myra e Miranda. "Myra, eu me sinto muito mal por saber que a introdução de sua filha ao jiu-jítsu foi tão ruim. Por isso, quero oferecer aulas particulares gratuitas para Miranda aqui na escola por um mês. Eu mesmo darei a primeira aula." Além disso, em algum momento durante nossa ligação, Myra mencionara que sempre quisera estudar jiu-jítsu, mas nunca tivera a chance. Essa foi uma das razões pelas quais ela havia levado Miranda à nossa escola, para que a filha tivesse mais oportunidades do que ela tivera. "E, Myra, eu ficaria feliz se você fizesse essas aulas com Miranda", acrescentei. Ambas ficaram emocionadas em aceitar minha oferta, e eu me senti grato pela chance de endireitar as coisas.

Quando enfim nos reunimos nos tatames, convoquei uma de minhas melhores instrutoras, Bobbie, a quem deleguei a incumbência de treinar Myra e Miranda nas sessões particulares seguintes. Mãe e filha se divertiram à beça. E, algumas semanas depois, Myra excluiu a avaliação negativa, substituindo-a por outra em que nos atribuiu cinco estrelas.

A chave do meu sucesso foi ouvir sem julgamento, a fim de entender, de fato, por que Myra estava tão chateada. Munido dessa informação, fui capaz de elaborar um plano de ação que não apenas deu a Miranda a incrível experiência introdutória que ela merecia ao jiu-jítsu, mas também recrutou a mãe para o tatame. Graças ao Princípio de Kuzushi, convertemos uma avaliação negativa em duas alunas de longo prazo.

Perfil: o Kuzushi de Kayla

"Uma das coisas mais bonitas de ser artista marcial é que você desenvolve uma paz interior, um santuário interno no qual a mente está em harmonia com o corpo. Você é capaz de se controlar em quase todas as situações. Graças ao treinamento rigoroso e de todo o trabalho árduo que faço, é muito difícil eu me desequilibrar na vida", contou a campeã olímpica Kayla Harrison. "A coisa mais louca é que você fica horas e horas repetindo o Kuzushi, desequilibrando o adversário. Em toda queda há três partes: o rompimento do equilíbrio, a entrada e a finalização. O que há de bonito na sequência é que não se pode chegar ao segundo passo sem executar o primeiro, e não dá para chegar ao terceiro sem o segundo. Você coloca o oponente na ponta dos pés, usando o impulso do corpo dele contra ele próprio. A verdade é que não existe nenhum sentimento parecido com esse. Você dominou sua mente e seu corpo e encontrou uma maneira de juntar tudo. Não há emoção maior do que configurar e executar uma queda perfeita."[10]

Exercício de equilíbrio

Como é possível ver o Princípio de Kuzushi em nossa vida diária? Bem, é lógico que não queremos ser o oponente cujo equilíbrio fica tão comprometido que acaba tomando uma rasteira ou é arremessado no chão duro pela realidade dos desafios da vida. Por exemplo: é muito fácil ficar desequilibrado financeiramente. Será que gastamos mais do que ganhamos? Para a maioria das pessoas, o aluguel ou a hipoteca,

---

[10] Entrevista concedida a Paul Volponi em 18 de janeiro de 2022.

a alimentação, a mensalidade da escola ou da faculdade, o carro, a gasolina, o telefone, a internet e o seguro são as principais despesas. É muito fácil nosso saldo bancário descambar para o negativo, e isso sem que a culpa seja nossa, devido a gastos inesperados — uma consulta médica, um conserto na casa, um problema com o carro ou um defeito no computador. Por quanto tempo você teria condições de permanecer financeiramente equilibrado se perdesse o emprego?

O jogo de cintura para equilibrar nosso tempo entre o trabalho, a escola e a família, em uma desesperada tentativa de permanecer de pé, é algo que pode nos levar ao colapso emocional. O que acontece quando seu chefe precisa que você trabalhe durante o fim de semana, mas sua esposa ou filhos estão na expectativa de passar mais tempo em sua companhia? Muitas pessoas — sobretudo educadores — levam trabalho para casa toda noite, apenas para se prepararem para as tarefas do dia seguinte. Portanto, como é possível equilibrar a equação trabalho/casa em nossa vida quando trabalho é trabalho e o tempo em casa é parcialmente trabalho também? O inverso também é possível. Uma vez que desde a pandemia da covid-19 muitas pessoas passaram a desempenhar suas tarefas profissionais em casa, há quem ache extremamente difícil concentrar-se no trabalho em meio a todas as potenciais distrações domésticas, incluindo filhos, cônjuges, animais de estimação, vizinhos, TV e barulho. Encontrar o equilíbrio adequado para si mesmo e aprender a mantê-lo é a chave para estabelecer o controle sobre essas situações.

> *Você faz malabarismos com essas quatro bolas chamadas trabalho, família, amigos [e] espírito. Ora, o trabalho é uma bola de borracha. Se você deixá-la cair, ela quica e volta. As outras bolas são feitas de vidro.*
>
> —James Patterson, autor de *Roses Are Red*

Imagine que você esteja focado em equilibrar cuidadosamente sua dieta. Você já perdeu quase sete quilos, e todo mundo, desde sua família até seu médico, está orgulhoso e o apoia com entusiasmo. Mas hoje à noite é aniversário do seu primo, e sua tia, que você ama muito, tem um lema: sua maior alegria na vida é cozinhar para a família e ver todo mundo comer à vontade. Você age de forma inteligente e não menciona para ela o fato de que está de dieta. Ela só vai dizer que você já está magro demais, e daí por diante você se tornará o assunto principal das conversas à mesa do jantar. E não é de seu interesse ser o centro das atenções. Até o momento, você conseguiu ficar longe do pão caseiro e do purê de batatas com uma tonelada de manteiga. Aparentemente, encher seu prato com uma porção dupla de legumes e hortaliças ao lado de um generoso pedaço de proteína satisfez o desejo de sua tia de empanturrar todos os convidados. Mas agora chegou a hora da sobremesa, um imenso bolo de aniversário para o seu primo. Depois que todos cantam "Parabéns" e seu primo apaga as velas, ele ganha o primeiro pedaço. Para sua surpresa, a tia coloca o segundo pedaço bem na sua frente, uma imensa montanha de bolo de chocolate com cobertura de morango. Ela abre um sorriso largo e diz: "É o seu favorito desde que você era criança. Fiz especialmente pra você." Em seu íntimo, faz algumas semanas que você está lutando contra o desejo de chutar o balde da dieta. Seguir um regime estrito tem sido uma baita dificuldade. Você sabe que precisa dar pelo menos algumas boas garfadas, por consideração à sua tia. Mas então se pergunta: *Isso vai me fazer despencar numa espiral descendente em que vou sair comendo de forma descontrolada?*

Não existem respostas fáceis para nenhum desses dilemas. Vez ou outra a vida parece ser como andar na corda bamba, fustigada por vendavais vindos de todas as direções, com a intenção de nos fazer perder o equilíbrio. No entanto, sem dúvida o Princípio de Kuzushi que usamos no tatame de jiu-jítsu pode servir de modelo para entender de que forma nossa estabilidade está sujeita a abalos, e se nós mesmos contribuímos ou não para esse processo. Somos capazes de reajustar nosso centro de gravidade, como no Princípio da Pirâmide, antes de desabarmos? É questão de saber até que ponto nos conhecemos bem e o que fazemos do ponto de vista emocional para nos reajustar quando sentimos os primeiros indícios de derrapagem. Esse valioso reajuste pode até ocorrer fora de nós mesmos, se pedirmos ajuda a amigos, familiares e vizinhos. Afinal, se nos comunicarmos com as outras pessoas sobre nosso desequilíbrio potencial e os intensos sentimentos que em geral o acompanham, as respostas que recebemos podem desempenhar um papel essencial para nos manter de pé. Sim, o jiu-jítsu nos oferece as ferramentas básicas para a vida. Porém, para conseguir utilizá-las da melhor forma, ainda precisamos nos tornar artesãos habilidosos na arte de viver.

> *Precisamos fazer um trabalho melhor no sentido de nos colocarmos no topo de nossa própria lista de "coisas a fazer".*
> —Michelle Obama

Utilize o Princípio de Kuzushi para...

- **Influenciar os outros:** Sua empresa precisa implementar um novo software, que, no entanto, seus funcionários não aprovam; desse modo, você se comunica com os funcionários para entender as preocupações deles, o que, por sua vez, lhe permitirá destacar os recursos do software, e isso o ajudará a obter o apoio e a adesão que está procurando.
- **Superar medos:** Seu filho tem medo do escuro; sendo assim, você dá pequenos passos no sentido de criar associações positivas a níveis variados de escuridão.
- **Comunicar-se:** Você liga para seu ex-marido e pede que ele busque o filho de vocês na escola, mas ele na mesma hora reage com agressividade, até que você informa que o pneu do seu carro furou, o que

o leva imediatamente a abrandar a postura belicosa e atender a seu pedido.

- **Curar-se de traumas:** Você percebe que tem aversão a relacionamentos longos e, por isso, procura uma terapia que o ajude a identificar e curar o trauma que o está impedindo de se envolver.

Etimologia das artes marciais

Temos que agradecer a Marte, o deus romano da guerra, pela expressão "artes marciais". Pois vem do latim e significa as "artes de Marte". A expressão apareceu pela primeira vez na Europa do século XVI e foi originalmente usada para descrever as habilidades e os conhecimentos dos guerreiros profissionais. Hoje, no entanto, as pessoas estudam e treinam artes marciais por vários motivos, como benefícios à saúde, prática de exercícios físicos, autodisciplina, aprimoramento do foco e diversão.

O termo "jiu-jítsu" vem do japonês e sua tradução literal diz respeito a uma arte suave, calma, delicada, gentil. É uma descrição precisa, considerando que, no jiu-jítsu, o lutador se submete à força do oponente e a manipula contra ele próprio. A princípio, essa arte foi desenvolvida para combater os ferozes guerreiros samurais do Japão feudal, e sua história escrita remonta ao início do século VIII.

"Karatê" tem um par de traduções. Originalmente significava "mão chinesa" ou "uma arte marcial para a China". Em seguida, introduziu-se um ideograma homófono, então passou a ser mais comum interpretar o karatê como "mãos vazias", "mãos limpas".[11] Trata-se de um sistema marcial adotado por várias províncias do Japão após o início do comércio com a dinastia Ming da China no século XIV. Suas formas, compostas de movimentos sequenciados, são chamadas de *katas*, palavra que significa "formas" ou "modelos".

A arte chinesa do *kung fu* é traduzida como "tempo mais esforço é igual a uma habilidade". É claro que, na cultura chinesa, o termo "bom *kung fu*" não se refere exclusivamente a ser um adepto competente da luta e da autodefesa. Significa também ser uma pessoa de bom coração ou habilidosa. Não é incomum ver lojas chinesas com nomes como "Casa de chá Kung Fu" ou "Pães Kung fu", sugerindo que, com o tempo, seus proprietários desenvolveram grande perícia e destreza em seu ofício específico.

A arte do sumô vem do Japão e pode ser traduzida, literalmente, como "golpear um ao outro". É uma forma de luta de contato total em que os comba-

---

[11] No sentido de "sem armas", referência ao tipo de luta que usa somente o corpo do lutador. (N. T.)

tentes tentam empurrar um ao outro para fora de um ringue circular (*dohyo*), derrubar o oponente ou fazer com que qualquer outra parte do corpo dele, além das solas dos pés, toque o chão. Mesmo na cultura japonesa moderna, as mulheres são proibidas de participar do sumô profissional, segundo os ditames de uma tradição arcaica de acordo com a qual o sangue menstrual as torna impuras para entrar no ringue sagrado.

A etimologia da palavra capoeira, uma expressão cultural brasileira que é um misto de arte marcial, dança e música, vem dos tempos da língua indígena tupi ka'a (mata) e puêr (que foi), referindo-se às áreas de matagal raso e vegetação rasteira onde escravizados negros fugitivos poderiam ter se escondido de seus perseguidores. Para disfarçar o fato de que estavam praticando lutas, os capoeiristas incorporaram elementos de dança e música à arte, que, a partir da última década do século XIX, passou a ser proibida por lei pelas autoridades brasileiras e que, por quase meio século, foi considerada crime. A capoeira é reconhecida por seus elementos acrobáticos, incluindo as mãos no chão para equilíbrio e impulso durante a execução de chutes invertidos.

Escaneie aqui para aprender a aplicação de combate do **Princípio do Reconhecimento**

Capítulo 12
O Princípio do Reconhecimento

Acredite que as respostas que você procura existem
e nunca subestime o poder de novas informações.

*A maneira como você coleta, gerencia e usa informações
vai determinar se você vai ganhar ou perder.*
—Bill Gates

Com cada uma das pessoas com quem luto, eu aprendo alguma coisa. O que se torna mais arraigado em mim por meio desse processo? Os pontos fortes e fracos dessas pessoas e, no fim das contas, o que eu preciso fazer para ter sucesso em meu embate com elas. Tanto no tatame quanto na vida, você já aprendeu metade do que precisa saber para ter sucesso. A outra metade? Isso será descoberto durante cada uma de suas interações pessoais iminentes, seja uma reunião de negócios, um primeiro encontro, o momento de se apresentar a seus novos vizinhos ou uma sessão de *sparring*. Isso é chamado de Princípio do Reconhecimento, que gira em torno da aguçada capacidade de observar o oponente. Somadas todas as coisas, é a culminação das informações coletadas antes e durante o encontro, quer você tenha garimpado esse conhecimento enquanto estudava as interações do oponente com outras pessoas ou a partir dos elementos que acessou em primeira mão por meio de um processo de toque e sensação.

No jiu-jítsu, uso uma técnica que chamo de "baterista", sobretudo quando enfrento alguém com quem nunca lutei. Na posição superior ou inferior, utilizo minhas mãos como um baterista faria, batendo e tocando, em geral de maneira bem rápida. A cada toque, vou obtendo informações sobre o que o adversário vai fazer em determinadas situações e como ele vai reagir a diferentes estímulos. Trata-se de uma questão de realizar uma pesquisa pessoal, como um mecânico de automóveis executando o diagnóstico de um carro. Ao longo desse processo de verificação, sou extremamente observador e proativo na aquisição de conhecimentos para uso posterior. Em geral, ajo de forma planejada para evocar uma resposta. Outras vezes, porém, o reconhecimento vem por acaso. Quanto mais relaxado estiver como praticante de jiu-jítsu, mais informações esse seu levantamento será capaz de coletar. Depois de entender qual será a resposta previsível do seu oponente, você poderá criar bloqueios e contra-ataques com mais facilidade usando o Princípio da Criação. E, quanto melhor for sua capacidade de entender quais pedregulhos o oponente vai usar na tentativa de interromper seu fluxo, mais preparado você estará para usar o Princípio do Rio de modo a encontrar um caminho alternativo.

Imagine tentar descobrir onde exatamente o ar está vazando de um pneu de carro ou bicicleta. É de seu conhecimento o fato de que há um vazamento, porque a cada poucos dias a pressão do seu pneu está baixa e você precisa voltar a enchê-lo. Então, como é possível identificá-lo? Enfiar o pneu na água fará isso instantaneamente. Basta seguir as bolhas de ar que escapam e chegam à superfície. No tatame acontece a mesma coisa. Coloque o oponente sob pressão, e ele lhe mostrará suas fraquezas. Essa é a teoria por trás do Princípio do Reconhecimento.

Ensinar "por alguém" em vez de ensinar "para alguém"

Nunca subestime o poder de novas informações. Trata-se de um dos elementos primordiais do Princípio do Reconhecimento. E isso fica claro na forma como, atualmente, apresentamos o programa Táticas de Sobrevivência Gracie (Gracie Survival Tactics, GST), que é baseado no jiu-jítsu e ensina táticas de defesa para policiais estadunidenses. Há muito tempo a família Gracie acredita que a aprendizagem do jiu-jítsu por parte dos homens e mulheres encarregados da aplicação da lei equivaleria a interações físicas mais seguras tanto para os policiais quanto para os cidadãos com quem entram em contato. Contudo, cerca de duas décadas atrás, o programa encontrou forte resistência. Em nossos seminários de uma semana de duração, que em geral recebiam oficiais de vários departamentos de polícia de regiões vizinhas, meu pai percebeu o ressentimento de alguns policiais que não estavam nem um pouco entusiasmados para aprender — ou por serem orgulhosos demais para aceitar novas ideias ou por serem mesquinhos demais para aceitar conselhos de civis.

Quando eu tinha 19 anos, meu pai e eu estávamos de malas prontas para viajar ao Texas e ministrar juntos um seminário GST. Só que ele precisou lidar com uma emergência familiar inesperada, e nossa programação teve de ser alterada. Meu pai me despachou sozinho para o Texas, onde enfrentei um ginásio repleto de policiais. Foi bastante intimidador. Pela expressão no rosto de cada um, pude deduzir o que estavam pensando: *Você não sabe nada sobre o trabalho que fazemos, seu moleque. E agora vai querer nos ensinar como o padre reza a missa?* O argumento deles era válido. Eu era um especialista em jiu-jítsu, mas nunca havia prendido ou algemado ninguém na minha vida. Então me virei para a multidão e disse: "Eu não sou policial, nem vou fingir que sou. Estou aqui para compartilhar com vocês meu conhecimento sobre jiu-jítsu. Mas também adoraria ouvir seus comentários e opiniões sobre como tornar cada técnica mais aplicável para uso no trabalho policial. Meu pai não está aqui, e sei que vocês estão desapontados com isso. Farei a todos uma promessa: no final da semana, se algum de vocês não estiver 100% satisfeito com o que aprendeu, basta pedir um reembolso, e você receberá seu dinheiro de volta."

No decorrer daquela semana, depois de demonstrar todas as técnicas, abri a sessão para perguntas. Não ignorei nenhuma dúvida ou observação. Juntos, examinamos cada sugestão, uma por uma, tentando fazer do jeito deles para vermos como o jiu-jítsu se encaixaria melhor em suas circunstâncias específicas. E, em vários casos, isso aconteceu. Por fim, acrescentei as modificações para esses cenários baseados no Texas no currículo efetivo do programa GST. Ao final do curso, reafirmei minha oferta de reembolso a todos no tatame. Nenhum departamento solicitou o ressarcimento. (*Talvez* tenha ajudado o fato de que, antes de oferecer os reembolsos, eu tenha lutado contra todos os mais de cinquenta policiais participantes — sem descanso e sem pausas para beber água — e fiz com que todos, um após o outro, recorressem aos três tapinhas no chão, em sinal de desistência.) De certa forma, o fato de meu pai não ter podido comparecer ao seminário foi uma feliz coincidência. Afinal, ele veio de uma época em que o instrutor sempre sabia de tudo e raramente pedia sugestões ou melhorias aos alunos. Mas eu mudei isso na maneira como ministraríamos o GST no futuro.

Minha estreia foi tão bem-sucedida que meu pai não precisou mais viajar pelo país para ministrar cursos GST. Desse ponto em diante, meu irmão e eu nos tornamos os principais instrutores de todos os cursos para os departamentos de polícia e agentes de execução da lei. Eu gosto de dizer: "Os Gracie costumavam ensinar jiu-jítsu *para* policiais. Agora ensinamos jiu-jítsu *pelos* policiais. Sou apenas o mensageiro." Esse é o tipo de visão aprimorada que o Princípio do Reconhecimento é capaz de produzir quando se é receptivo ao poder de novas informações.

Em caso de dúvida, observe e faça perguntas.
Quando tiver certeza, observe atentamente
por horas a fio e faça muito mais perguntas.
—George S. Patton, general do Exército dos Estados Unidos

Observação avançada/esportes e jogos

A palavra "reconhecimento" vem das Forças Armadas e da necessidade dos militares de obter informações antecipadas acerca das forças inimigas e do terreno sobre o qual uma batalha potencial pode ocorrer. Seu uso remonta às Guerras Napoleônicas do início do século XIX.

Hoje, muitas pessoas que participam de uma ampla gama de atividades utilizam o Princípio do Reconhecimento para favorecer sua causa. Por exemplo, tanto os maratonistas quanto os ciclistas estão sempre ávidos para inspecionar de antemão o percurso, querendo saber a localização de colinas e ladeiras e seu grau de inclinação. O *Tour de France*, a corrida de ciclismo mais importante do mundo, até mesmo emprega um oficial que faz o reconhecimento com anos de antecedência a fim de selecionar os vilarejos do interior pelos quais os competidores passarão durante as etapas da prova.

Jogadores de pôquer muitas vezes empregam o Princípio do Reconhecimento para investigar novos concorrentes à mesa de jogo. Eles querem coletar informações sobre potenciais pistas ou sinais que entregam quando outros jogadores podem estar segurando uma cartada boa ou blefando. No futebol americano, treinadores e jogadores assistem a horas e horas de vídeos detalhando a equipe adversária para identificar e diferenciar suas tendências. No beisebol, toda vez que um rebatedor se vê preso em uma fase de queda acentuada no índice de desempenho, recebe conselhos e orientação do treinador de rebatidas, que compara vídeos das jogadas recentes a outros momentos da carreira em que a performance do rebatedor em questão estava muito melhor, a fim de procurar tendências positivas e negativas. A verdade é que, atualmente, tanto nas cabines dos jogadores de beisebol quanto nos bancos das comissões técnicas das equipes de futebol americano, iPads são um item básico de reconhecimento durante as partidas, pois são utilizados para observação e monitoramento em tempo real.

Atribuindo as funções certas

Na vida cotidiana, o Princípio do Reconhecimento não precisa ser empregado exclusivamente para obter uma vantagem que possibilite derrotar um oponente. A ideia por trás dele é tão versátil que podemos invertê-lo por completo e utilizar o Princípio do Reconhecimento para nos ajudar a trabalhar *em conjunto* com outras pessoas, de modo que todos saiam vencedores e melhores com a experiência.

Imagine que seu trabalho seja distribuir tarefas para um trio de novos estagiários, estudantes universitários em busca de experiência profissional e possivelmente uma vaga em sua empresa. As três atribuições são de naturezas muito distintas. A primeira exige alguém capaz de fazer telefonemas comerciais sem hora marcada para clientes em potencial. Isso exigirá uma voz com boa dicção e a capacidade de ler com verve, velocidade e precisão um roteiro preparado de antemão. A segunda tarefa requer alguém capaz de criar planilhas e registrar informações. A terceira pede um elemento de criatividade: sua empresa precisa de uma dúzia de cartazes diferentes para serem afixados por todo o complexo de escritórios. Embora o texto já tenha sido escrito, seu chefe quer usar fontes e cores diferentes para destacar cada um dos cartazes e distinguir uns dos outros.

Então, de que forma o Princípio do Reconhecimento pode ser aplicado aqui? Antes de distribuir as tarefas, você convida os três estagiários para almoçar na sala de descanso dos funcionários. A bem da verdade, é sua primeira oportunidade de falar com eles pessoalmente desde que chegaram. Você pergunta sobre a experiência de trabalho anterior de cada um, o que estão cursando na faculdade, seus hobbies e suas metas para o futuro. Em pouco tempo, descobre que um dos estagiários, embora interessado em negócios, está cursando artes. Pronto: aí está a pessoa certa para fazer os cartazes. Dos outros dois, um é evidentemente mais extrovertido do que o outro, com uma voz muito mais agradável e animada. Mas esse estagiário também tem experiência com planilhas, ao passo que o último, não. Por fim, você conclui que seria melhor ensinar o terceiro a fazer uma planilha do que abrir mão de todos os pontos positivos que o segundo estagiário traria para os telefonemas de vendas.

Que tal um exemplo referente à vizinhança? Hoje de manhã você viu novos moradores se mudarem para sua rua. Uma ou duas horas depois que os caminhões de mudança vão embora, você decide bater à porta deles carregando um vaso de flores de seu jardim como forma de recepcioná-los com simpatia. Está animado para conhecê-los. Os vizinhos anteriores eram distantes e mal falavam com você. Alguém abre a porta e o interior da casa está em total desordem. Há pilhas imensas de caixas esperando para serem desempacotadas, um cachorro latindo alto ao fundo e uma voz frustrada berrando da cozinha: "Onde vamos colocar os pratos?" O novo vizinho está sorrindo para você, mas visivelmente assoberbado pelas circunstâncias. Então você lhe entrega as flores e diz: "Estou vendo que não é um bom momento. Eu só queria dar as boas-vindas à sua família no bairro. Sinta-se à vontade para tocar minha campainha se precisar de alguma coisa."

Ao se afastar com um aceno amigável, você pode se orgulhar em saber que colocou em prática o Princípio do Reconhecimento ao perceber que seus vizinhos estavam exaustos demais para lidar com uma visita; o Princípio da Aceitação, ao notar que escolheu o momento errado para bater papo; e o Princípio do Rio, ao fazer uma transição suave e deixar a seus vizinhos recém-chegados um convite aberto para visitá-lo. Talvez o nome na caixa de correio de sua casa seja "Mestre de Jiu-Jítsu".

Perfil: o doce aroma do sucesso

Howie Freilich começou no mundo dos negócios ainda adolescente, vendendo flores e plantas nas ruas de Nova York. As inestimáveis lições que aprendeu com essa experiência o ajudaram a se tornar um empreendedor que venceu na vida por méritos próprios ao criar a Blondie's Treehouse, uma empresa de paisagismo interior e exterior que gera mais de 40 milhões de dólares anuais em receitas, ao mesmo tempo que mantém mais de duzentos funcionários. Abaixo, Freilich compartilha sua perspicácia nos negócios no que se refere ao Princípio do Relógio, ao Princípio da Velocidade e ao Princípio do Reconhecimento.

"O que aprendi sobre respeitar o relógio nos negócios é que nada leva literalmente cinco minutos para ser feito", disse Freilich, cujo local de trabalho não é mais uma esquina no Queens, e sim conjuntos de escritórios em Manhattan e Denver. "Um cliente me liga e diz: 'Preciso que você regue algumas plantas no meu terraço. Isso leva apenas cinco minutos.' Bem, o que o cliente não leva em consideração é que é preciso mais tempo do que isso para chegar ao andar dele em um elevador vagaroso. Depois, há o papel protetor que eles gostam que coloquemos antes de passarmos pelo tapete. E se eles se esquecerem de ligar a água da fonte? Claro, são cinco minutos para regar as plantas, mas provavelmente quarenta e cinco minutos até nos prepararmos para isso. Se você cobrar deles o preço por um trabalho de cinco minutos, sairá perdendo dinheiro."

Freilich, que criou sua empresa com base no relacionamento com o cliente, está em perfeita sintonia com as necessidades emocionais daqueles que atende. "A velocidade é importante, seja na hora de agir com rapidez ou lentidão. A hora de agir com rapidez é quando um cliente está esperando por uma proposta ou orçamento por escrito ou pela realização de um serviço — por exemplo, quer que verifiquemos o estado de uma planta que talvez não esteja com boa aparência no momento. Todo cliente quer se sentir importante. A velocidade com que você presta o serviço assegura essa sensação. Quando um cliente começa a se sentir desimportante, existe o risco de perdê-lo. Mas se você responder de imediato às necessidades dele, mesmo que nem todos os aspectos de suas preocupações sejam totalmente abordados, ele se sentirá bem com sua resposta. No extremo oposto, aprendi a agir devagar e recuar sempre que estou pessoalmente insatisfeito com as ações ou com os comportamentos de um cliente. Nessas situações, em geral demoro vinte e quatro horas para dar uma resposta ponderada, que seja menos impulsionada pelas emoções."

Qual é a importância do reconhecimento nos negócios? "Eu entro em todas as reuniões com meu dever de casa feito. Todo mundo, em ambos os lados de uma negociação comercial, tem um objetivo. Eu preciso entender o que o cliente almeja. É a velocidade do serviço ou o menor preço? Se um cliente quer que eu cuide de suas plantas e flores o mais depressa possível, tipo amanhã, posso cobrar uma tarifa adicional por isso. Além do mais, essa questão do preço mais alto ficará estabelecida para trabalhos futuros. Mas, se eu não fizer o reconhecimento adequado e aceitar cobrar o menor preço possível para esse mesmo cliente, ainda assim é possível que eu tenha que atender às demandas de tempo dele, deixando meus lucros sobre a mesa. No fim das contas, isso prejudicará minha empresa e meus funcionários."[12]

> *É um erro grave e terrível formular teorias antes de ter conhecimento dos dados e das informações. De maneira insensata, começamos a distorcer os fatos para que se adaptem às teorias, em vez de formular teorias que se ajustem aos fatos.*
> —Sir Arthur Conan Doyle, escritor e criador de Sherlock Holmes

Utilize o Princípio do Reconhecimento para...

- **Capacitar crianças:** Seu filho ou filha tem sofrido crises de ansiedade de separação; então, você adquire o hábito de comunicar com antecedência as atividades do dia, o que ajuda a aumentar a sensação de controle da criança.
- **Compreender os outros:** Você está cogitando engatar um relacionamento sério com uma pessoa, mas, antes de se comprometer, você lhe pergunta várias coisas, a fim de entender suas convicções sobre questões importantes que podem surgir no futuro.
- **Fazer marketing:** Você inventa um novo produto, mas, antes de gastar tempo e dinheiro para disponibilizá-lo no mercado, conduz a pesquisa necessária para determinar se existe demanda suficiente para que o investimento valha a pena.
- **Gerenciar a saúde:** Você tem sentido um desconforto persistente na região abdominal e, em vez de ignorar a dor, decide que um médico fará os exames para identificar a origem do problema.

---

[12] Entrevista concedida a Paul Volponi em 17 de abril de 2022.

Escaneie aqui para aprender a aplicação de combate do **Princípio da Prevenção**

Capítulo 13

O Princípio da Prevenção

*Às vezes a única vitória
possível é evitar a derrota.*

Se você não perde, uma hora acaba vencendo.
—Helio Gracie

Na luta, como na vida, em busca de nossos objetivos, é natural priorizarmos nossas necessidades, desejos e sucessos. Mas o Princípio da Prevenção nos ensina a considerar um caminho alternativo. Sempre que você se depara com um adversário bem maior e mais forte, em vez de focar exclusivamente no que espera obter contra ele, seu principal pensamento deve ser impedi-lo de atingir os objetivos dele contra você. Afinal, a autodefesa é uma das metas primordiais da arte do jiu-jítsu. Aceitar o Princípio da Prevenção, e desse modo mudar sua definição de sucesso permite que você assuma o controle de todas as posições em uma luta agarrada. Isso acontece porque a mentalidade básica de um oponente é continuar avançando. De modo que, independentemente da posição que ocupamos em dado momento, seja ela superior, neutra ou inferior, deter o progresso dele nos dá o controle da situação. E isso em si já é uma vitória. Considere o seguinte: como você tira o brinquedo da boca de um cachorro quando está brincando de cabo de guerra com ele? Simplesmente parando de puxar.

Se conseguimos impedir o progresso do oponente por tanto tempo quanto for possível, digamos trinta ou quarenta segundos, o resultado pode muito bem ser conquistar a vitória de uma forma diferente, como uma finalização ou escapando de uma posição inferior. Isso acontece porque o adversário certamente acabará ficando cansado e desencorajado. Sua paciência provavelmente abrirá passagem para você progredir, provocando no oponente uma reação exacerbada. Tenha em mente que, no processo de impedir o avanço dele, experimentamos grande parte do que o adversário tem a oferecer. O Princípio da Prevenção e o Princípio do Reconhecimento são extremamente similares nesse aspecto e geralmente operam juntos. Queremos saber o que se passa na mente do adversário, quais serão suas reações. O sucesso na aplicação desse princípio, porém, depende de nosso conhecimento das técnicas, pois não podemos deter o que não compreendemos. Tal processo de coleta de informações pode até dar a impressão de que não existe situação melhor do que bloquear, imobilizar e manter a postura. Mas, uma vez percebendo nossa capacidade de neutralizar um oponente, podemos nos mover com mais eficiência rumo à vitória, seja como for.

Aplicação do triângulo

Provavelmente a aplicação mais conhecida do Princípio da Prevenção ocorreu na noite em que ele foi apresentado ao mundo. O princípio foi empregado por absoluta necessidade por meu tio Royce no UFC 4, em 1994, quando enfrentou Dan "The Beast" Severn, bicampeão de *wrestling* da Divisão I da NCAA. Severn pesava 35 quilos a mais do que Royce, uma vantagem que jamais teria sido permitida em nenhuma disputa de MMA atual. Era a terceira luta da noite para meu tio, que não precisou de mais do que alguns segundos para se ver de costas no chão quando Severn executou uma queda *double leg*. O público e os locutores recearam que a fatura estivesse liquidada ali mesmo. Mas Royce controlava Dan "The Beast" envolvendo seu torso com as pernas — uma técnica chamada "guarda". Na época, essa posição defensiva era um conceito inédito, e os lutadores de outras artes marciais mal faziam ideia de sua eficácia. Royce não só a usou para redirecionar a maior parte do peso esmagador de seu adversário, como também neutralizou seus socos, cotoveladas e cabeçadas ao impedir que o outro obtivesse o equilíbrio e a distância necessários. Na verdade, meu tio estava numa situação de relativa segurança sob a fúria dos golpes desferidos contra ele.

Os dois lutadores permaneceram atracados nessas posições por quinze agoniantes minutos. Meu tio com sua perspicácia percebeu que utilizar o Princípio da Prevenção era o único modo de ter alguma chance contra um lutador incrivelmente hábil e com uma vantagem de peso colossal. O Princípio da Prevenção lhe permitiu aceitar a posição inferior e empregar uma estratégia inicial para não perder, uma vez que a vitória muito dificilmente estaria entre suas primeiras opções. A beleza dessa sinergia era visível também com o Princípio do Esgotamento (ver Capítulo 18), à medida que Severn lentamente queimava seu suprimento de energia. Em dado momento, Royce enfim percebeu uma abertura, então deslizou uma perna sobre o ombro da Fera e a seguir usou a outra para realizar uma chave, configurando um número quatro. Com ambos os fêmures restringindo o fluxo sanguíneo no pescoço do adversário e a tíbia posicionada diretamente em sua nuca a fim de impedir que escapasse, Royce apresentou ao mundo uma técnica hoje famosa que sintetiza o jiu-jítsu brasileiro: o estrangulamento do triângulo.

Aparentemente do nada, Severn, que parecia no completo controle e prestes a conquistar a vitória, bateu a mão no tatame, admitindo a derrota. Os locutores e a multidão ficaram perplexos quando Royce, recorrendo ao nível mais elevado de paciência e efetividade do jiu-jítsu, triunfou mediante o Princípio da Prevenção.

Paciência está longe de descrever o que aconteceu. Ninguém esperava que uma luta no UFC durasse quinze minutos, incluindo a rede responsável pela transmissão em pay-per-view. Na verdade, muitos espectadores do mundo todo que haviam pago para assistir ao evento esportivo não puderam testemunhar seu chocante desfecho, uma vez que a transmissão foi interrompida em várias regiões, resultando numa imensa quantidade de pedidos de reembolso!

A porta como escudo

George Kirby é um docente aposentado da Califórnia e mestre internacionalmente reconhecido do jiu-jítsu japonês. A despeito da excelência nos tatames por mais de meio século, seu conselho para todo aluno de luta (que ele também segue à risca) é: prevenção em primeiro lugar. "Faça tudo que estiver ao seu alcance para evitar o confronto físico." Certa vez, em um piquenique com a esposa num parque público, ele pôde empregar esse conselho na prática. Quando caminhava até o carro para pegar algo que esquecera, dois sujeitos se aproximaram e pediram que lhes desse todo o seu dinheiro. "Eu já havia aberto a porta do carro, então me posicionei de um lado e mantive os sujeitos do outro. Isso é algo que ensino a todo faixa preta — usar objetos do ambiente para se prevenir contra eventuais agressores. Com a porta entre nós e sem que eu tirasse os olhos dos dois, eles desistiram e se afastaram. Às vezes, manter contato visual e responder numa voz calma e firme é tudo que precisamos fazer."

Kirby começou a praticar artes marciais na faculdade para aliviar o estresse de seus estudos de mestrado em ciências sociais. Quando se graduou, foi lecionar em uma escola secundária, onde pouco depois formou um clube de jiu-jítsu após as aulas para tentar frear a taxa cada vez maior de evasão escolar. O clube recebeu tamanha procura que a diretoria da escola decidiu integrá-lo à grade curricular diurna. "Ajudou mesmo a manter a garotada na escola", disse Kirby, que muitas vezes se valeu da matrícula nas aulas de jiu-jítsu como motivação para fazer os alunos se empenharem nas demais disciplinas. "Quem dava duro de verdade podia participar."

Ao longo de sua carreira, Kirby conquistou a reputação de ser um educador tão excepcional que após o episódio de brutalidade policial contra Rodney King, em 1994, o Departamento de Polícia de Los Angeles o convidou a integrar uma equipe de consultores destinada a ensinar aos policiais táticas de abordagem menos violentas. "Foi pessoalmente gratificante e acredito que a polícia de Los Angeles realmente ouviu nossas instruções sobre o uso da força. A maioria das pessoas que são paradas por agentes da lei não oferece resistência, elas só querem sair dali."[13]

Etiqueta no cinema: um simples jogo de palavras

A situação é fácil de imaginar: você está entretido no cinema, a pipoca no colo e um refrigerante no porta-copos. É a parte mais empolgante do filme, uma perseguição de carro pelas ruas de uma cidade cheia de gente. Sua mente acompanha o movimento dos veículos velozes, assim como seu corpo, que se inclina para a esquerda e para a direita a cada curva. De repente, alguém chuta o encosto do seu banco. Provavelmente a pessoa atrás de você também está imersa no filme, então você a ignora. Momentos depois, um novo chute, só que com mais força. Agora você se irrita. Então se vira e pede que a pessoa pare, mas ela nem responde e mal olha na sua cara. Instantes depois, já em outra cena, seu banco é chutado com ainda mais força, e você escuta risadas.

Muita coisa pode acontecer a seguir, inclusive você perder completamente o controle. Mas deixemos isso de lado. Vamos permanecer calmos e raciocinar. Como exatamente empregaríamos o Princípio da Prevenção nesse caso? Suponha que você diga qualquer coisa sobre a falta de educação da pessoa e deixe seu lugar brevemente para chamar o gerente do cinema. Nenhuma dessas duas opções parece muito correta, certo? Assim como no jiu-jítsu, o melhor seria você se perguntar:

---

[13] Entrevista concedida a Paul Volponi em 12 de fevereiro de 2022.

"O que essa pessoa espera conseguir e o que posso fazer para impedir que continue?"

Aparentemente o objetivo dela é controlá-lo. Seu comportamento corresponde a uma declaração tácita de que ela é capaz de provocar uma reação em você que, de algum modo, ela acha divertida. Mas lembre-se de que esse controle exige uma oposição de sua parte. Provavelmente a reação mais adequada ditada pelo Princípio da Prevenção seria se levantar sem dizer nada e procurar outro lugar numa fileira mais ao fundo. Isso neutralizaria na mesma hora fosse lá que posição de controle ela acreditava ter sobre você. Mas por que procurar um lugar atrás, e não qualquer outro, mesmo na frente? Porque agora você também pode recorrer ao Princípio do Reconhecimento, observando os movimentos da pessoa sem precisar se virar para saber o que ela fará a seguir. E se ela decidir levar a situação mais adiante, você vai ter tempo de se preparar.

Naturalmente, em nossas vidas diárias, podemos inverter o Princípio da Prevenção a fim de criar uma conexão com alguém, não resolver conflitos. Imagine que você esteja ensinando uma criança que nunca jogou Scrabble. Você explica as regras e mostra quantas letras ela pode pegar, como contar os pontos e que algumas palavras, como nomes próprios, não valem. Mas se mesmo assim ela ainda tiver dificuldade qual será sua reação: ficar irritado, apontar seus erros e dizer que sofrerá uma penalidade, perdendo a vez?

Talvez a melhor forma de começar seja mostrando a ela as sete letras que recebeu, depois montar uma palavra no tabuleiro para ela entender como o jogo funciona, e explicar que, por exemplo, você está guardando a letra S para um momento mais oportuno. A seguir, peça a ela para mostrar suas letras. Digamos que ela tenha uma peça em branco que pode ser usada como "coringa". Ela poderia usar o H, O, E, L que tem em mãos para escrever "HOTEL". Mas em vez de permitir que use a peça em branco para construir uma palavra simples e de pontuação baixa, você explica que seria melhor guardá-la para montar uma palavra de sete letras que valerá muito mais, ou uma palavra que vai triplicar de valor no tabuleiro.

Como no Princípio da Prevenção, você está mudando sua definição de sucesso. Em vez de dar uma surra em alguém sem experiência no jogo, está lhe oferecendo as ferramentas para futuramente ser capaz de competir. É o mesmo cenário básico para praticamente qualquer um fazendo sua primeira aula de artes marciais. Uma criança mais velha na academia provavelmente poderia derrotá-la com facilidade. Mas, a certa altura, aquele que tem mais experiência precisa controlar suas habilidades para permitir que o faixa branca explore maneiras de aplicar as técnicas com sucesso.

Um grama de prevenção
vale um quilo de cura.
—Benjamin Franklin

O poder preventivo dos nomes

O jornalista e coautor deste livro, Paul Volponi, é apaixonado por basquete de rua. Durante seis dos dezesseis anos que passou trabalhando na Secretaria de Educação da Cidade de Nova York, ele deu aulas para adolescentes à espera de julgamento em Rikers Island — na época, a maior penitenciária do mundo.

"Eu jogava mais na defesa e meu estilo era superagressivo. Vivia na quadra, estudando como grudar no adversário. Meu objetivo era tentar abafar o atacante constantemente, não o deixar respirar, e transformar os 28 x 15 metros da quadra num campo de batalha disputado palmo a palmo. Eu circulava pelos parques públicos em Nova York e quando chegava minha vez de entrar, escolhia sempre o melhor jogador para marcar. Mas quando você entra com esse tipo de atitude numa partida de rua, ainda mais se você não é do pedaço, naturalmente vai haver tretas, afinal tudo tem a ver com território.

"Pensando em não arrumar briga, eu usava o Princípio da Prevenção. Chegava para o cara antes do jogo, me apresentava e apertava a mão dele, dizendo qualquer coisa nesta linha: 'Eu estava assistindo aqui e vi que você joga muito. Meu estilo de jogo é mais para a defesa, por isso, se eu ficar muito em cima, por favor, não leve para o lado pessoal, ok? Eu gosto de jogar duro, mesmo.' Lógico que o time adversário também não ia gostar nem um pouco de me ver na cola do melhor jogador deles o tempo todo, então os outros fariam o que pudessem para me impedir, entrando com tudo em mim quando eu estivesse com a bola. Já prevendo isso, antes do jogo eu fazia questão também de cumprimentar os caras e perguntar o nome de um por um. Descobri que com isso diminuía a chance de surgir algum conflito mais sério.

"Anos depois, dando aula para alunos de ensino médio em Rikers Island, eu ficava na porta do trailer usado como escola cumprimentando cada adolescente pelo nome à medida que iam chegando. A Rikers é uma penitenciária muito perigosa, quase sempre enfrenta problemas de superlotação. Chamar alguém pelo nome também é uma forma de tornar a pessoa um pouco menos anônima naquele ambiente, assim você diminui a chance de se estranhar. Além disso, serve para isolar você e quem estiver a seu redor de se meter em encrencas. Aprender o nome das pessoas, principalmente alguém com quem pode se entrar em conflito, é uma poderosa ferramenta para implementar o Princípio da Prevenção."

••

Utilize o Princípio da Prevenção para...

- **Lidar com desastres:** Sua empresa está sofrendo os efeitos da pandemia da covid-19, e não resta alternativa a não ser dispensar metade da força de trabalho para não quebrar.
- **Colocar panos quentes:** Seus filhos estão brigando por um brinquedo qualquer. Você o tira da mão deles e o guarda para evitar a escalada do conflito até os ânimos acalmarem e os dois conseguirem entrar num acordo amigável sobre como compartilhá-lo.

- **Lutar pela sobrevivência:** Você está praticando corrida na rua quando alguém tenta agarrá-lo e enfiá-lo em um veículo. Você se atira no chão e começa a gritar a fim de impedir o agressor (ao mesmo tempo aumentando suas chances de obter ajuda).
- **Socorrer alguém:** Você é o primeiro a chegar ao local de um acidente e o motorista está perdendo muito sangue por causa de uma fratura exposta no braço. Você imediatamente tira o cinto que está usando e o utiliza para fazer um torniquete até a chegada dos paramédicos.

Escaneie aqui para aprender a aplicação de combate do **Princípio da Tensão**

Capítulo 14

O Princípio da Tensão

Aprenda a reconhecer em que momento a tensão é um recurso ou uma desvantagem.

A condição humana é um estado permanente de tensão entre seus apetites e seus sonhos.
—John Updike, romancista

Normalmente, a tensão não é algo desejável em nossa vida. Afinal, pode afetar seriamente a saúde, os relacionamentos e o trabalho. Mas, no jiu-jítsu, é perfeitamente natural que haja tensão física entre os praticantes durante uma disputa. Trata-se de uma luta agarrada, em que músculos e tendões são esticados, forçando as articulações e testando os limites da elasticidade para a execução das técnicas e na tentativa de conquistar uma posição superior. A tensão física, porém, pode ser uma forma incrível de comunicação, sobretudo ao revelar as intenções do oponente. Todo praticante de jiu-jítsu deve permanecer intensamente consciente disso, a fim de saber como interpretar a tensão e utilizar a informação obtida a seu favor. É nessa hora que o Princípio da Tensão entra em jogo. Além de ser uma importante fonte de informação sobre os objetivos do adversário, ele nos proporciona muitas oportunidades físicas, incluindo usar a técnica do *slingshot* (estilingue), soltar-se de uma pegada e neutralizar um avanço quando somos agarrados.

Usando o *slingshot*. Se você puxa alguém, fatalmente será puxado de volta na direção oposta, afinal, é nessa situação que a terceira lei de Newton entra em ação. Na verdade, quanto mais forte puxar, maior a probabilidade de encontrar resistência. À medida que você sente que a tensão aumenta e que o oponente resiste, lembre-se de que a força tem apenas uma direção, portanto simplesmente pare de puxar. Ao fazê-lo, esse movimento de "estilingue" lança o oponente na direção do próprio esforço, tirando seu equilíbrio e deixando-o potencialmente vulnerável a ser raspado, derrubado ou finalizado. Presenciamos isso o tempo todo. Digamos que seus filhos disputam um brinquedo num cabo de guerra. Se um deles inesperadamente larga o brinquedo, o outro cai estatelado no chão devido à própria força. "Mas eu não fiz nada!", dirá a criança que soltou o brinquedo ao levar uma repreenda. Tecnicamente ela está correta. Quem *fez* aquilo foi a própria criança que caiu. (Se o leitor se lembrou nesse momento do Princípio de Kuzushi, em que desequilibramos o adversário usando a técnica do *slingshot*, é porque está cada vez mais antenado para a sinergia entre os princípios essenciais do jiu-jítsu.)

Soltando-se de uma pegada. Imagine duas pessoas segurando relaxadamente as duas pontas de uma faixa elástica. À medida que começam a puxá-la em direções opostas, a faixa fica mais esticada e, com a tensão aplicada, é cada vez maior a probabilidade de que se rompa. Para alguém se livrar de uma pegada no jiu-jítsu, um processo similar acontece. Quanto maior a tensão aplicada pelo adversário, mais rígido o movimento se torna e mais suscetível fica de ser interrompido.

Neutralizando o avanço. A tensão envolvida em agarrar alguém tem um detalhe: quanto mais forte você segura, mais estacionária a pegada se torna, pois os músculos já tensos precisam relaxar antes que a pegada possa avançar ou recuar para uma nova posição. Assim, um adversário que segura firmemente seu pulso terá de afrouxar essa tensão de modo a avançar com a pegada e segurar seu antebraço. E isso constitui uma forma de comunicação bem fácil de interpretar. À medida que sentir o afrouxamento do esforço, você perceberá o momento ideal para aplicar uma técnica que capitalize em cima disso ou que frustre seu oponente com uma manobra defensiva. Esse momento, sinalizado pelo alívio da tensão, absorve os atributos de diversos princípios interconectados, incluindo os da Conexão, do Afastamento, da Distância, da Criação, da Velocidade, do Relógio, do Reconhecimento e da Prevenção. Todos eles transparecem no controle que seu oponente pensa ter da situação.

A tensão como reveladora da verdade

Tanto no tatame quanto na vida, a tensão é um dos meios mais confiáveis de revelar a verdade. Uma habilidade ou sistema sujeitado ao teste mais extremo e à pressão mais desafiadora (como no Princípio da Tensão) põe sua têmpera à prova e pode ser reconhecido sem deixar margem alguma à dúvida. Isso era exatamente o que meu pai, Rorion, imaginava fazer em 1993 como um dos fundadores do UFC. As lutas promovidas por ele na garagem de nossa casa atraíram um séquito de seguidores locais para o jiu-jítsu brasileiro no sul da Califórnia. Mas ele achava que a arte merecia um palco maior e, se bem-sucedida, um reconhecimento mais amplo.

Durante as décadas de 1980 e 1990, o público devorava as artes marciais retratadas por Hollywood. Os diretores de cinema estavam à procura de movimentos de mãos e chutes giratórios que ficassem bem diante das câmeras. Mesmo ícones como Bruce Lee e Jackie Chan visivelmente abdicavam de parte de suas sensibilidades nas artes marciais para realizar movimentos menos efetivos, mas que rendessem belas imagens na telona. O jiu-jítsu brasileiro, cuja beleza residia mais na efetividade do que na aparência de duas jiboias atracadas numa luta, era a absoluta antítese disso. Meu pai queria que seu torneio com oito lutadores de diferentes artes marciais refletisse a incerteza de uma briga de rua. Para aumentar a tensão, ele diminuiu os muitos rounds com períodos de descanso. Em vez de cordas em torno do ringue, optou por uma espécie de alambrado. Assim ninguém poderia usar deliberadamente uma queda para fora do ringue de modo a interromper a luta por alguns instantes e conseguir recuperar o fôlego. Seu conceito inicial envolvia até um fosso com crocodilos. Pena que isso nunca chegou a se concretizar!

O local escolhido como palco para o primeiro evento foi o Colorado, por ser um dos poucos estados onde um combate voluntário entre dois lutadores numa disputa esportiva não sancionada era legalmente permitido. No UFC 1, meu tio Royce, representante da família Gracie, era decididamente o azarão. Alguns veículos de imprensa se referiram a ele como "o baixinho de pijama". Mas, naquela noite, quando Royce se valeu de sua maestria no jiu-jítsu para derrotar um trio de gigantes, muitos no mundo das artes marciais acusaram o UFC de fraude.

Mais do que tudo, a tensão envolvida no UFC 1, tanto dentro quanto fora do octógono, revelou uma verdade inequívoca: quando se trata de uma luta de vale-tudo entre duas pessoas, o jiu-jítsu brasileiro é a forma de arte superior.

Claro que Royce tinha uma vantagem aparentemente injusta. Ele e meu pai haviam feito um reconhecimento dos demais competidores e o puseram em prática contra eles. Após todas aquelas lutas em nossa garagem, recebendo todo tipo de desafiantes, a família Gracie já sabia o que esperar: a luta em pouco tempo terminaria no chão, deixando os adversários perdidos quando fossem dominados.

Nos dias que antecederam o evento houve alguma tensão também no departamento doméstico. Com 10 anos de idade na época, não recebi permissão de viajar à Arena McNichols, em Denver, para assistir à luta ao vivo, enquanto meu irmão Ryron, com 12, teve oportunidade de ir. Fiz um verdadeiro escarcéu por causa disso, mas não adiantou nada.

No fim, assisti ao UFC 1 pelo pay-per-view, como os cerca de 86 mil outros espectadores. Meu único consolo foi ver meu tio Royce, que viera morar conosco quando emigrou do Brasil e para mim era mais como para um irmão mais velho, ser consagrado campeão. Na segunda-feira, na escola, a maioria dos meus professores e colegas não falava sobre outra coisa. A certa altura, olhei no espelho e pensei: *Será que isso quer dizer que eu também sou famoso?*

Os artistas marciais debateram por séculos qual modalidade de luta seria superior em um combate de verdade. Foi apenas com o UFC — quando os mestres de todas as artes marciais mais proeminentes se enfrentaram sob os olhares do mundo — que essa antiga pergunta foi respondida de uma vez por todas, e somos gratos ao Princípio da Tensão por isso.

> *Não tenha medo do desconhecido, ele pode se tornar seu recurso mais valioso.*
> —Sara Blakely, empreendedora

Prós e contras

Relacionamentos fora do tatame muitas vezes também pagam um preço e se rompem pelo esforço causado por uma ligação muito tensa. Quando ambas as partes de um casal estão sempre dizendo o que pode ou não ser feito, fica muito difícil manter uma relação duradoura. Na vida, toda conexão direta será melhor se for um pouco mais relaxada. Pense nos relacionamentos como uma espécie de música. Um músico sabe que não pode tensionar demais as cordas de seu instrumento, senão elas se rompem. Ao passo que cordas muito frouxas não produzem o som adequado. O ponto certo é algum lugar entre uma coisa e outra.

O Princípio da Tensão se aplica também ao mundo dos negócios. De fato as empresas costumam se referir às suas necessidades concorrentes como "tensões". Pode haver tensões internas (forças opostas) entre as necessidades de satisfazer o cliente *versus* obter lucros, crescimento potencial *versus* risco, aumento da publicidade *versus* dívidas de curto prazo, introdução de novos produtos *versus* capacidades de estoque, para mencionar apenas alguns exemplos. Uma "tensão criativa" pode inspirar inovações incríveis. Porém, circunstâncias como essas exigem uma liderança forte e objetivos muito bem definidos, a fim de que o *brainstorming* entre departamentos seja devidamente canalizado. Isso pode levar à criação de ideias e resultados inesperados.

A maioria percebe o estresse e a tensão diários sob uma ótica negativa. Mas será que o estresse pode ser bom de alguma forma? A resposta é sim no caso do "eustresse", termo que designa uma forma boa de estresse, que nos proporciona motivação para permanecer em busca de nossos objetivos. Imagine estudar para uma prova final em uma disciplina em que você esteja se saindo bem ou se preparar para uma entrevista de emprego numa função perfeitamente adequada a seus talentos. O eustresse o motiva a estudar e a se preparar e o friozinho na barriga que ele causa atesta que o resultado é importante para você. É a quantidade ideal de estresse para uma pessoa normal. Em certo sentido, eustresse é o contrário do distresse (do inglês *distress*, angústia), e sua presença em nossas vidas é essencial para nossa saúde e bem-estar geral.

> *Segure o taco como se você tivesse*
> *um filhote de passarinho na mão.*
> —Sam Snead, jogadora de golfe

Imagine dar aulas de direção para alguém que nunca se sentou ao volante de um carro. A pessoa está tão aterrorizada e com receio de causar acidentes que segura o volante com toda a força, os nós dos dedos brancos. Uma das coisas que você deve lhe explicar é que segurar o volante dessa forma retardará todas as suas demais reações e mecanismos de defesa. Isso inclui, por exemplo, o tempo que levará para liberar uma das mãos caso precise buzinar ou puxar o freio de mão em uma emergência.

Na prática do golfe, impor uma direção à bola na tacada inicial também é uma habilidade adquirida. Entretanto, segurar um taco de golfe com demasiada força pode trazer resultados negativos, fazendo com que a tensão na pegada se traduza em um impacto fraco na cabeça do taco, mandando a bola mais à esquerda ou mais à direita. Isso ocorre porque a articulação do pulso, que pode ficar gravemente comprometida com a tensão, é uma fonte vital da potência e da direção aplicadas à bola.

Se no beisebol um arremessador segura a bola com força excessiva, limita seu movimento e compromete a pegada nas costuras, justamente o que proporciona um efeito à bola girando em direção à base do rebatedor. Além disso, ele pode estar entregando para o rebatedor adversário de que forma pretende lançá-la — uma bola curva, rápida, lenta etc. — devido à tensão em sua pegada, mesmo a bola estando oculta na luva.

Um corredor de longa distância muitas vezes sente uma tensão no pescoço e nos ombros, em geral como resultado da postura da cabeça e da caixa torácica. Um método popular de combater esse tipo de problema é relaxar ou abaixar o pescoço, proporcionando um momento de alívio.

A angústia adolescente com o desempenho

Sofrendo de uma grave doença renal congênita, Tish Das ingressou na adolescência com um forte complexo de inferioridade. Era um menino magrelo e seus colegas de escola nem sempre compreendiam a cultura trazida por seus pais quando emigraram da Índia para os Estados Unidos. Na tentativa de provar seu valor fisicamente, Tish, um bom aluno e com interesses variados, desenvolveu grande paixão pelos esportes. Mas seu pai, um cardiologista que também atuava como médico do filho, recusou-se terminantemente a permitir que jogasse futebol americano no ensino médio. "Não consegui vencer a batalha do futebol com meus pais, que só queriam o melhor para mim; mas, depois de muito atormentá-los, eles permitiram que eu entrasse para o time de *wrestling*. Eu ainda era muito novo e passava por mudanças físicas que provavelmente contribuíram para um declínio ainda maior da minha função renal. Nem bem cheguei na metade da temporada, um nefrologista me proibiu de praticar qualquer esporte de contato."

Sem se deixar desanimar pelo diagnóstico, Tish, que continuava à procura de algo para preencher um vazio em sua vida, voltou-se às artes marciais. "No começo, treinei kung fu, sob rígida supervisão. Quando fui para a faculdade, me arrisquei a jogar rúgbi, com o mínimo de equipamento de proteção. Embora não fosse muito bom nesse esporte, meu rim e eu sobrevivemos, e a experiência me ajudou a ter mais autoconfiança, me tornando uma pessoa muito mais completa." Depois disso, Tish Das acabou treinando inúmeras artes marciais, incluindo o jiu-jítsu brasileiro.

Em dado momento, a necessidade de um transplante se tornou evidente. "Lembro que a sensação foi de que meu pai tinha falhado comigo; de que me visse muito mais como seu filho, acreditando que eu ficaria melhor, do que como um paciente que conseguia enxergar objetivamente." Embora Tish tivesse o mesmo tipo sanguíneo de vários de seus irmãos, seu pai, com 65 anos na época (o limite de idade para doação de rim), decidiu que seria ele o doador que o filho tão desesperadamente necessitava.

"A ideia dele era que, se eu futuramente precisasse de outro rim, poderia recorrer a meus irmãos. Que aquela seria sua única chance de fazer aquilo por mim. Na época ninguém ficou sabendo, mas pedi que o cirurgião trocasse o rim do lado esquerdo, assim eu poderia continuar treinando artes marciais (eu achava que conseguia proteger melhor essa área)." Hoje, a função renal de Tish está em limites administráveis. Ele terminou a faculdade, tem uma carreira bem-sucedida e leva uma vida saudável e produtiva.

Ele e a esposa, Amisha, presentearam seus pais com dois netinhos para serem mimados. "Sei que as artes marciais me ajudaram a lidar com minha mortalidade, me proporcionando uma série de ferramentas que me ajudam a levar uma vida melhor e mais completa", afirmou Das, que usa uma proteção acolchoada do lado esquerdo do abdômen sempre que está no tatame de jiu-jítsu. "Em vez de achar que sou azarado ou amaldiçoado por ter a doença, tenho a confiança de enxergá-la como uma oportunidade para me conhecer melhor e estar sempre em busca de maneiras para lidar com todos os desafios que enfrento. Acho que o segredo é poder contar com um grupo de pessoas que nos apoie rumo aos nossos objetivos, e depois é nossa vez de retransmitir essa energia para ajudar os outros a também serem bem-sucedidos."[14]

••

Utilize o Princípio da Tensão para...

- **Motivar funcionários:** Sua empresa emprega diversos representantes de vendas dedicados, então você cria um forte programa de incentivos para recompensar os melhores e a tensão gerada pela competição interna assegura a produtividade mais elevada de cada um.
- **Avaliar possibilidades:** Você não tem certeza sobre o curso correto de ação em uma encruzilhada significativa da sua vida, então decide bancar o advogado do diabo em um debate saudável com um amigo, para assegurar que todos os fatos essenciais sejam considerados antes de tomar uma decisão.
- **Gerar responsabilização:** Você fracassou em suas tentativas independentes de perder peso por anos, então decide publicar metas de emagrecimento nas redes sociais na esperança de que a tensão gerada por essa responsabilidade o ajude a permanecer no caminho certo.

---

[14] Entrevista concedida a Paul Volponi em 12 de março de 2022.

- **Diversificar a equipe:** Você deliberadamente monta uma equipe com pessoas de diferentes experiências e estilos de resolução de problemas, criando uma tensão saudável e assegurando que os desafios serão enfrentados por todos os ângulos.

A tensão como catalisadora da mudança

Na "Carta de uma cadeia em Birmingham", de 1963, Martin Luther King Jr. fala em uma "tensão construtiva não violenta" como uma oportunidade para crescimento social e mudança. A tensão pode com frequência ser um catalisador para um conflito, abrindo novas vias de comunicação que ajudem a analisar e lidar com suas preocupações. Em sua carta, King afirma: "Devo confessar que não tenho medo da palavra 'tensão'. Sou francamente contrário à tensão violenta, mas existe um tipo de tensão construtiva, não violenta, que é necessária para o crescimento. Assim como Sócrates — que sentia ser necessário criar uma tensão na mente para que os indivíduos pudessem se libertar dos grilhões dos mitos e das meias verdades e assim ingressar no domínio desimpedido da análise criativa e da avaliação objetiva —, devemos perceber a necessidade dos empecilhos não violentos. São eles quem podem criar o tipo de tensão social que ajudará os homens a ascender das profundezas escuras do preconceito e do racismo para as alturas majestosas da compreensão e da fraternidade."

Escaneie aqui para aprender a aplicação de combate do **Princípio do Forcado**

Capítulo 15
O Princípio do Forcado

*Equacione o resultado ideal
para vencer ou vencer.*

A armadilha tem um quê de perfeição espectral.
—Stephen King, escritor, em *A Torre Negra: O Pistoleiro*

No jiu-jítsu, nosso principal objetivo é criar dilemas para o oponente em que não lhe reste outra opção a não ser admitir a derrota. Chamamos isso de Princípio do Forcado: independentemente da quantidade de dentes (três, quatro, cinco ou mais), cada um deles produz o mesmo resultado. Queremos que nosso adversário se sinta como se tivesse sido espetado no tatame por um garfo, percebendo que não faz sentido continuar a se debater com o ardil que arquitetamos para ele. Imagine-o pressionado sob seu corpo com apenas duas opções para tentar escapar. Infelizmente para ele, porém, essas tábuas de salvação temporárias levam a outras técnicas de finalização igualmente poderosas em que a armadilha está pronta para entrar em ação.

A parte mais difícil de executar uma finalização geralmente é a aplicação dos estágios finais de uma técnica específica. Nesse momento em que o adversário percebe o fim iminente, ele luta com as forças que lhe restam para tentar fugir do inevitável. Mas, quando troca um dente do garfo por outro, seu movimento na verdade ajuda a sacramentar a derrota. Lembre-se de que o jiu-jítsu é a arte da eficiência, e o Princípio do Forcado é o caminho supremo para a vitória.

Considere o Princípio do Rio: ele é *reativo* no modo como flui pelos potenciais obstáculos. O Princípio do Forcado, por outro lado, é *proativo*, limitando as opções do oponente a determinadas direções específicas. Como atingir a eficiência do Princípio do Forcado no jiu-jítsu? Deixando de pensar nos termos limitados de aplicar apenas uma técnica. Em vez disso, devemos nos tornar criadores de dilemas. Isso exige certa quantidade de preparativos e paciência para aguardar o momento certo e depois capitalizar com as situações que criamos. A experiência também é um fator preponderante. Talvez de início você não consiga conceber mais do que um dilema simples para seu oponente, com apenas duas alternativas, entretanto, alguém com mais experiência e, portanto, com uma perspectiva mais ampla, diante de um mesmo ponto de partida, estabelecerá um "dilema" de três, quatro ou mais dentes.

Uma nova forma de pensar

Para mim, o Princípio do Forcado representa o nível mais elevado do jiu-jítsu. Na vida fora dos tatames, esse princípio nos ensina a buscar resultados ideais para os inúmeros fatores envolvidos em certa situação. Desse modo, todos se beneficiam e podem reivindicar uma vitória, que, por sua vez, aumenta a probabilidade de sucesso sustentável de longo prazo em qualquer relacionamento pessoal ou iniciativa de negócios. Com esse princípio, não se trata apenas do nosso clássico cenário de vencer ou vencer, mas também da capacidade de se estender muito além, ampliando as alternativas para o sucesso, a depender da quantidade de envolvidos e de dentes nesse garfo.

Claro que, tendo sido criado na família Gracie, a simples ideia de uma situação em que ambos os lados saíssem ganhando era completamente impensável para nós. Nos primeiros tempos dos desafios Gracie, nosso único foco era derrotar as demais modalidades. Nossa filosofia era de que apenas um dos lados poderia vencer e que, se houvesse perdedores, que fossem *eles*. Era uma crença necessária para a época, se o jiu-jítsu brasileiro esperava algum dia chacoalhar e virar de cabeça para baixo o mundo das artes marciais, ganhando seu merecido reconhecimento. Essa mentalidade orientada à rivalidade intensa, porém, produziu em mim uma postura singular perante as demais artes marciais. Passei basicamente a sentir antipatia e desconfiança em relação a elas, como se brigasse pessoalmente contra o karatê, o *kickboxing* ou o kung fu, numa disputa incessante pela supremacia. Mas, à medida que amadureci e desenvolvi minhas próprias opiniões, meu pensamento mudou e essa falsa rixa sumiu da minha mente.

Quando Ryron e eu assumimos a Gracie University, percebemos que a esmagadora maioria das academias de artes marciais eram voltadas a disciplinas tradicionais. E se o interesse pelo jiu-jítsu brasileiro, atiçado pelos triunfos de Royce e nossa família no UFC, esperava um dia ser saciado, precisaríamos encontrar maneiras de formar parcerias com as escolas tradicionais. Era impossível estar em todos os lugares ao mesmo tempo, então decidimos iniciar um Programa de Certificação de Instrutor (PCI) a fim de treinar outros artistas marciais em como ensinar adequadamente nossos programas patenteados.

Para transformar isso em realidade, sem dúvida precisávamos cruzar a ponte da confiança. Afinal, tínhamos aprendido desde pequenos a encarar outros lutadores como nossos rivais. Conseguiríamos realmente ser parceiros, pensar neles como uma espécie de família estendida? No fim, deixamos de lado nossos antigos preconceitos e abraçamos de corpo e alma essa nova mentalidade. A resposta obtida foi incrível e nos proporcionou uma imensa reserva de artistas marciais interessados em lecionar nossos cursos.

Atualmente, escolas de artes marciais de todas as modalidades podem suplementar seus treinamentos oferecendo nossos programas, como o Gracie Combatives, o Gracie Bullyproof e o Women Empowered. Nossa mensagem para essas instituições sempre foi simples e coerente: achamos o trabalho da sua escola incrível, apenas acrescente o jiu-jítsu ao que já ensinam, e isso sem dúvida servirá para atrair mais alunos. Três décadas atrás, teria sido quase impensável que escolas de artes marciais tradicionais fossem nossas maiores aliadas no cultivo e na disseminação das sementes do jiu-jítsu brasileiro. Hoje, alguns dos meus amigos mais próximos são de escolas tradicionais. Interagimos com elas e oferecemos apoio por meio do Princípio do Forcado e, como acontece na maioria dos relacionamentos verdadeiros, em que todos saem ganhando, a cada nova parceria com uma arte marcial tradicional, há um terceiro beneficiário: o aluno.

No tabuleiro de xadrez

Os praticantes de jiu-jítsu não são os únicos a empregar o Princípio do Forcado. Jogadores de xadrez também colhem habilmente seus frutos. O Forcado é uma das táticas básicas no jogo e entra em ação sempre que uma peça com mais de uma opção de movimento ataca simultaneamente duas ou mais peças adversárias. Até o humilde peão é capaz de deixar uma rainha, um bispo ou uma torre numa sinuca de bico, provocando uma troca desigual para seu oponente. Mas, ainda que todas as peças do xadrez possam ser usadas com essa tática, o cavalo, por sua característica singular de pular as demais, muitas vezes não pode ser capturado por aquelas que ameaça.

Obviamente, um ataque contra o rei baseado nesse princípio é uma ameaça mais séria e pode conduzir seu oponente a um beco sem saída. Quando o jogador de xadrez está sem opções, mas é sua vez de executar um movimento (afinal, não dá para "passar a vez" nesse jogo!), a situação corresponde ao que os alemães se referem como *zugzwang*, ou seja, "todas as alternativas são ruins". Da mesma forma que um praticante de jiu-jítsu deve aprender inúmeras técnicas para empregar com sucesso o Princípio do Forcado, um enxadrista deve ter plena compreensão do tabuleiro e das capacidades e do valor de cada peça para capitalizar com essa estratégia. Se você ainda não chegou a esse nível, certamente é algo ao qual pode aspirar. Afinal, todo mestre no jiu-jítsu ou no xadrez um dia já foi iniciante.

Pactos com os filhos

Em nossa vida cotidiana, provavelmente não queremos encurralar a família, os amigos e os colegas de trabalho em situações sem qualquer perspectiva de benefício para a outra parte. Assim, vamos inverter o Princípio do Forcado e observar como nos valer de suas nuanças para gerar situações em que o triunfo seja possível para ambos os lados nas nossas relações imediatas.

Suponha que seu filho esteja passando por um mau momento na escola. Suas notas normalmente giram em torno de A-. Nesse semestre, porém, a média em seu boletim ficou em torno de B-, uma nota não tão boa. Os fins de semana dele costumam ser preenchidos por esportes e outras atividades que a seu ver o ajudarão a se tornar um indivíduo mais completo, de modo que você não quer mexer nessa rotina. Assim, você procura criar blocos de estudo nos dias úteis, limitando o tempo dele de TV e com acesso a eletrônicos. Ele não parece nada contente com as novas restrições e é aí que entra a inversão do Princípio do Forcado: vocês devem firmar um pacto para as expectativas de estudo, e eventuais recompensas devem ser claramente delineadas.

Se o seu filho cumprir a parte dele no combinado, estudando por mais horas durante a semana após as aulas e também elevar a média, ele deve receber algum prêmio extra que o motive. Pode, por exemplo, ser uma ida ao parque de diversões ou uma festa em casa com os amigos — qualquer coisa, contanto que seja aceitável para você. Esse cenário não só é uma situação vitoriosa para ambas as partes, como também representa um benefício duplo para ele, que, além de sair ganhando com as horas de estudo adicionais, aprenderá a assumir mais responsabilidade por seu crescimento escolar.

Utilize o Princípio do Forcado para...

- **Administrar dilemas:** Seus filhos estão brigando por causa da última fatia de bolo, então você autoriza um deles a cortar a fatia ao meio e o outro a escolher qual metade vai querer.

- **Alavancar relacionamentos:** Você criou um produto, mas tem dificuldade em colocá-lo no mercado, então decide licenciar a tecnologia por trás dele para um competidor com uma rede de distribuição mais ampla.
- **Promover a independência:** Seu filho adolescente quer ganhar um carro para ser mais independente. Em vez disso, você se propõe a ajudá-lo com a metade do valor se ele arrumar um trabalho para arcar com o resto.
- **Fazer doações:** Seu armário está abarrotado de roupas que você não usa há anos. É hora de doá-las para quem precisa, liberando espaço em casa.

Escaneie aqui para aprender a aplicação de combate do **Princípio da Postura**

Capítulo 16
O Princípio da Postura

Identifique a origem do problema e direcione seus espaços para isso.

A postura é vital em uma luta.
—Conor McGregor, lutador de artes marciais mistas

Poucas coisas são mais importantes do que a postura que assumimos na vida. Você está plenamente engajado consigo mesmo, com as pessoas mais próximas e com a sociedade em geral? Como você trata as pessoas no seu dia a dia? E que tratamento espera receber em troca?

No tatame, estamos o tempo todo profundamente conscientes de nossa postura. É algo que precisamos aperfeiçoar para executar as técnicas da maneira adequada, muitas das quais, para serem mais eficazes, possuem uma postura preferencial. Mas, à medida que nossa consciência do jiu-jítsu se expande, começamos a enxergar além de nós mesmos e a observar a postura do adversário com um olhar mais crítico. Essa habilidade abre caminho para que o Princípio da Postura entre em ação, pois tanto você quanto seu oponente precisam da postura correta para aplicar a técnica. Mas, em vez de ficarmos excessivamente preocupados em impedir que determinada técnica seja usada contra nós, podemos combatê-la na raiz, negando ao oponente a postura necessária para realizá-la de forma adequada. *Assim, ponha o foco nas posturas à frente do foco na finalização.*

Muitas vezes, a utilização bem-sucedida do Princípio da Postura dependerá de outros preceitos essenciais, mas em nenhuma situação isso é mais verdadeiro do que no Princípio da Distância e no Princípio do Relógio. A perturbação da distância e do *timing* do oponente prejudica seriamente sua capacidade de manter a postura desejável, bem como sua efetividade. Quando a postura do adversário fica comprometida, sua reação imediata é tentar recuperá-la. Isso é algo que pode ser antecipado e explorado (Princípio da Criação) para que você empregue, sua própria técnica ou simplesmente obtenha uma posição mais vantajosa, incluindo escapar. O principal objetivo deve ser a aplicação de nossas posturas mais fortes contra as mais fracas do outro.

A luta pelo conceito "A"

Cursei o ensino médio na West High School, em Torrance, Califórnia. Em meu último ano, estudei com afinco e esperava obter a média máxima de 4.0 (no sistema norte-americano), ao final do segundo semestre. Para mim, esse era um grande feito, embora meus pais não dessem tanta importância aos estudos acadêmicos, uma vez que tantos em minha família deixaram sua marca no mundo por meio do jiu-jítsu. Meu irmão, Ryron, porém, insistira que entre as matérias eletivas do quarto ano eu fizesse digitação: "No mundo de hoje, o computador faz parte de tudo. Se a gente não acompanhar, vai ficar pra trás." Eu sabia que ele tinha razão.

Minha família foi uma das últimas em nosso bairro a ter um computador doméstico. Mesmo no último ano do ensino médio, eu ainda fazia trabalhos escritos à mão, para que depois minha mãe, que trabalhava como escrivã no Departamento do Xerife do Condado de Los Angeles, os digitasse para mim. Assim, me senti supermotivado para aprender e queria muito me sair bem. A professora do curso era uma pessoa muito prática que chamávamos de sra. D. No primeiro dia, ela informou à classe que a nota seria dada com base na média de três coisas: trabalho em sala de aula, lições de casa e provas semanais para testar nossas habilidades, calculando a quantidade de palavras que conseguíamos digitar em função da quantidade de erros.

Como um aluno aplicado, empenhei-me ao máximo em aprimorar minha habilidade. Claro que a maioria da classe, alunos bem mais familiarizados com os computadores, era melhor do que eu. Mesmo assim, me saí excepcionalmente bem para um principiante. Mas as provas foram a parte mais frustrante. Por mais que superasse minhas próprias marcas de velocidade, sempre havia alguns alunos com notas melhores. Eram pessoas com bem mais experiência em digitação e fui obrigado a aceitar isso.

Faltando cerca de duas semanas para o encerramento do curso, a sra. D entregou um bilhete para cada aluno, informando a nota que poderíamos esperar no boletim. No meu caso, B. Discordei totalmente. Tanto nos trabalhos em classe quanto nas tarefas de casa minha nota era A. Como havia tirado B na prova, raciocinei que minha média seria A-. Fui falar imediatamente com a professora, que consultou seu caderno e verificou minhas notas. Observando meus dois A e meu B, ela afirmou, sem pestanejar: "Sua média é B, Rener." Então respondi: "Se fizer as contas, sra. D, vai ver que deveria ser um A-." Ela balançou a cabeça e disse: "Em todos esses anos, devo ter tido uns mil alunos com essas mesmas notas. Quando é assim, sempre dou B. É desse jeito que funciona." Eu podia ter dado uma resposta malcriada ou ficado puto, me virado e ido embora. Mas não fiz nada disso. Permaneci focado no meu objetivo e — embora eu e meu irmão ainda estivéssemos a duas décadas de escrever os 32 Princípios do jiu-jítsu — pus o Princípio da Postura em ação, refutando seu argumento.

Sim, ela podia sempre ter dado essa nota em circunstâncias similares, mas matematicamente estava errado. "Faça as contas comigo, sra. D", falei, procurando adotar um tom impessoal. "Se A corresponde a 4 na escala do GPA e B corresponde a 3, dois A mais um B dariam 11. Fazendo a divisão, a média é 3,66. Dividindo esse número pela nota total possível de 4,0, o resultado é 0,915, que corresponderia a 91,5% no curso. Segundo a escala de notas universal de 0 a 100, qualquer coisa entre 90 e 100 é A, por isso acredito que 91,5% é, no mínimo, A-. Entendo que a senhora faz isso há muito tempo, e lamento por quem saiu perdendo esses anos todos. Mas, a partir de hoje, acho que a senhora deveria dar a nota correta."

A conversa terminou sem que eu conseguisse obter uma resposta definitiva da professora. Por um momento, imaginei que teria de levar o caso à diretoria da escola, mas não chegou a tanto. Duas semanas depois, recebi meu boletim com A de cima a baixo, preservando minha média 4,0 tão arduamente conquistada. Hoje, sentado escrevendo este livro, minhas habilidades no teclado são excelentes e sei que devo ser grato à minha professora de digitação por ter me ajudado a chegar até aqui.

Uma argumentação que entrou para a história

Em um contexto de debate, como no exemplo anterior, utilizar o Princípio da Postura significa em geral focar no principal argumento de quem discute com você. Isso acontece o tempo todo nos tribunais, em que os advogados de defesa e acusação tentam destruir os respectivos argumentos. Às vezes, uma disputa judicial pode girar em torno de coisas triviais, como acidentes de trânsito, crimes contra a propriedade, escorregões de todo tipo; em outras, gira em torno de questões bem mais complexas.

No caso *Brown vs. Board of Education of Topeka*, o advogado Thurgood Marshall, que representava o direito da filha de Oliver Brown a frequentar uma escola primária não segregada, afirmou que o conceito de "separados, mas iguais" era intrinsecamente injusto, violando tanto a Cláusula de Proteção Igualitária quanto a Décima Quarta Emenda da Constituição dos Estados Unidos. Marshall atacou impiedosamente a fundamentação falha da premissa adversária, expondo cada uma de suas fissuras. A 17 de maio de 1954, a Suprema Corte dos Estados Unidos (na qual Marshall futuramente serviria como juiz de 1967 a 1991) concordou unanimemente com seu argumento, numa votação de 9-0 que pôs um fim à segregação racial nas escolas públicas americanas.

Postura ao piano

O músico de jazz Howard Rees tem duas paixões na vida: a música e as artes marciais. Mas muita gente questiona esses interesses aparentemente antagônicos, considerando que as mãos de um pianista profissional são seu ganha-pão. "De vez em quando, sou um dos melhores pianistas de nove dedos que há por aí", gracejou Rees, que já quebrou ou deslocou os dedos treinando artes marciais em diversas ocasiões.

A certa altura da vida, ele se deu conta de que as duas atividades compartilhavam uma sinergia: "Comecei a perceber que meu professor de música e meu instrutor de artes marciais ditavam os mesmos conceitos". Rees, nascido em Toronto, estudou piano com Barry Harris, que tocou com lendas do jazz como Charlie Parker, Dizzy Gillespie e Thelonious Monk. "Barry costumava dizer que todo músico de jazz deveria estudar alguma arte marcial e um segundo idioma", afirmou. "Creio que é porque essas atividades usam partes diferentes do cérebro e ambas podem ajudar na resolução de problemas nas respectivas áreas. Tanto na música quanto nas artes marciais é preciso *timing*, ritmo, equilíbrio e postura, esta última é particularmente importante para sua técnica [...]. Improvisar com outros músicos é meio como fazer *sparring*. Não se pode partir do pressuposto de que sabe o que o parceiro vai fazer. É preciso ter consciência e autoconfiança para entrar em sintonia e criar uma troca espontânea e harmoniosa."[15]

Quanto a um segundo idioma, ele admite com franqueza que fala só *un poquito* de espanhol.

* * *

Felizmente, a boa postura, assim como a má, é questão de hábito.
—Denise Austin, especialista em fitness

Postura estática *versus* postura dinâmica

Existem dois tipos de postura: estática e dinâmica. A maioria das atividades atléticas exige uma postura dinâmica superior para a obtenção de um desempenho com máxima eficiência. Mas se a pessoa não tem uma boa postura estática (queixo paralelo ao chão, peito para fora,

---

[15] Entrevista concedida a Paul Volponi em 10 de fevereiro de 2022.

ombros nivelados e recuados, peso distribuído igualmente nos dois pés) tanto de pé quanto em repouso, será mais difícil compensar isso quando estiver em movimento. Atividades como *tai chi*, ioga e pilates promovem a boa postura fortalecendo os músculos, sobretudo o *core* (núcleo). Uma postura melhor resulta em mais equilíbrio, previne dores lombares, aumenta a flexibilidade das articulações, melhora a circulação e a digestão e turbina a autoconfiança, contribuindo para a saúde geral a longo prazo. Sua postura sentado, outro tipo de postura estática, também é importante. O queixo para trás, os ombros retos, as costas inteiramente apoiadas e os pés tocando o chão são um paliativo para o esforço de horas ao volante ou diante de um computador. Fazer breves caminhadas e mudar de posição a intervalos regulares também ajudam a aliviar o ônus sobre o corpo.

A postura dinâmica é essencial no basquete (assim como em qualquer esporte, obviamente). Stephen Curry, o maior arremessador de três pontos da história da NBA, é um exemplo perfeito de domínio da postura dinâmica para a obtenção de um desempenho ideal. No caso de um "mão quente" como ele, o posicionamento do cotovelo está entre os fatores preponderantes do sucesso. Um defensor pode disputar espaço com o arremessador e até desequilibrá-lo quando este sobe para tentar a cesta, mas, na medida em que o arremessador consegue ajustar o ângulo do cotovelo em relação ao aro, a bola é lançada com um gesto leve e suave: assim que a bola sai de suas mãos, podemos perceber o efeito da postura do cotovelo, quando seu pulso se dobra perfeitamente em formato de pescoço de ganso.

Suponhamos que você e um vizinho façam todas as manhãs uma corrida de cinco quilômetros. Na largada, você o deixa facilmente para trás; sem dúvida é um corredor mais rápido em distâncias curtas. Mas, ao final, sempre termina pelo menos uns quarenta metros atrás dele. O problema nesse caso talvez seja sua postura ao correr: você está pisando ligeiramente para fora, não em linha reta, mantendo os braços muito elevados ou muito baixos e agitando-os demais para que consigam proporcionar um impulso adequadamente ritmado. Já a postura de seu vizinho é quase perfeita. Embora você seja mais veloz, suas deficiências posturais resultam em passadas menos eficazes. E, ao longo dos cinco quilômetros, a soma dos fatores resulta nessa diferença de quarenta metros. O déficit dificilmente será sanado com o aumento de sua velocidade geral. Para isso será necessário uma melhora de postura.

Quero envelhecer bem: ter uma boa postura, me manter saudável e ser um exemplo para os meus filhos.
—Sting

Utilize o Princípio da Postura para...

- **Negociar:** Sua esposa (ou marido) tenta forçar você a desempenhar um papel doméstico que reflete a maneira como foi criada, então você a lembra que os pais dela se divorciaram após dez anos de casamento, fazendo-a reconsiderar.
- **Eliminar distrações:** Você percebe que tem hábito de se deixar distrair por e-mails de trabalho durante seu tempo com a família, então decide desativar as notificações do celular, eliminando a fonte do problema até ter um controle melhor do tempo que destina a cada atividade.
- **Realocar funcionários:** Um funcionário exemplar perdeu a motivação por estar cercado de colegas que não assumem responsabilidades, então, para mantê-lo motivado, você o transfere para uma função de maior autonomia e de incentivos baseados em desempenho.
- **Gerenciar as emoções:** Seu filho mais velho está passando por desafios de comportamento, e você desconfia que seja devido ao ciúme do tempo que você passa com os mais novos, então você reserva um tempo exclusivo para ele, restaurando o equilíbrio das relações.

Escaneie aqui para aprender a aplicação de combate do **Princípio da Falsa Rendição**

Capítulo 17
O Princípio da Falsa Rendição

Finja obediência diante das adversidades e aproveite a oportunidade quando ela se apresentar.

Se você se render ao vento, poderá voar com ele.
—Toni Morrison, escritora

Seja no tatame de jiu-jítsu ou na vida, nada melhor do que enfrentar um oponente com excesso de autoconfiança. Por quê? Bem, porque o oponente pode passar a subestimar sua capacidade de sair vitorioso. Da mesma forma, o Princípio da Falsa Rendição encoraja esse tipo de excesso de confiança em seu oponente, jogando, acima de tudo, a seu favor. Para que você aplique este princípio de forma efetiva, é preciso ter certo nível de confiança em suas próprias habilidades, acreditando que nada de negativo acontecerá no decorrer de sua aplicação e que você não está de fato abrindo mão do controle da situação, mas adotando de forma sutil um tipo menos agressivo de controle, um tipo que, em uma disputa, combina os aspectos mentais com os físicos.

Infelizmente, muitos praticantes de jiu-jítsu acreditam que se não estão avançando constantemente em sua posição, seja indo em direção a uma finalização ou fugindo de uma, então estão ficando para trás na luta e não estão sendo eficientes. Mas uma falsa rendição, aquela em que se escolhe o momento apropriado para enviar um sinal ao oponente de que está derrotado, pode abrir uma possível janela de oportunidade (lembre-se do Princípio da Criação) para impulsioná-lo para a frente. Costumo ensinar essa técnica para as participantes do nosso programa *Women Empowered* [Mulheres Empoderadas]. Por exemplo, se você for abordada ou imobilizada por um oponente masculino maior em tamanho, não tenha medo de falar: "Farei o que você quiser, só não me machuque." Em geral, dizer isso provoca uma reação na qual o agressor pensa ter controle total sobre o alvo, tanto que pode até afrouxar a pegada para se reposicionar. E esse lapso momentâneo do agressor pode criar um espaço fundamental para a ação seguinte do alvo.

Lembre-se, há uma comunicação de energia em toda e qualquer posição entre dois combatentes. Você pode impor sua própria mensagem, seja ela verdadeira ou não. O Princípio da Falsa Rendição é extremamente sinérgico aos outros princípios básicos do jiu-jítsu. Encontrar o momento certo é crucial para seu uso adequado (Princípio do Relógio). E é necessário que você ceda enquanto ainda tem uma reserva de energia. Afinal, a maioria das pessoas só se rende quando fica completamente exausta. Seu oponente sabe disso com base em confrontos anteriores (Princípio do Reconhecimento). É por isso que o Princípio da Falsa Rendição pode ter uma força tão surpreendente e eficaz.

• •

Perfil: Em minha defesa

Minha esposa, Eve Torres Gracie, é três vezes campeã do WWE Divas, e instrutora mestre do programa de autodefesa Women Empowered da Gracie University.

"Eu tinha acabado de me tornar membro oficial do World Wrestling Entertainment (WWE) depois de vencer o concurso Diva Search (uma premiação do WWE com base na votação dos fãs). Eu sabia que em algum momento num futuro próximo estaria de fato dentro do ringue, lutando profissionalmente. Mas antes eu precisava aprender o ofício. O WWE pediu que eu acompanhasse em sua turnê pelos países europeus como repórter e comentarista, a fim de construir um relacionamento com os fãs e os atletas com quem eu trabalharia. Era uma loucura pensar nisso, mas, apenas três meses antes, eu havia comparecido à minha primeira aula de jiu-jítsu e começava a namorar Rener. Eu tinha sido dançarina acadêmica e profissional de sucesso. Agora, estava prestes a entrar no mundo da luta profissional.

"Depois de um dos shows na Europa, a maioria dos lutadores estava relaxando no saguão e no bar do hotel onde estávamos hospedados. Eu não sabia na época, mas estava prestes a receber e a dar uma lição a respeito de como construir relacionamentos com seus colegas de trabalho. Um dos lutadores do sexo masculino se aproximou de mim no saguão e começou a fazer brincadeiras, me assediando quanto ao meu aprendizado de jiu-jítsu. Ele obviamente tinha bebido além da conta, e eu estava tentando encerrar a conversa de maneira educada. Os golpes verbais dele levaram a algumas cutucadas físicas em meu corpo, tentando me convencer a mostrar alguma técnica de jiu-jítsu. No momento seguinte, estávamos lutando no chão do saguão.

"Aquele lutador imenso estava em cima de mim, embora eu o mantivesse com segurança dentro da minha guarda. Era algo que eu não queria estar fazendo. Até porque estava lá para ganhar experiência profissional, não para participar de um espetáculo movido a álcool. Inacreditavelmente, não havia ninguém disposto a nos separar. A luta deve ter durado quase trinta segundos antes de eu usar o Princípio da Falsa Rendição, na esperança de terminar aquela disputa ao não revidar. A ideia foi bem-sucedida. Quando parei de lutar, as pessoas intervieram e enfim nos separaram (refletindo a cultura de mentalidade guerreira daquele grupo). Quando me levantei, senti que meu olho começava a inchar. Aquele idiota tinha dado uma cotovelada no meu rosto.

"Tanto a dor quanto a raiva começaram a crescer dentro de mim. Ele estava sendo levado por alguém, de costas para mim. Foi quando corri até ele e a luta recomeçou. Só que, dessa vez, nos meus termos. Agarrei-me a ele por trás, minhas pernas enganchadas em seu corpo. Então apliquei um mata-leão e apertei. A técnica interrompeu seu fluxo de sangue, e eu o sufoquei até deixá-lo inconsciente. Assim que ele caiu de joelhos, soltei e o deixei roncando no chão. Em questão de minutos, ele estava consciente de novo, tentando descobrir o que havia acontecido. Ele não precisou se perguntar por muito tempo, porque todos ficaram bastante satisfeitos em informá-lo exatamente como eu havia lidado com sua estupidez desagradável: 'Você foi apagado por uma garota!' Naquela noite, saí do saguão para voltar ao meu quarto com o início de um olho roxo e também com o respeito dos meus colegas de trabalho por mim e pela arte do jiu-jítsu.

"Nota aos leitores: eu desaconselho colocar seu jiu-jítsu à prova após apenas três meses de treinamento contra um oponente que pesa quase cinquenta quilos a mais que você."

* * *

Se minha mente é capaz de conceber e meu coração é capaz de acreditar, então eu sou capaz de alcançar.
—Muhammad Ali

Fingindo de Morto/O Maior de Todos

O gambá é o único marsupial nativo da América do Norte. Esse animal pacífico leva o Princípio da Falsa Rendição, uma de suas defesas naturais, para outro nível ao "fingir de morto" durante situações tensas e ameaçadoras. Ficar totalmente imóvel enquanto um predador o considera sua próxima refeição significa que o gambá, que também pode morder e rosnar como meio de defesa, tem uma confiança extraordinária em sua capacidade de enganar o inimigo. Quando se finge de morto, o gambá exala um cheiro de decomposição, imitando o odor de um cadáver apodrecido. Isso, sim, é saber fazer bom uso de uma técnica!

Talvez o exemplo mais conhecido do Princípio da Falsa Rendição não tenha sido realizado em um tatame de jiu-jítsu, mas dentro de um ringue de boxe. A prática foi executada de forma soberba por uma das pessoas mais conhecidas a pisar no planeta: o campeão de boxe peso-pesado Muhammad Ali. Em outubro de 1974, durante uma luta conhecida como "The Rumble in the Jungle" (A batalha na selva, em português), por ter sido realizada no Zaire, na África, Ali lutou contra o então campeão dos pesos-pesados, George Foreman. Durante várias fases da luta, Ali, em uma postura protegida, permitiu que Foreman, um lutador de 1,90 metro e 100 quilos, desferisse um grande número de socos nele, sem responder aos ataques. Essa tática mais tarde ficaria conhecida como *rope-a-dope* (ou o "bobo nas cordas", que é quando um boxeador fica apoiado nas cordas aceitando os ataques do oponente). A maioria dos golpes de Foreman durante essa sequência foi desviada pelas luvas de Ali. Foreman gastou grandes quantidades de energia em uma noite extremamente quente, antes de Ali contra-atacar com sucesso nos últimos rounds, contra um oponente exausto.

O *rope-a-dope* e o contra-ataque seguinte ajudaram Ali a nocautear seu oponente no oitavo round. Imediatamente após a luta, Ali disse ao comentarista David Frost: "Ficar nas cordas contra um peso-pesado é uma coisa linda quando você o faz dar o melhor de si, sabendo que ele não está [machucando] você. Eu dei a George dois rounds de socos sem parar, porque, depois disso, ele seria meu."[16] Anos depois, Foreman admitiu o sucesso da tática do "bobo nas cordas": "Eu sou o bobo aqui."

Você precisa confiar; render-se.
—Karen Hackle, escritora

Perfil: Libertando-se com Ed O'Neill

O ator Ed O'Neill, que entre seus muitos papéis memoráveis interpretou Al Bundy em Um amor de família *e Jay Pritchett em* Modern Family, *é um orgulhoso detentor da faixa preta em jiu-jítsu brasileiro. O notável ator e comediante também chegou a treinar com o Pittsburgh Steelers em 1969, depois de ter jogado futebol americano universitário na Youngstown State.*

---

[16] "The Greatest: Remembering the Rumble in the Jungle". *The42*, the42.ie, 29 de outubro de 2014 (acessado em 31 de janeiro de 2022).

Quando se trata do Princípio da Falsa Rendição, Ed O'Neil se recorda de um momento compartilhado com o pai no sofá da família. "Estávamos juntos assistindo a um jogo de futebol americano na televisão. Era o Cleveland Browns contra o New York Giants", lembrou o nativo de Youngstown, em Ohio. "O grande Jim Brown estava levando a bola e vários dos Giants tentavam de tudo para derrubá-lo. A certa altura, Brown estava levando um trio de gigantes arrastados junto com ele. Então, ele inclinou-se um pouco para a frente e parecia que estava caindo no chão, mas retomou o ritmo, libertando-se das garras dos defensores. Meu pai contou que, na verdade, aquela era uma técnica do futebol americano e de outros esportes: relaxar todo o corpo, para que o adversário também relaxe quando sentir essa ação, e assim você será capaz de impulsionar outra carga."[17]

Mesmo atores famosos podem seguir apaixonados por seus heróis de infância. Anos mais tarde, O'Neill ficou feliz em conhecer e fazer amizade com Jim Brown, o lendário membro do Hall da Fama da NFL, que também deixou sua marca em filmes de Hollywood e, curiosamente, foi contratado como comentarista do UFC, função que desempenhou nos primeiros seis eventos *pay-per-view* da competição.

Estabelecendo novas referências

Todo mundo em um relacionamento sério provavelmente conhece a frase "Sim, amor", dita apenas para pôr fim a uma discussão. Isso pode muito bem ser o equivalente diário a uma falsa rendição. Mas vamos dar uma olhada mais prática em como o conceito da falsa rendição pode nos ajudar.

Ao desafiar a ideia do que significa estar com a energia esgotada, quando o pensamento de rendição pode aparecer pela primeira vez na mente de alguém competitivo, podemos usar os fundamentos do Princípio da Falsa Rendição para melhorar tanto nosso desempenho quanto a mentalidade.

---

[17] Entrevista concedida a Paul Volponi em 14 de setembro de 2022.

Suponha que você esteja treinando um grupo de crianças para jogar futebol e queira aumentar a resistência delas. Uma possibilidade é levá-las para a praia para treinar na areia fofa. Por quê? Bem, à medida que você avança, a areia macia cede, fazendo com que parte de sua energia potencial (às vezes chamada de "energia elástica") para o próximo passo seja perdida. Da mesma forma, os músculos das extremidades inferiores vão trabalhar várias vezes mais, ao mesmo tempo que o *core* é ativado para manter a estabilidade. Esses métodos de treinamento em grupo podem dar a uma equipe de atletas uma nova linha de base como referência, a qual pode estar muito acima da referência dos adversários em relação a seu limite de exaustão. Esse resultado também foi observado em atletas que treinam muito acima do nível do mar (a mais de 1.200 metros de altitude), onde recebem menos oxigênio para respirar, em lugares como Denver, Albuquerque e Cidade do México, a fim de "enganar" seus corpos e produzir mais glóbulos vermelhos — o que, por sua vez, melhora o desempenho deles quando retornam ao nível do mar.

Você conhece algum aluno que olha para um livro de 250 páginas e automaticamente se rende à ideia de que é grande demais para ser lido? Leitores iniciantes, ou pouco confiantes, são como atletas iniciantes. É possível desenvolver suas habilidades mentais e físicas por meio do treinamento intervalado. Você nunca pediria a um novato que fizesse 250 flexões em um único dia — ou talvez até mesmo em uma semana. Os leitores precisam avançar lentamente em seus objetivos, ganhando confiança, habilidades e redefinindo o que significa ficar exausto por conta de um livro (quando se está lendo, mas não absorve mais nenhuma palavra). Seja começando com dez, vinte ou 25 páginas seguidas, a resistência de um leitor pode crescer aos trancos e barrancos.

Utilize o Princípio da Falsa Rendição para...

- **Sobreviver a um ataque:** Um homem coloca uma faca em seu pescoço e diz para entrar no carro dele. Você coopera temporariamente apenas para tirar a faca de sua garganta e, em seguida, quando ele desvia o olhar, sai depressa pelo outro lado do carro.
- **Liderar outras pessoas:** Sua equipe é culpada por um erro no trabalho e você rapidamente assume toda responsabilidade (mesmo que não tenha sido sua culpa), o que lhe permite salvar a equipe ao mesmo tempo que constrói sua reputação como líder.
- **Negociar:** Sua esposa pede que você falte à sua aula de jiu-jítsu favorita para cuidar das crianças enquanto ela recebe uma massagem; sendo assim, você concorda porque planeja pedir a ela que cuide das crianças durante todo o fim de semana enquanto você vai surfar com seus amigos.
- **Criar filhos usando estratégia:** Sua filha adolescente pede dinheiro para sair com os amigos; você concorda, sabendo que vai fazer das tarefas domésticas uma forma de ela ganhar dinheiro extra no futuro.

Escaneie aqui para aprender a aplicação de combate do **Princípio do Esgotamento**

Capítulo 18

O Princípio do Esgotamento

Supere a resistência por meio da paciência, da persistência e da pressão.

O mundo é demais para nós, tarde e cedo. Recebendo e gastando, desperdiçamos nossos poderes.
—William Wordsworth, poeta

Não importa se a luta é em um tatame de jiu-jítsu, um campo de atletismo, uma sala de reuniões, uma sala de aula, um tribunal ou o ônibus da cidade durante seu trajeto matinal; os combatentes de cada lado da equação estão queimando energia física e mental. Mas será que eles estão queimando esses recursos em quantidades iguais? Talvez não, e é aí que entra em ação o Princípio do Esgotamento.

O jiu-jítsu é a arte da eficiência, e, como praticantes, estamos totalmente comprometidos em fazer com que nossos oponentes queimem sua valiosa energia em um ritmo mais rápido do que nós. Esse sempre foi o principal objetivo do meu avô Helio, que ajudou a inventar o jiu-jítsu brasileiro. Como parte de sua sabedoria técnica superior, ele percebeu que seus oponentes seriam maiores, mais fortes e mais atléticos do que um praticante menor e mais esguio, como era o caso dele. Então, durante uma disputa, ele muitas vezes tinha como objetivo virar o jogo a seu favor, diminuindo sua própria taxa de queima de energia e aumentando a de seus rivais. Isso queria dizer que ele se concentraria em derrotar um oponente esgotado e mentalmente frustrado.

E como se implementa o Princípio do Esgotamento? Primeiro, desacelere o oponente e torne cada movimento dele mais difícil. Esteja você por cima ou por baixo em uma luta, a gravidade pode ser sua maior aliada na tentativa de esgotar seu oponente. Faça pressão usando o peso do corpo e de suas pegadas, frustrando um oponente que muito provavelmente estará concentrado em avançar em sua posição. Se o oponente abraçar seu pescoço, abrace o pescoço dele de volta e não solte. Dissimular sua vontade de escapar de tal impasse, sobretudo se conseguir ser convincente, vai inspirar o oponente a investir energia vital para mantê-lo naquela posição. Para cada grama de energia que você gastar em uma técnica, em uma imobilização ou dissimulando uma intenção, certifique-se de que seu oponente gaste várias vezes mais. Você estará economizando energia, operando com total controle em um nível com algum desconto, enquanto força o oponente a pagar a tarifa integral. A implementação correta de tal plano não apenas vai drenar a energia de um combatente rival, mas também seu espírito.

Escolhendo o papel certo

Em 2004, um pai levou seu filho de 13 anos até as instalações da Gracie University. O filho era um jovem incrivelmente introvertido, de ascendência mexicana e olhos azuis penetrantes, chamado Brian Ortega. O pai falava o tempo todo, explicando como o filho havia se metido em algumas brigas e precisava aprender a se defender melhor. Desde os primeiros momentos do garoto franzino comigo nos tatames, fiquei incrivelmente impressionado com sua habilidade natural e acreditei que ele poderia vir a ser um praticante de jiu-jítsu muito especial. Durante seu primeiro ano de estudo, fiz com que Brian me acompanhasse na escola, dando-lhe responsabilidades e uma exposição mais profunda à arte. Embora ainda fosse tímido ao conversar, Brian era capaz de se expressar lindamente nos tatames, sem hesitar.

No final do primeiro ano de treinamento de Brian, o pai dele veio até mim e disse: "Rener, sinto muito. Nossa família não tem como continuar pagando as mensalidades de Brian." Eu não estava disposto a perder um aluno com aquele potencial — um jovem Luke Skywalker treinando para se tornar cavaleiro Jedi, e descobrir sua verdadeira conexão com a Força do jiu-jítsu. "Não se preocupe com a mensalidade", respondi. "Brian é um aluno especial para nós e sempre terá um lugar aqui."

Na escola, Brian tornou-se meu assistente, ajudando em tudo, desde limpar o tatame até me auxiliar a dar aulas para crianças. Então, após dois anos de prática dedicada, Brian desapareceu pela primeira vez. Ele sumiu por várias semanas sem dizer uma palavra sequer.

No dia em que voltou, eu o levei ao meu escritório, onde ele contou sobre seu primo que havia sido morto em um tiroteio. Brian admitiu que ele próprio fazia parte de uma gangue, e não apenas como membro passivo. Ele estava de fato inserido naquela vida. Eu conseguia imaginar o que os pais dele estavam passando, tentando libertá-lo das garras sufocantes das ruas. Mas o que eu entendi sobre Brian é que ele era extremamente leal aos amigos, e que possuía um forte traço de teimosia. Quanto mais tentássemos puxá-lo em uma direção, mais ele estaria determinado a ir na direção oposta. Assim, em vez de dar um sermão, ofereci meu apoio. E todos os dias depois daquilo eu estava determinado a provar a Brian que havia uma vida melhor esperando por ele no futuro. Com a permissão de seus pais, Brian começou a acompanhar minha equipe em viagens de ensino e seminários. Ele fez sua primeira viagem de avião conosco e aos poucos começou a experimentar o mundo fora de sua vizinhança.

Ao abordar o dilema de Brian, recorri ao Princípio do Esgotamento. Ser membro de uma gangue não é fácil. As pressões são imensas. Eles podem pressionar qualquer membro noite e dia com um fardo sufocante. Em meu coração, eu sabia que Brian não poderia carregar aquele peso enorme para sempre, que em algum momento ele se esgotaria. E também entendi que, durante esse período de espera, Brian poderia morrer na rua ou ser mandado para a prisão. Mas servir como apoio dele e como um meio de expandir seus horizontes foi de longe o melhor papel para mim, e talvez o único possível.

No caso de Brian, o Princípio do Esgotamento levou algum tempo para funcionar. Houve várias outras conversas em meu escritório sobre amigos que morreram nas ruas. Em algum momento, porém, a lealdade de Brian para com sua gangue começou a perder força. Com o meu incentivo e o de outras pessoas, Brian ficou obcecado em competir como lutador de MMA. Seu talento nas artes marciais era óbvio, e sua dedicação em subir nas fileiras dos aspirantes a peso-pena lhe deu uma nova vida. Em 2014, Brian assinou com o UFC e venceu sua estreia na televisão. Sete anos depois, Brian Ortega lutou pelo Cinturão Peso-Pena do UFC. E, embora não tenha vencido no octógono naquela noite, aos meus olhos ele se tornou um campeão — superando um estilo de vida que tentava a todo custo enterrar seu futuro brilhante. Sou grato por fazer parte da jornada de Brian e sou grato pelo Princípio do Esgotamento, que me permitiu permanecer na vida dele — não como uma força oposta, mas como um meio constante de apoio.

O ponto de vista de Brian

Brian "T-city" Ortega é um lutador profissional de MMA do UFC e faixa preta de jiu-jítsu brasileiro pela Gracie University.

"Só me lembro de uma vez em que Rener tomou as rédeas comigo. Minha mãe contou a ele que eu não estava mais indo para o colégio. Ele não sabia disso. Minha mãe disse a Rener: 'Se você realmente ama Brian, encontre uma forma de fazê-lo voltar à escola.' Então Rener se sentou comigo e disse: 'Sem escola, sem jiu-jítsu.' Eu estava chateado por ele ficar do lado da minha mãe. Ele nunca tinha feito nada assim. De fato eu me rebelei. Não voltei para a Gracie University por cerca de um mês. E estava até pensando que poderia nunca mais voltar. Mas eu sentia muita falta do jiu-jítsu. Sentia falta de todo o ambiente lá, e de fazer algo em que eu era bom", contou Brian, que devia estar em seu último ano na época. "Eu consegui entrar em uma escola de educação continuada que se concentrava no aprendizado individual. Foi um caminho difícil, mas me formei.

"Mesmo nas vezes em que eu resistia, Rener sempre parecia saber exatamente o tipo de apoio de que eu precisava para minha vida. E ele me ensinou muito mais do que jiu-jítsu. Das finanças à amizade e tudo mais, muito do que sou hoje como homem e como pai foi moldado pelos anos que passei com Rener."[18]

Doar com propósito não esgota os recursos de alguém.
—Anne Morrow Lindbergh, escritora e aviadora

Perfil: Superando os limites

Como membro da 25ª Divisão de Infantaria localizada no Havaí, Aubrey Aldy, ex-lutador de wrestling no ensino médio, se destacou nas duas semanas de treinamento de combate corpo a corpo. Mas foi só quando o primeiro sargento do esquadrão ofereceu um dia de folga a qualquer um que conseguisse completar a Maratona de Honolulu que Aubrey desenvolveu uma paixão por competir e treinar outros para competir em eventos de resistência, incluindo triatlos.

Como o Princípio do Esgotamento afeta os triatletas, que, no caso da famosa disputa do Iron Man (e Iron Woman) no Havaí, são obrigados a nadar 3,8 quilômetros no oceano, seguido por um trecho de 180 quilômetros de bicicleta, concluindo com uma maratona completa de 42 quilômetros? "O esgotamento pode vir de várias formas, como desidratação, nutrição e fadiga mental. O cérebro de um competidor iniciante no Iron Man provavelmente vai estabelecer os limites, sem saber se é algo a que

---

[18] Entrevista concedia a Paul Volponi em 27 de maio de 2022.

vai conseguir sobreviver. Mas, se você puder levar o mesmo nível de condicionamento físico para uma segunda competição, é quase garantido um ganho de desempenho, porque o cérebro reconhece quando é possível aumentar seu esforço", explicou Aldy, que considera até mesmo aqueles com dificuldades para concluir essas competições como parte dos 5% no topo da população em termos de determinação interior. "O ritmo é tudo. Você tem uma quantidade limitada de combustível armazenado, e há uma quantidade muito específica que você pode absorver e processar durante a competição. Seu nível de intensidade vai ditar a rapidez com que queima combustível. E monitorar isso é fundamental para não ficar sem energia."

O que diferencia um grande triatleta do restante de um grupo de competidores? "Pude trabalhar com alguns atletas de nível mundial. Não é apenas o talento deles [que os torna bem-sucedidos]. É o conjunto perfeito de talento, tenacidade, ética de trabalho e capacidade de buscar nas profundezas o que a maioria das pessoas pode não entender. Não apenas fazendo isso uma ou duas vezes, mas de forma repetida... É aí que está a verdadeira força mental."[19]

Ficando de fora/gerenciamento de carga

Como o Princípio do Esgotamento pode ser usado em um confronto não físico? Suponha que você enfrente um pequeno desentendimento com seu vizinho a respeito de quem deve pagar pelo conserto de uma cerca que passa exatamente no meio da linha da propriedade entre suas casas. Seu vizinho em geral é um indivíduo bem-educado. Mas, de repente, ele começa a proferir palavrões contra você, com algumas ameaças físicas no meio de tudo. Você não tem ideia do que está de fato acontecendo, mas certamente o problema não é aquela cerca, que deve ter sido apenas uma fagulha para algum problema maior na vida. A esposa do vizinho, que agora aparece em cena, se junta a ele. Outros

---

[19] Entrevista concedida a Paul Volponi em 8 de março de 2022.

vizinhos saem para testemunhar a confusão. O rosto do seu vizinho agora está vermelho como um tomate enquanto o discurso continua. De maneira sábia, você mantém distância. Permanece em total silêncio, sem dizer absolutamente nada que possa inflamar a situação. Afinal, esse não é mais um debate racional.

À medida que o tempo passa, seu vizinho enfurecido segue queimando energia. Ele não vai conseguir continuar aquilo por muito mais tempo nessa temperatura. Então você permanece calmo e não deixa que o ataque verbal o atinja. Menos de um minuto depois, seu vizinho, finalmente esgotado de energia emocional e física, respira fundo e para de gritar. Ainda a uma distância segura, você diz a ele, exausto: "Vamos discutir esse problema em outra ocasião. Sinto muito por tê-lo deixado tão chateado." Então você volta para dentro de casa com a satisfação de saber que não houve briga física e que ninguém se machucou.

Cal Ripken Jr., interbases do Baltimore Orioles, jogou 2.632 partidas consecutivas de beisebol ao longo de dezesseis anos, de 1982 a 1998. Durante a última década, no entanto, os atletas profissionais e os proprietários das equipes se tornaram muito atentos ao Princípio do Esgotamento. Essa percepção começou na Major League Baseball, em que a maioria das equipes costumava ter uma rotação de quatro arremessadores iniciais que atuavam uma vez a cada quatro dias. Isso foi substituído por uma rotação de cinco arremessadores. Então surgiu a contagem de arremessos, tanto para apenas um jogo quanto para uma temporada inteira, a fim de prevenir que os valiosos braços dos arremessadores ficassem esgotados antes dos *playoffs* e das finais, e para preservar a duração da carreira de um arremessador.

A NBA logo seguiu um caminho parecido. Muitos jogadores e treinadores começaram a adotar a teoria do "gerenciamento de carga" durante a temporada de 82 jogos, que era cheia de viagens. Isso evitava que os jogadores se esgotassem física e mentalmente antes da etapa de *playoffs* da Liga, que chega a quase dois meses — com a qual os jogadores podem acrescentar mais trinta jogos às suas temporadas. A prática tornou-se tão difundida que a NBA precisou instituir diretrizes para as equipes que poupavam jogadores em condições de jogo depois que vários dos maiores astros do esporte passaram a ficar de fora das partidas da temporada regular transmitidas em rede nacional, prejudicando a audiência.

Afaste-se da negatividade ou ela esgotará sua fonte de otimismo.
—Jeff Sheehan, escritor e consultor de marketing

Utilize o Princípio do Esgotamento para...

- **Mudar:** Você reconhece que o moral está baixo no escritório, portanto começa a organizar eventos mensais para construir o espírito de equipe e, embora a adesão seja baixa no início, em algum momento ocorre uma mudança de cultura, e a positividade passa a ser palpável.
- **Superar resistências:** Você quer muito que a pessoa com quem se relaciona experimente o jiu-jítsu, mas ela se preocupa com possíveis lesões; sendo assim, você vasculha a internet em busca de vários vídeos instrutivos que mostram como a atividade pode ser praticada com segurança e, por fim, você a convence.
- **Reconstruir relacionamentos:** Seu irmão ou irmã ignora você por anos por causa de uma discussão; assim, você adquire o hábito de enviar mensagens de amor e gratidão sem esperar nada em troca e, em algum momento, recebe uma resposta, e o relacionamento é reconstruído.
- **Desenvolver hábitos:** Você e a pessoa com quem se relaciona estão determinados a ajustar os padrões de sono de seu bebê; então você cria uma rotina calmante para antes da hora do sono, o que a faz se acalmar e adormecer por conta própria.

Escaneie aqui para aprender a aplicação de combate do **Princípio do Isolamento**

Capítulo 19
O Princípio do Isolamento

Aproveite a influência da multidão e o poder do isolamento.

Nenhum homem é uma ilha, totalmente isolado; cada homem é um pedaço do continente, uma parte do todo.
—John Donne, poeta, intelectual e soldado

Uma das realidades de se estar isolado, caminhando sozinho por uma floresta fechada ou se mantendo afastado do mundo por várias horas para estudar para uma prova importante é que você está sozinho, dependendo de si mesmo, sem a ajuda dos outros. No tatame de jiu-jítsu, um de nossos principais objetivos é isolar algum membro do oponente, deixando um braço ou uma perna em específico sem a ajuda dos outros três membros que o acompanham. Queremos uma vantagem de recursos sobre a concorrência, e é isso que o Princípio do Isolamento pode oferecer.

No xadrez, podemos trocar um peão por um cavalo ou um cavalo por um bispo e um peão. No jogo de xadrez humano que acontece no tatame, assim como no tabuleiro, provocar uma falta de recursos (forçando, assim, o isolamento de um membro), no mínimo restringe a mobilidade de seu adversário e, na melhor das hipóteses, cria a oportunidade para uma finalização capaz de encerrar a luta.

Isolando o encrenqueiro

Muitas pessoas devem acreditar que, por ter nascido em uma famosa família de lutadores, eu não tive que enfrentar valentões na adolescência. Essas pessoas estão muito erradas. No ensino fundamental e médio, as crianças sempre serão testadas por valentões, não importa quem você é ou o prestígio de seu sobrenome. A estrutura social e a hierarquia de uma escola quase exigem que tais conflitos aconteçam. Durante meu primeiro ano na West High School, em Torrance, um aluno chamado Nick, que se considerava durão e havia atormentado muitos outros, parecia querer usar meu nome como trampolim para construir sua reputação. E, embora eu nunca tivesse me envolvido em conflitos com Nick, outros alunos começaram a me avisar que ele andava por aí falando que poderia me dar uma surra. Sempre tive imenso orgulho do legado de minha família, mas, para ser sincero, o ponto a que levei esse orgulho no ensino médio seria considerado excessivo pela minha versão de hoje em dia. Eu não estava preparado para aceitar o fato de que, depois de passar toda a vida aprimorando um conjunto especial de habilidades, os ataques dissimulados de Nick colocariam essas habilidades à prova. Sua língua solta era uma nuvem escura que pairava sobre mim, então decidi que tinha que me livrar dela.

Na escola, Nick andava com um grupo de garotos subservientes o suficiente para inflar o ego dele. Mas, em vez de abordar Nick quando estava cercado por seus amigos, para quem ele poderia sentir que precisava desempenhar o papel de um cara durão, decidi falar com ele quando estivesse sozinho e isolado. Eu não estava interessado em envergonhar Nick, apenas esclarecer o assunto e dar a ele uma oportunidade de sair da situação de forma digna. Eu normalmente saía da escola pelo portão dos fundos, porque nossa casa ficava a apenas um quarteirão naquela direção. Assim, enquanto me dirigia para a escada dos fundos após a última aula, a sorte me deu um presente na forma de Nick parado ali, sozinho, ao pé da escada, provavelmente esperando sua turma. Fui direto até ele e disse: "Ouvi de algumas pessoas que você está estufando o peito para falar que pode bater em mim."

Nick nunca tinha sido agressivo comigo, e esse encontro espontâneo não foi exceção. Ele ficou em silêncio enquanto eu continuava: "Se isso for verdade, ficarei feliz em lhe dar a oportunidade de provar isso. Caso contrário, acho melhor parar de falar isso. É mentira e pode criar muitos mal-entendidos." Ao que Nick enfim respondeu: "Rener, eu nunca disse nada assim. Estamos de boa." Foi a rendição perfeita, possibilitada pelo fato de sermos apenas nós dois, isolados da pressão social de uma plateia. E, pelo que sei, Nick nunca mais comentou uma palavra negativa ou se engrandeceu para cima de mim.

Ao lidar com valentões, o isolamento muitas vezes é uma carta na manga. Em outros casos, no entanto, uma multidão traz um valor que o isolamento não é capaz de trazer. Na verdade, é o Princípio do Isolamento ao contrário. Alguns meses após o incidente com Nick, eu estava no treino de vôlei e o treinador estava atrasado. Em vez de apenas ficar sentado esperando, perguntei a um dos meus companheiros de equipe e amigo se ele gostaria de "rolar", ou seja, lutar comigo no chão da academia. Ele aceitou e eu o finalizei em cerca de trinta segundos. Outro dos meus companheiros de equipe não acreditou, então pediu para ir em seguida. O resultado foi exatamente o mesmo, e tão rápido quanto. Isso, então, causou certa agitação no ginásio, e mais companheiros de equipe quiseram me testar. Em menos de dez minutos, finalizei todos os treze jogadores de vôlei. Certifiquei-me de não machucar ninguém, tudo por pura diversão, mas a exibição foi útil para mim. As notícias sobre minhas habilidades rapidamente se espalharam, e nunca mais um valentão do ensino médio se aproximou de mim. Naquele semestre, fora da sala de aula, aprendi o poder do que se tornaria o Princípio do Isolamento, e seu oposto, ao fazer algo de forma muito pública.

Eu sou a única surda da minha família, e ainda perco algumas conversas ao meu redor. Então pergunto o que está acontecendo e tenho que pedir para ser incluída. Mas não vou ficar triste por isso. Eu não vivo em um isolamento triste. É apenas uma situação à qual estou acostumada.
—Marlee Matlin, atriz

O poder do isolamento

Isolar um problema costuma ser a melhor maneira de lidar com ele. Seja em um negócio com desempenho ruim, em um processo social do qual fazemos parte ou até mesmo no mau funcionamento de nosso computador, uma abordagem sistemática, como a adotada no tatame de jiu-jítsu, pode ser poderosa. O conceito de dividir para conquistar (que também examinaremos mais adiante, com o Princípio da Linha Central, no Capítulo 31) pode isolar as causas básicas e simplificar a solução de problemas. Com um computador, por exemplo, isolar os componentes de software e hardware um por um pode reduzir o quadro mais amplo para uma visão mais focada do problema. Isso, então, ajuda a descobrir soluções simples que podem ter sido inicialmente negligenciadas. Isso mesmo, reinicie o computador e verifique se ele está plugado na tomada.

Na sala de aula, educadores e pais costumam se reunir para entender melhor as notas ruins de um aluno. Por meio de uma abordagem sistemática, eles logo podem descobrir que o aluno sofre de um problema básico de visão ou audição antes que sejam necessárias avaliações cognitivas mais profundas.

Isolamento social e no local de trabalho

Líderes de equipes, assim como professores e supervisores, podem desempenhar um papel essencial no combate aos efeitos negativos do isolamento social e no local de trabalho.

Às vezes, um aluno pode se sentir isolado, mesmo em uma sala de aula lotada de colegas. Cada turma de alunos é uma mistura de personalidades. Nem todos têm confiança para levantar a mão e compartilhar suas opiniões. Muitas vezes, recai sobre o professor a responsabilidade de garantir que um punhado de alunos extrovertidos não domine a discussão em sala de aula, enquanto os alunos mais quietos acabam isolados. Para neutralizar isso, professores costumam chamar os alunos tímidos, tecendo elogios por compartilharem seus pensamentos, na esperança de criar um sentimento de conexão.

Qualquer pessoa que seja proprietária ou responsável por supervisionar uma empresa deve se preocupar em saber se seus funcionários estão experimentando sentimentos de isolamento no ambiente de trabalho. Tal condição não apenas causará infelicidade pessoal ao funcionário, mas também pode resultar em falta de produtividade. Assim, muitas empresas investem recursos em exercícios de formação de equipes e até em retiros de fins de semana. Mas o que pode ser feito para evitar o isolamento no local de trabalho no dia a dia? Muitas vezes, a comunicação é a chave. Aqueles em cargos de gestão devem promover um ambiente em que o feedback e as preocupações diárias dos funcionários tenham um fórum adequado para serem ouvidos.

Algumas pessoas são introvertidas por natureza e simplesmente não vão ao trabalho para socializar. Portanto, identificar o isolamento no local de trabalho não se trata apenas de observar quem fala com os outros e quem não fala. Conversar cara a cara com os funcionários e ouvir suas preocupações costuma ser visto como a melhor maneira de estar vigilante.

Perfil: A duquesa da destruição

Allison Fisher ganhou 79 títulos de bilhar e é considerada uma das maiores jogadoras da modalidade. Aqui, ela discute seu esporte em relação a vários dos princípios básicos do jiu-jítsu, incluindo o Princípio do Isolamento, o Princípio do Esgotamento, o Princípio da Criação, o Princípio da Tensão e o Princípio do Impulso, que será tratado no Capítulo 21.

Duas vezes alçada ao Hall da Fama da modalidade, Allison Fisher não apenas prospera na competição, mas também no fato de que, em um esporte individual como o bilhar, a ideia de avançar em um torneio ou voltar para casa é responsabilidade exclusivamente sua. "Não me importo com a sensação de isolamento. Como jogadores de bilhar, nós escolhemos isso. Cresci praticando esportes coletivos na escola e grande parte do resultado dependia dos companheiros de equipe... Às vezes, competir em torneios de bilhar pode ser uma longa jornada. Sim, você tem amizade com outros jogadores. Mas na maioria das vezes é apenas você sentada sozinha naquela cadeira, satisfeita com a forma como está jogando ou esgotada por uma jogada que não acertou", explicou Fisher, que cresceu na Inglaterra.

Vários dos princípios básicos do jiu-jítsu certamente se refletem no bilhar, que exige foco intenso, sensibilidade de toque aguçada e um nível de coordenação olho-mão impressionante. Obviamente, planejar as tacadas é fundamental. "Acho que algumas pessoas conseguem ver a tacada correta na mesa e outras, não. Primeiro é preciso visualizar a jogada em sua cabeça. Se conseguir visualizar a si mesmo fazendo-a, executará bem a tacada", observou Fisher, que já acumulou onze títulos de Jogadora do Ano.

A tensão e o impulso são importantes em um esporte cujos participantes caminham ao redor de uma mesa? "Com certeza existe ritmo no bilhar, e isso geralmente provoca tensão... Em outros esportes, costuma haver uma bola voando para a frente e para trás entre os jogadores. Nosso ritmo é construído a cada tacada, por meio do foco e de um processo mental cuidadoso... Mas você sabe quando está jogando bem e tem o outro jogador na mão. Você consegue sentir e ver na postura do seu corpo... Mesmo em um torneio que você ganha, sempre parece haver aquela partida acirrada e cheia de tensão que você poderia ter perdido, uma partida em que de fato precisou fazer um grande esforço."[20]

Poucos jogadores de bilhar não teriam essa sensação de tensão e isolamento ao ver Allison Fisher — apelidada de "Duquesa da Destruição", em grande parte por seu foco e habilidade em sair vitoriosa das partidas mais difíceis — passando giz em seu taco, no lado oposto da mesa de jogo.

• •

Utilize o princípio de isolamento para...

- **Testar variáveis**: Você quer saber quais mudanças específicas em seu site resultarão em maiores taxas de conversão e, para isso, identifica uma série de variáveis para testar de forma independente. Então, isola aquelas que terão maior impacto.
- **Comunicar**: Você precisa ter uma conversa difícil com um amigo, e acredita que a presença de outras pessoas pode afetar negativamen-

---

[20] Entrevista concedida a Paul Volponi em 22 de março de 2022.

te o resultado; desse modo, espera até estar sozinho com ele para conversar.
- **Facilitar o crescimento**: Seu filho tem problemas para aprender jiu-jítsu em um ambiente de grupo; nesse caso, você sugere a alternativa de dar a ele um treinamento personalizado.
- **Priorizar**: Você é diariamente bombardeado por detalhes irrelevantes no trabalho, então adquire o hábito de escolher uma tarefa importante para concluir todos os dias antes de verificar seu e-mail.

Impressionando

O artista considera seu isolamento, sua subjetividade e seu individualismo quase sagrados.
—Ingmar Bergman, diretor de cinema

Um fisiculturista geralmente isola um grupo muscular durante seu regime de treinamento para proporcionar maior crescimento e detalhes que mais parecem esculpidos. Um músico pode optar por isolar uma nota musical em uma composição para que ela tenha mais efeito para o ouvinte. Isso também é verdade para dramaturgos e roteiristas, que podem colocar seus personagens em cenas isoladas, esperando que suas ações e palavras tenham um impacto maior no público.

Durante uma das cenas mais importantes da tragédia *Hamlet*, Shakespeare deixa o príncipe Hamlet sozinho no palco para compartilhar seus pensamentos mais íntimos por meio de um solilóquio (um monólogo dirigido a si mesmo), em um momento que de fato une personagem e público. "Ser ou não ser, eis a questão: será mais nobre para a mente sofrer as pedradas e flechas da fortuna ultrajante, ou pegar em armas contra um mar de problemas?", pondera o príncipe durante o debate interno sobre tirar ou não a própria vida.

Um monólogo moderno que capturou as emoções de um grande público aparece no filme *Busca implacável* (2008), em que um ex-Boina Verde, interpretado pelo ator Liam Neeson, está sozinho na tela falando com uma voz sem rosto, que pertence ao sequestrador de sua filha. "Não sei quem você é e não sei o que quer. Se está querendo resgate, posso dizer que não tenho dinheiro. Mas o que eu tenho é um conjunto muito específico de habilidades." Existem pouquíssimas formas de comunicação tão hipnotizantes quanto a de um ator isolado no palco, fazendo um discurso extremamente poderoso.

Escaneie aqui para aprender a aplicação de combate do **Princípio do Sacrifício**

Capítulo 20
O Princípio do Sacrifício

Desista de algo que possui valor real ou apreendido para obter vantagem tática de outra maneira.

O sucesso não é por acaso. É muito trabalho, perseverança, aprendizado, estudo, sacrifício e, acima de tudo, amor pelo que você está fazendo ou aprendendo a fazer.
—Pelé

A maioria das pessoas se dispõe a fazer sacrifícios todos os dias em suas vidas. Sejam feitos pensando em si mesmos, em sua família, em seu país ou na sociedade como um todo, esses sacrifícios costumam ser movidos por um forte comprometimento. Você pode sacrificar seu tempo, algo de valor monetário ou possivelmente até mesmo sua saúde por uma causa que considera significativa. No tatame de jiu-jítsu, o Princípio do Sacrifício pode ajudá-lo a realizar muitas coisas: fugas, finalizações, contra-ataques e inversões. Normalmente, o princípio entra em ação quando todos os outros métodos para avançar se esgotaram. O praticante oferece algo de valor percebido ao oponente na esperança de obter uma vantagem tática de outra forma. Às vezes, a oferta proposta é algo que dá um benefício real ao oponente, em especial quando o praticante está em uma posição perigosa com poucas opções, mas, em circunstâncias ideais, a oferta é apenas uma isca.

À medida que o adversário sai em busca de seu aparente sacrifício, você tem a chance de criar uma pequena janela de oportunidade para reverter a situação. Da mesma forma, em um tabuleiro de xadrez, é possível entregar a dama ao adversário, como um sacrifício real ou falso. Um "sacrifício real" não oferece benefícios imediatos. Em vez disso, o jogador que perde a peça poderosa permanece vivo na partida e espera ganhar posição depois. Um "sacrifício falso" costuma ser seguido por um xeque-mate imediato pelo jogador que entrega a dama ou talvez pela abertura de caminho para a promoção de um peão que vai substituí-la.

Clicando em "Enviar"

Sei que pratico jiu-jítsu, a arte da eficiência. Mas, não muito tempo atrás, houve um período de quatro meses em que fiquei praticamente paralisado pela indecisão. Eu ficava adiando encarar uma função que me foi dada e que se transformou em um dilema bastante pessoal. O problema era que eu precisaria engolir meu orgulho e deixar de lado meu ego, um grande sacrifício para uma personalidade dominante como a minha.

Kenny, o profissional responsável por divulgar nossa série de vídeos instrutivos intitulada *Os 32 Princípios do Jiu-jítsu*, que deu origem a este livro, me disse: "Rener, se você quer que esta série de vídeos seja um sucesso, para que um grande leque de entusiastas do jiu-jítsu dê uma chance a ela, você vai precisar de depoimentos de outros especialistas da área." Não importava que eu soubesse que ele estava certo. Ouvir aquele pedido foi como um soco no estômago. Eu e meu irmão, Ryron, trabalhamos muito duro no desenvolvimento e na execução da série, e estávamos muito orgulhosos dela. Queríamos compartilhá-la com o mundo, mas a ideia de pedir a opinião de outros mestres de jiu-jítsu a respeito de nossa criação era praticamente inconcebível.

Kenny não fazia ideia do comportamento de clã do mundo das artes marciais, em especial o do jiu-jítsu. Dentro do jiu-jítsu brasileiro, existem várias agremiações ou grupos diferentes, como denominações sortidas da mesma religião, cada um com seu próprio instrutor principal, e muito raramente eles interagem de maneira significativa. Então, fazer uma promoção cruzada entre esses mestres instrutores era algo praticamente inédito. É provável que a maioria deles tenha crescido da mesma forma que Ryron e eu — acreditando que seu ramo da arte estava correto e que o de todos os outros estava errado, mesmo que essa crença fosse baseada na diferença de uma única técnica.

Embora soubesse muito sobre esses mestres e seus feitos, eu nunca havia encontrado pessoalmente a maioria deles. Seria esta a melhor forma de me apresentar, pedindo um favor? Meu ego começou a me confundir de verdade, conforme eu imaginava diferentes situações e possíveis interpretações. Se estou pedindo a eles, isso significa que sou menos importante, pois estaria buscando sua aprovação? Ou eles vão achar que eu me vejo como superior, por ter cocriado uma série de jiu-jítsu à qual eles deveriam fazer um comentário elogioso?

Depois de quatro semanas com tudo isso reverberando em minha cabeça, enfim decidi sacrificar meu orgulho e me aproximar da elite dos professores de jiu-jítsu. Escrevi um e-mail personalizado para cada mestre, reconhecendo que sabia que o tempo deles era valioso. Certifiquei-me de enfatizar que uma série como a nossa, cujo foco eram os princípios e não as técnicas, para praticantes que iam de novatos a veteranos, nunca havia sido tentada. Quanto à parte sobre eu saber que o tempo deles era valioso, creio que a incluí como uma saída fácil para que alguém pudesse dizer que estava muito ocupado. Mas aquilo também estava lá para proteger meu ego caso eu fosse ignorado, para que meu sacrifício não cobrasse uma conta muito alta.

Por fim, engoli em seco e cliquei em "Enviar". Depois de dois dias que pareceram muito longos, recebi a primeira resposta em afirmativa. Então, a resposta seguinte e a que veio depois disso também, no que se tornou uma sucessão de especialistas em jiu-jítsu renomados mundialmente felizes em falar sobre nossa série. Fiquei ao mesmo tempo chocado e emocionado. Algum tempo depois, chegaram os vídeos de seus depoimentos entusiasmados. No fundo, sei que o endosso deles ajudou a abrir as portas para um público ainda maior e, por isso, sou eternamente grato.

Nas primeiras 72 horas após o lançamento comercial, *Os 32 princípios do jiu-jítsu* gerou mais de um milhão de dólares em vendas, tornando-se o lançamento de vídeo instrucional de artes marciais de maior sucesso de todos os tempos. A experiência de me aproximar desses mestres me ensinou uma poderosa lição de vida. A angústia mental e o tempo que eu tinha desperdiçado com meu debate interno se deviam apenas ao meu ego, e nada mais. O Princípio do Sacrifício, embora de início eu me recusasse a enxergar, foi perfeito para mim. Sacrifiquei coisas de valor percebido, meu ego e orgulho, para ganhar algo de valor igual ou maior, o respeito e as opiniões dos demais.

Quanto à possibilidade de "ter tudo", carreira e família, sem sacrificar nenhum dos dois, trata-se de um mito que faríamos bem em abandonar...
—Sonia Sotomayor, juíza da Suprema Corte dos Estados Unidos

Seu próprio negócio

Se você deseja se tornar um empreendedor e abrir seu próprio negócio, o Princípio do Sacrifício com certeza vai fazer parte de seu futuro. O verdadeiro espírito empreendedor inclui fazer sacrifícios em muitas áreas da vida durante os primeiros anos de trabalho, enquanto você luta para ganhar uma posição no mercado. A menos que mantenha um emprego anterior em paralelo ao início de seu empreendimento, certamente estará sacrificando a segurança financeira. Sim, você é o chefe e obviamente não vai se demitir, mas isso ainda não garante um contracheque. Na verdade, mesmo quando seu negócio está passando por dificuldades econômicas, você provavelmente estará sacrificando riqueza em relação aos benefícios que uma empresa mais bem estabelecida poderia oferecer. Também não há relógio-ponto para o chefe. Você estará sempre disponível para resolver qualquer situação que surgir. E isso vai significar um sacrifício de seu tempo, bem como a confusão definitiva da fronteira que separa seu trabalho e sua vida pessoal. Assim, sua família também estará sacrificando seu tempo, mesmo que seja apenas o tempo longe de você. Os empreendedores sabem tudo sobre o Princípio do Sacrifício, porque o vivem todos os dias.

Perfil: Conquistando a Iditarod

Equipes de cães de trenó são comandadas por condutores humanos, que têm muito mais em comum com os praticantes de jiu-jítsu do que a maioria das pessoas pensaria à primeira vista. O Princípio do Sacrifício, o Princípio do Esgotamento e o Princípio do Isolamento são citados a seguir. Mas, para esses condutores, durante uma corrida, também há fortes paralelos com o Princípio da Conexão (com as equipes de cães deles), o Princípio do Rio (percorrer um caminho que apresenta obstáculos naturais), o Princípio do Relógio e o Princípio da Velocidade (correr nas velocidades certas).

A Iditarod Trail Sled Dog Race [Corrida de Cães de Trenó Iditarod] é o evento esportivo mais importante do Alasca. Ele apresenta um desafio extenuante para os *mushers* (os condutores humanos) e suas equipes de cães huskies do Alasca, que devem atravessar mais de 1.400 quilômetros no deserto de Anchorage a Nome, muitas vezes enfrentando temperaturas congelantes e a tundra tomada pelo gelo, em uma excursão que normalmente dura entre oito e quinze dias. O conceito de "sacrifício" é algo do qual os participantes estão plenamente conscientes. "Leva muito tempo preparar-se para algo assim, e você tem que aceitar que não pode se tornar um *musher* competitivo da noite para o dia. É muito tempo longe da família e de outras atividades. E você também está ligado aos seus cachorros, que ficarão ao seu lado até os 15 ou 16 anos. Portanto, são um grande sacrifício e compromisso", explicou Anna Berington, natural de Wisconsin. Ela e a irmã gêmea, Kristy, tornaram-se *mushers* protagonistas da Iditarod na última década.

"Nosso treinamento começa no fim do verão, com corridas de três a cinco quilômetros, com nossas equipes de cães, todos os dias", contou Kristy

Berington, que, como a maioria dos *mushers*, possui alta tolerância ao frio e ao desconforto. "Em algum momento, os cães vão precisar correr de 160 a 190 quilômetros por dia durante a Iditarod, então aumentamos a resistência deles até esse ponto por meio de corridas de meia distância realizadas em janeiro. Então, em fevereiro, há datas-limites nas quais temos que empacotar e enviar todos os suprimentos de que precisamos, incluindo comida de cachorro e comida humana, para uma corrida de quase 1.600 quilômetros."

Anna e Kristy tentam comandar suas equipes em conjunto durante a Iditarod, apoiando-se mutuamente na jornada árdua e às vezes traiçoeira. *Mushers* e equipes de cães em algum momento esgotam suas energias? "Sem dúvida existe um fluxo e refluxo de energia no percurso. É por isso que as regras estabelecem que você pode começar com no máximo catorze cachorros e terminar com no mínimo cinco", explicou Anna. "Nossa principal preocupação é sempre com os cachorros. Se algum deles não parece estar bem, esse cachorro vai para casa. Como *musher*, você é o elo mais fraco da equipe. Somos sempre os mais cansados. Mas, em certo ponto, acabamos nos adaptando à rotina de correr de seis a oito horas consecutivas para, depois, ter cerca de sete horas de descanso, nas quais os condutores talvez tenham a sorte de conseguir dormir 45 minutos, após atender às necessidades dos cães."

Para as equipes de ponta e os *mushers* que correm à frente do pelotão, a sensação de isolamento na fronteira pode ser bastante avassaladora. Mas também há algo positivo em tal situação. "Pode ser uma sensação muito legal estar sozinha no meio do nada com sua equipe de cães", explicou Kristy, que desempenha o papel de treinadora, nutricionista, terapeuta e tutora de seus cachorros de competição. "Está totalmente escuro lá fora e você desliga o farol. Seu caminho é iluminado pelo luar, pelas estrelas e pela aurora. Você não enxerga nenhuma luz artificial. É mesmo uma vista incrível."[21]

Não conquistamos o topo da montanha, mas a nós mesmos.
—Sir Edmund Hillary, um dos primeiros
a escalar o Monte Everest até o topo

---

[21] Entrevista concedida a Paul Volponi em 30 de março de 2022.

Utilize o Princípio do Sacrifício para...

- **Impulsionar as vendas**: Sua empresa deseja atrair novos clientes, por isso oferece um de seus produtos mais vendidos com um desconto alto, na esperança de que a nova clientela continue a comprar outros produtos com preços regulares após o término da liquidação.
- **Criar filhos adolescentes**: Você quer comprar um carro novo, mas, em vez de vender o que já tem, decide dá-lo a seu filho adolescente, sob a condição de que ele arrume um emprego para pagar o seguro e a gasolina sozinho.
- **Perder eventos**: Seus amigos bebem e festejam todas as noites depois do trabalho, mas você decide começar a praticar jiu-jítsu. Mesmo que passe menos tempo com eles, você está aprendendo uma nova habilidade e ficando em melhor forma a cada aula.
- **Prover a família**: Você trabalha em dois empregos durante os meses de inverno para que possa desfrutar de algum tempo livre com sua família durante o verão.

Armadilha para o *touchdown*

Aqui vai um exemplo de sacrifício simulado ou isca em uma bela adaptação para o jogo de futebol americano:

Estando no final do campo do adversário, com apenas vinte e cinco segundos restantes em um jogo em que o Miami Dolphins precisava, e muito, de uma vitória, Dan Marino, o *quarterback* alçado ao Hall da Fama, rapidamente alinhou seus companheiros de equipe na linha de *scrimmage*. O bom senso diria para Marino jogar a bola ao chão, parando o relógio do jogo, e assim preservando os preciosos segundos finais da partida. Quando Marino recebeu a bola, ele ficou de pé e, por um breve instante, inclinou os ombros para baixo como se estivesse prestes a sacrificar a descida, jogando a bola ao chão. A defesa adversária do New York Jets mordeu a isca e relaxou por um momento. No instante seguinte, Marino lançou a bola para um de seus recebedores marcar o *touchdown* vencedor do jogo, em uma sinergia perfeita entre o Princípio do Sacrifício, o Princípio da Falsa Rendição e o Princípio do Relógio.

Escaneie aqui para aprender a aplicação de combate do **Princípio do Impulso**

Capítulo 21
O Princípio do Impulso

Reconheça para onde as coisas estão indo
e saiba para onde precisam ir.

*Quando se é muito bem-sucedido,
as coisas adquirem impulso, e a certa altura
já não se consegue dizer se foi você quem criou
o impulso ou se ele está criando você.*
—Annie Lennox, cantora

Todos nós estamos familiarizados com o conceito de impulso. Seja balançando os braços para facilitar os movimentos ao caminhar ou correr, seja arqueando os ombros para a frente e depois para trás ao nos levantarmos de uma cadeira, entendemos de que maneira o uso do impulso nos torna mais poderosos e eficientes. No jiu-jítsu, o Princípio do Impulso nos ensina a tirar proveito da força cinética de uma massa física em movimento. Lembre-se: o jiu-jítsu é a arte da eficiência, por isso precisamos estar sempre sintonizados com as fontes de energia livres, sobretudo quando o oponente é quem está gerando o impulso. O impulso que você capitaliza também pode ser gerado por você mesmo, ou você pode ser a fonte que instiga seu oponente a fornecê-lo. Assim, será possível notar imediatamente a óbvia sinergia do Princípio do Impulso com o Princípio da Velocidade e o Princípio da Criação.

Entrando em uma onda significativa

Na vida, o impulso pode ser uma força incrivelmente poderosa e, em igual medida, curiosa. Pode ser que você pegue carona no impulso de algum acontecimento natural que se desenrole à sua frente ou talvez seja arrastado pelo impulso de um evento que você mesmo colocou em movimento. De qualquer maneira, o derradeiro destino ao qual você chega pode ser mais abundante e gratificante do que se imaginava.

Em 1995, meu pai vendeu sua participação no Ultimate Fighting Championship, logo após a realização da quinta edição. Nos anos seguintes, a organização de artes marciais teve alguns altos e até mesmo alguns baixos drásticos. Mudou de proprietários mais duas vezes antes de tomar de assalto o mundo das lutas e do entretenimento, explodindo em uma corporação de 7 bilhões de dólares que atualmente é negociada na Bolsa de Valores. Quando meu irmão, Ryron, e eu atingimos a maioridade, decidimos que seguir a carreira de lutadores profissionais não era a forma como estávamos destinados a deixar nossa marca no mundo. Em vez disso, passamos a nos dedicar ao ensino e ao cultivo da arte do jiu-jítsu brasileiro, com a energia e o desejo de atingir esse objetivo em vários novos formatos.

Sentindo uma proximidade com o UFC, começamos a publicar no YouTube uma série de vídeos chamados *Gracie Breakdowns* [Análises detalhadas Gracie], nos quais ilustramos aspectos importantes do *card* da noite anterior de combates do UFC, em especial no que dizia respeito às relações de cada confronto com o jiu-jítsu. Percebendo que havia muitas coisas que o espectador médio não entendia acerca de como cada técnica se materializava com bons resultados ou já nascia morta, fruto de uma configuração equivocada, ficamos empolgados em transmitir nosso conhecimento aos fãs de artes marciais do mundo inteiro. Esses vídeos acabaram se tornando nosso veículo de marketing mais potente, acumulando quase meio bilhão de visualizações em todos os nossos canais de mídia social.

Com base no impulso gerado pelos vídeos, começamos a incluir no canal nossas ideias e percepções sobre brigas de rua, ataques aleatórios e outros vídeos virais, discutindo como vítimas inocentes poderiam ter se defendido melhor por meio de técnicas simples ou talvez até mesmo neutralizado o conflito antes que ocorresse. Foi então que assistimos ao vídeo de Austin McDaniel, um garoto de 12 anos de Indiana que, ao sofrer na escola uma violenta e cruel agressão vinda pelas costas, foi a nocaute. Nesse momento, muitas coisas mudaram para nós. Sim, nosso programa Gracie Bullyproof estava sendo ensinado a crianças em todo o país. Mas testemunhar o que aconteceu com Austin nos instigou a querer fazer ainda mais. Ryron e eu nos sentimos motivados a entrar em contato com os pais de Austin, mas não apenas para transmitir uma mensagem de consolo. Convidamos Austin e toda a família para irem à Califórnia, com todas as despesas pagas, e treinar conosco por uma semana. Queríamos dar um jeito para que aquele episódio isolado, do qual Austin não teve culpa, não definisse seu futuro.

Não foi fácil convencer o pai e a mãe do menino. Eles adotaram uma atitude bastante protetora, e com razão; afinal, depois que o vídeo do ataque ao filho deles viralizou, receberam uma avalanche de conselhos de familiares, amigos e desconhecidos. Por isso, nos sentimos orgulhosos e privilegiados quando decidiram confiar em nós durante esse período incrivelmente difícil de suas vidas. Austin foi ao nosso encontro na Califórnia e teve uma semana de treinamento extraordinária. Ele simplesmente brilhou nos tatames, e no fim voltou para casa com a autoconfiança renovada.

Com a permissão da família, gravamos em vídeo a *Semana 1 de transformação de Austin* e compartilhamos no YouTube. Esse conteúdo já teve mais de 3 milhões de visualizações. O mais importante é que, depois de ver como a experiência mudou profundamente a vida de Austin, inúmeras famílias que sofrem com o *bullying* se inspiraram a matricular os filhos no programa Gracie Bullyproof.

Depois de passar pelos tatames da Gracie University, Austin concluiu o ensino médio e decidiu servir seu país ingressando no Corpo de Fuzileiros Navais. Outros jovens vítimas de violência e suas famílias aceitaram convites semelhantes e fizeram essa jornada de uma semana conosco, apenas um primeiro passo em seu caminho rumo à recuperação. Como esses jovens especiais apareceram em nossa vida? Para mim, a resposta é o

Princípio do Impulso, uma prova de como o movimento ocasionado por um evento pode nos levar à porta aberta de outro. E sou grato ao jiu-jítsu por me ajudar a fazer parte do movimento do mundo dessa forma.

Ponto de vista de Matthew McDaniel

"Quando recebemos a mensagem dos Gracie, de início fiquei cético", disse Matthew McDaniel, pai de Austin. "Cresci em um lar não violento, e era isso que eu queria ensinar a Austin. Pesquisamos sobre os irmãos Gracie e o trabalho deles com crianças. Depois do ataque que nosso filho sofreu, a última coisa que queríamos fazer como pais era colocá-lo numa situação ruim e talvez piorar as coisas. Mas então aprendi que o jiu-jítsu não é violento. Eles queriam ensinar a Austin as habilidades para restringir as ações de alguém que o ameaçasse, levar essa pessoa ao chão, se necessário, e dizer: 'Você vai me deixar em paz agora?' Então decidimos ir todos juntos, como uma família.

"Austin se interessou de verdade pelo jiu-jítsu. Eu podia ver que sua autoconfiança estava voltando. Antes da viagem, ele vinha me pedindo para receber educação domiciliar. Mas, depois daquela semana de treinamento, Austin disse: 'Pai, eu quero voltar para a escola. Não vou deixar ninguém roubar de mim essa experiência.' Fiquei tão grato por essa reviravolta que patrocinei outras crianças que passaram por situações semelhantes à do meu filho e paguei os custos da viagem delas para que também aprendessem com Ryron e Rener na Gracie University."[22]

Ponto de vista de Austin McDaniel

"As artes marciais mudaram minha vida. Antes do treinamento, eu me via apenas como um garoto gordo e cabeludo. Aos 12 anos de idade, eu pesava mais ou menos uns 110 quilos. Mas aquela semana na Califórnia com Rener e Ryron criou um impulso em minha vida. Assim que eu voltei para

---

[22] Entrevista concedida a Paul Volponi em 7 de fevereiro de 2022.

casa, queria fazer mais coisas. Foi o fator catalisador para eu começar a malhar e querer ir a mais lugares. Foi o que me levou a me tornar fuzileiro naval, que é um baita título para se ostentar, e agora pretendo me tornar militar e trabalhar na aviação. O garoto que me atacou? Nunca mais o vi. Mas, se eu o encontrasse hoje, apertaria sua mão. Se ele não tivesse feito o que fez comigo, não sei onde eu estaria. Antes do ataque, eu costumava ser meio antissocial e só ficava jogando videogame. E me sinto extremamente feliz com o lugar onde estou agora. De uma forma estranha, ele me fez avançar na vida."[23]

Nunca se renda ao impulso da mediocridade.
—Marlon Brando, ator

Misturando o físico e o psicológico

O impulso pode ter um efeito poderoso em muitos aspectos da vida. Dá para sentir isso em uma sala de tribunal, quando um advogado talentoso começa a apresentar uma série de argumentos substanciais diante do júri. Isso é palpável quando um candidato concorrendo a um cargo é claramente capaz de superar o outro poucos dias antes de uma eleição, o que faz com que um súbito aumento no impulso público seja o fator decisivo. Nos estágios iniciais da pandemia da covid-19, as empresas especializadas em equipamentos de exercícios físicos em casa ganharam um forte impulso e tiveram um boom no mercado.

Como podemos utilizar o Princípio do Impulso em nossas atividades diárias? Bem, as perguntas de acompanhamento relevantes devem ser: de onde vem o impulso que não é gerado pela física? E qual é a relação entre esse tipo de momento etéreo e o modelo matemático de Newton? Há muitas evidências para corroborar a ideia de que, na aplicação diária de nossa vida, o impulso é em igual medida tanto físico quanto psicológico.

---

[23] Entrevista concedida a Paul Volponi em 8 de fevereiro de 2022.

Imagine um estádio abarrotado de torcedores empolgados. Não é difícil detectar o momento específico em uma competição atlética no qual o impulso parece mudar, subitamente favorecendo um time em detrimento do outro. Esse instante costuma ser chamado de "mudança de clima". Essa elevação de impulso — semelhante a um vagalhão que avança velozmente em direção à costa — parece erguer de súbito um time e seus torcedores, carregando-os à vitória. Lógico que dentro do campo algo tem que correr bem para desencadear essa mudança — talvez o catalisador seja uma excelente jogada defensiva ou um ataque bem-sucedido que resultou em gol ou ponto.

Suponha que você está no trabalho e dá uma resposta incrível em uma reunião importante. Seu chefe o elogia e depois pede mais detalhes. Você entabula uma sequência ininterrupta de várias outras ideias e sugestões perspicazes, que levam todos os presentes a pensar: *Aí está alguém que realmente entende do assunto.* Sua resposta inicial ajudou a criar um fluxo que lhe possibilitou continuar surfando nessa onda? Sem dúvida. Mas você não tirou aquelas respostas do nada. Você estava preparado para se sair bem porque, para começo de conversa, tinha um excelente domínio do material em questão.

Da mesma forma, o time dentro de campo não pode contar apenas com a mudança de clima e a elevação do impulso, tanto no banco de reservas quanto nas arquibancadas; os jogadores ainda precisam executar boas jogadas e ter um excelente desempenho atlético para vencer. Parece que reconhecer oportunidade, talento e preparação cria uma combinação que promove o crescimento do impulso em nossa vida.

Utilize o Princípio do Impulso para...

- **Fomentar o crescimento:** Seu filho ou filha atingiu uma idade em que adora experimentar coisas novas, então você se desdobra e faz de tudo para lhe mostrar o máximo possível de situações e possibilidades, na esperança de que a criança encontre as atividades com as quais deseja se comprometer a longo prazo.

- **Tirar proveito do sucesso**: Sua empresa tem um produto que está viralizando nas mídias sociais; sendo assim, você otimiza seu site para capitalizar todo o tráfego orgânico da web.
- **Perseguir metas:** Você está atingindo suas metas de perda de peso mais rapidamente do que esperava, então convida vários amigos para participar de um grupo de atividades físicas a fim de motivar outras pessoas, ao mesmo tempo que mantém seu próprio embalo de emagrecimento.
- **Apoiar os outros:** Seu cônjuge foi demitido do emprego e está padecendo de falta de confiança, então você busca na internet por vagas de emprego de que ele ou ela possa gostar, na esperança de que isso ajude a criar impulso em uma nova direção.

*A toda ação há sempre uma reação oposta
ou contrária, e de igual intensidade.*

—Sir Isaac Newton

Lutando com a física

Sir Isaac Newton, o físico e autodenominado "filósofo natural" do século XVIII, certamente teria sido um defensor do Princípio do Impulso do jiu-jítsu. Em seu princípio de conservação do momento, Newton afirma que em um sistema isolado (que poderia muito bem ser um par de praticantes de jiu-jítsu no meio de uma luta), dois objetos que colidem têm o mesmo impulso combinado, antes e depois da colisão.

Isso significa que, nesse tipo de colisão, o impulso não é destruído, mas transferido entre dois objetos, como nosso par de praticantes numa luta agarrada. Um exemplo disso no beisebol seria: quando um arremessador lança uma bola rápida de mais de 140 quilômetros por hora, o momento da bola é por fim transferido ou para o bastão do rebatedor ou para a luva do receptor. É por isso que um arremesso com mais impulso pode passar voando mais longe de um taco de beisebol do que um arremesso com menos impulso. Mas, se o rebatedor manejar o taco para tentar acertar a bola e errar, a bola produzirá uma ferroada de dor mais intensa ao atingir a palma da mão enluvada do receptor.

Escaneie aqui para aprender a aplicação de combate do **Princípio do Pivô**

Capítulo 22
O Princípio do Pivô

Mude sua perspectiva sobre uma pessoa, produto ou processo para aumentar sua eficácia.

A boa arte é a arte que lhe permite entrar nela a partir de vários ângulos e sair de lá com vários pontos de vista.
—Mary Schmich, jornalista ganhadora do Prêmio Pulitzer

As técnicas de jiu-jítsu são baseadas em uma trinca de fatores importantes: distância (Princípio da Distância), equilíbrio (Princípio da Pirâmide e Princípio de Kuzushi) e ângulos. Isso nos leva ao Princípio do Pivô, que se concentra no uso da matemática dos ângulos a fim de aumentar a eficácia de nossas técnicas. Em um combate, dominar os ângulos lhe dará a vantagem mecânica de ter mais alavancagem, o que equivale a mais potência. Você também pode pivotar, ou seja, executar um movimento de rotação ou alterar o ângulo de ataque para desequilibrar o oponente. Girar em torno de um ponto central aumentará a pressão sobre a resistência, da mesma forma que um torniquete colocado em um braço ou perna ferido é capaz de restringir o fluxo de sangue. Em termos de defesa, você pode usar o Princípio do Pivô para neutralizar um oponente que tenta obter essas mesmas vantagens sobre você. Para tanto, você nunca deve abrir mão do ângulo superior durante uma luta corpo a corpo. A maioria de nós tem familiaridade com o Princípio do Pivô, pois ele se aplica ao nosso mundo cotidiano.

O tempo todo estamos girando em torno de eixos em nossa busca para alcançar a estrutura mental que otimizará resultados em nossos relacionamentos, vida social e empreendimentos.

Do sonho à realidade

Vez ou outra, mudar de perspectiva e adotar um novo ângulo em relação a algo que você já vem estudando há algum tempo pode transformar sua realidade e seus resultados por completo. Quando tive a ideia do Quikflip, um moletom que se transforma em mochila (veja o Capítulo 9), imaginei que seria perfeito para parques temáticos como a Disneylândia. Pense: você está numa longa fila de espera para curtir uma das atrações do parque. Em um minuto, você sente frio. No minuto seguinte, está no sol, e aí fica muito quente. As opções são segurar seu moletom convencional ou amarrá-lo na cintura, a menos que queira sacrificar seu lugar na fila e voltar para a área de armários. Foi nesse contexto que imaginei que o Quikflip poderia satisfazer a uma necessidade concreta e tornar a vida das pessoas mais conveniente.

Seis meses depois da invenção, já tínhamos vendido milhares de peças. Pulamos para seis meses adiante e estou naquele tapete de empreendedorismo apresentando o produto no programa *Shark Tank*, em rede nacional de televisão. Embora o acordo que fechei com Lori Greiner nunca tenha se concretizado, a marca Quikflip recebeu uma exposição incrível, e vendemos uma tonelada de moletons. Mesmo assim, eu sabia que ainda não tínhamos chegado lá. Em minha mente, eu podia ver ao longe o pico da montanha. Era para lá que eu queria levar a Quikflip.

No entanto, apesar de cada passo ascendente que dei nos anos seguintes, não estava conseguindo sequer chegar perto desse objetivo. E, em algumas ocasiões, o pico elevado ficava tão envolto em nuvens de dúvida que comecei a me perguntar se realmente seria possível alcançá-lo. Foi nesse momento, então, que recebi um telefonema dos estúdios Warner Bros. Eles queriam comprar 3.500 Quikflips com a estampa do icônico logo da empresa. Nos meses seguintes, Google, Intel e Equinox fizeram solicitações semelhantes. De repente, tudo ficou bastante claro para mim: a Quikflip não precisava existir apenas como uma marca de vestuário. Era uma tecnologia de vestuário com um design patenteado que daria às empresas o dobro da função e o dobro da oportunidade de *branding* em comparação aos moletons comuns aos quais estavam acostumadas. Eu estava me concentrando em vender Quikflips diretamente aos consumidores de varejo, uma unidade por vez. Mas o melhor negócio, de longe, era vender grandes volumes no atacado para empresas que revenderiam os Quikflips customizados para seus próprios clientes ou que os distribuiriam como presentes corporativos a seus funcionários.

Quase imediatamente, eu e meu parceiro, que atua como diretor de operações, Jordan Talmor, demos uma guinada e apontamos a Quikflip nessa nova direção. Nós participamos da maior feira de produtos promocionais do país e, por três dias seguidos, apresentamos o produto a potenciais compradores corporativos. Cada uma das pessoas que passava por nosso estande recebia uma introdução detalhada à magia do Quikflip, com a mesma "Renergia" que funcionou tão bem no *Shark Tank*. A cada cinco minutos, uma nova multidão de espectadores embasbacados se reunia e, assim que nosso discurso de vendas terminava, todos faziam fila para comprar amostras que levariam para casa e apresentariam aos colegas. Uma curiosidade: ao longo de cada uma das jornadas de oito horas no salão movimentado da feira, eu não me sentei nem uma única vez ou fui ao banheiro. Isso porque, embora eu bebesse várias garrafas de água por dia, estava suando tanto que em momento algum precisei fazer xixi.

A resposta à nossa participação nas feiras superou nossas expectativas, e rapidamente os pedidos começaram a chegar. Entre nossos novos clientes estavam a Amazon, que encomendou Quikflips personalizados para representar cada uma das divisões da empresa, e a Universal Studios, que queria ver estampados em nossos produtos os logotipos de *Os caça-fantasmas* e da franquia *Jason Bourne*. E foi aí que aconteceu. Minha visão inicial, antes mesmo de a Quikflip ter um nome, tornou-se realidade. A Disney abriu o "Campus dos Vingadores" no California Adventure Park e na Disney World em Orlando. E, para comemorar as inaugurações, produziram a primeira linha "Quikflip Vingadores" e colocaram as peças à venda nos parques.

Abri os olhos, e de repente me vi de pé naquele longínquo pico da montanha, admirando a cena singular, do tipo que só acontece uma vez na vida, do momento em que nossos sonhos se tornam realidade. Minha ideia fantasiosa de como os frequentadores dos parques temáticos se beneficiariam perfeitamente da minha invenção de moletom/mochila fechou um círculo completo, desde a minha imaginação, passando pelo *Shark Tank*, até todos os anos que pelejei tentando encontrar o enfoque correto. O fundamento de tudo tinha sido dar uma guinada no rumo do meu negócio, e esse giro me propiciou um novo ângulo e uma perspectiva mais clara sobre a grande oportunidade que já existia.

• •

Perfil: cara de paisagem

Pivotar à mesa de pôquer? Pode apostar que sim. A estrela do pôquer Maria Ho é mestre na arte de girar em torno do eixo e mudar de direção, e para provar isso tem mais de 5 milhões de dólares em prêmios que faturou em torneios ao vivo. "O que os jogadores de pôquer de elite fazem de melhor é pivotar. Eles são capazes de se ajustar e se adaptar a qualquer tipo de dinâmica ou situação na mesa em tempo real. Jogadores de nível inferior têm problemas para desviar da estratégia planejada, mas os melhores jogadores de pôquer são capazes de recalcular quando as coisas não saem como esperavam", contou Ho, que na adolescência estudou hapkidô, avançando até a categoria de faixa roxa. "Tanto as artes marciais quanto as líderes de torcida me ensinaram a respeitar meus professores e treinadores. Respeitar as pessoas com mais conhecimento do que eu. Cercar-me de pessoas assim e aprender com elas."

Parte da disciplina de Ho à mesa de pôquer consiste em sua habilidade de "jogar na posição", utilizando o Princípio da Distância, o Princípio da Estrutura e o Princípio da Postura do jiu-jítsu. Em termos simples, jogar em posição significa apostar por último, o que lhe dá uma visão mais completa do que está acontecendo em uma determinada mão. "No pôquer, o xis da questão não são as cartas que você recebe; é tirar o máximo proveito da situação em que se está, e uma das táticas é tirar vantagem de sua posição na mesa."

De que maneira se pode testemunhar o Princípio da Prevenção do jiu-jítsu em uma mesa de pôquer? "Numa partida de torneio, sua estratégia varia de acordo com a pilha de fichas que você tem. Pode haver fases de um torneio em que você simplesmente entra no modo sobrevivência. Nesses momentos, você não tenta ser o mandachuva da mesa ou o jogador mais agressivo. Apenas tenta sobreviver até a etapa seguinte", observou Ho, que participou da terceira temporada do programa *American Idol* e avançou até a fase "Semana em Hollywood" da competição de canto.

Existe algum paralelo entre blefar no pôquer e o Princípio da Falsa Rendição? "Talvez alguém seja pego em pleno ato de blefar. Bem, talvez esse jogador queira ser visto como um grande blefador, porque quer capitalizar em cima dessa imagem mais tarde. É preciso observar o que seus oponentes fizeram e o que eles viram você fazer. Se você sabe qual é a percepção que eles têm a seu respeito, pode estar em condições de manipular uma imagem para seu próprio benefício mais tarde." É lógico que Ho está sempre praticando o Princípio do Reconhecimento nos adversários à mesa. "Eu gosto de sentir os jogadores, estudar seus traços de personalidade, bem como conversar e interagir com eles a fim de determinar a forma como são capazes de lidar com o jogo." E essa habilidade a ajudou a se relacionar, de modo perspicaz, com as pessoas — tanto na vida real quanto durante suas participações especiais como comentarista em programas de TV? "Isso me tornou uma ouvinte melhor. Acho que entendo o subtexto melhor do que a maioria das pessoas. Ouvir as pessoas e me envolver com elas em um nível mais profundo? Eu acho que isso com certeza ajudou. Mas também sou um pouco cética em relação às pessoas na vida real, apenas em um nível saudável, provavelmente porque o pôquer me deixou desconfiada com relação aos blefes delas."[24]

---

[24] Entrevista concedida a Paul Volponi em 8 de abril de 2022.

O ambiente de trabalho

Pivotar no ambiente de trabalho é algo muito corriqueiro. No decorrer de um longo período de tempo, no fluido mundo dos negócios, pouca coisa permanece no lugar. As pessoas dão guinadas no meio da carreira por uma série de motivos, incluindo situação econômica, potencial avanço profissional, novas oportunidades e realização pessoal. Assim como, no tatame de jiu-jítsu, entender a sinergia de seus muitos talentos o fará refletir suas habilidades em novas tarefas numa arena diferente relacionada ao trabalho. E, embora você tecnicamente possa ser um novato em um campo específico, sua experiência geral e os ângulos superiores nos quais escolhe aplicar esse conhecimento o elevarão muito acima da categoria de "novato". Claro, de vez em quando não é uma única pessoa que gira para dar a guinada, e sim uma organização inteira.

Vejamos o caso da Smith Corona, empresa que outrora se notabilizou por fabricar algumas das melhores máquinas de escrever do mundo. Como é que é? Você não tem uma máquina de escrever? Bem, é por isso que hoje a Smith Corona é mais conhecida por fabricar fitas térmicas utilizadas em impressoras de códigos de barras. A Smith Corona é um perfeito exemplo de empresa que pivotou para sobreviver. E como as empresas sabem que é hora de dar o giro da guinada? O segmento em que elas atuam com frequência sofre uma drástica mudança (podemos citar as máquinas de datilografia sendo substituídas em massa por computadores). Mas existem também indicadores mais sutis. Pode ser que em certo momento os clientes de determinada empresa estejam dando mais preferência aos produtos da concorrência. Pode ser que as vendas tenham estagnado ou que apenas um de seus muitos produtos ainda tenha relevância no mercado.

São muitas as marcas e empresas com as quais estamos extremamente familiarizados e que, em algum momento, visualizaram os sinais de alerta e pivotaram para escolher o melhor ângulo rumo ao sucesso. Por exemplo, o Twitter, que começou como Odeo, era uma rede social na qual as pessoas podiam encontrar e acompanhar podcasts. Porém, depois que o iTunes aparentemente conquistou esse mercado, o grupo se reinventou como uma plataforma de microblogging e se tornou o Twitter, que hoje tem passado por outras transformações. Outro exemplo é a rede Starbucks, que começou vendendo grãos de café e máquinas de café expresso no início dos anos 1970. No entanto, na década de 1980, o CEO da empresa, Howard Schultz, depois de uma viagem reveladora à Itália, decidiu dar uma guinada e imitar as cafeterias de estilo europeu, que produziam o próprio café para venda. O resto é história cafezeira.

Talvez você já tenha ouvido falar da Nintendo, a multinacional japonesa responsável pelo desenvolvimento de videogames icônicos como *Donkey Kong* e *Super Mario Bros*. Contudo, antes de passar a se dedicar aos videogames a partir de 1966, a empresa fabricou aspiradores de pó, jogos de carta e arroz instantâneo, e até chegou a abrir uma pequena rede de hotéis. Já imaginou o Mario e o Luigi aparecendo para consertar o pinga-pinga da torneira do seu quarto de hotel?

> *Quando me apresento ao vivo, entro em cena e tento sentir o clima do ambiente, estou chegando a partir de diferentes ângulos musicalmente.*
> —Grandmaster Flash, DJ e rapper

Kareem no pivô

No basquete, o jogador na posição central é chamado de "pivô". Isso porque o pivô tradicionalmente joga no ataque de costas para a cesta, estabelecendo um "pé de apoio" a partir do qual pode mudar de ângulo, girando para a direita ou para a esquerda. Ao se aposentar, Kareem Abdul-Jabbar, talvez o maior jogador a atuar na posição de pivô, havia alcançado a façanha de ser o maior cestinha da história da NBA, com

38.387 pontos (LeBron James está se aproximando dessa marca).[25] Apesar de seu corpanzil de 2,18 metros, Abdul-Jabbar se movia como uma gazela no pivô, fingindo se deslocar para a esquerda com os ombros e depois girando para a direita e arremessando, ou vice-versa. Ele era capaz de lançar a bola com a ponta dos dedos com um toque bem leve usando as duas mãos para executar um arremesso que chamava de *skyhook*, gancho em que soltava a bola no momento em que seu braço chegava ao ponto mais alto do movimento em arco.

Abdul-Jabbar era também um praticante de artes marciais, e estudou por vários anos com Bruce Lee, que lhe ensinou os conceitos de eficiência e explosão. "Eu levava a sério. Durante os treinos de basquete e no meu treinamento com Bruce, eu me dedicava à preparação mantendo foco total. Como resultado, fiquei mais forte, mais rápido e me tornei um jogador muito mais intenso", contou Abdul-Jabbar. "Bruce era um inovador e fez com que as artes marciais avançassem [...] O *skyhook* é a materialização de um arremesso eficiente que requer movimento mínimo, mas velocidade súbita."[26] O pivô até aparece no último filme de Lee, *Jogo da morte*, no qual interpreta um oponente de tamanho descomunal e trava um combate contra Lee durante uma cena de luta coreografada de cinco minutos de duração.

Utilize o Princípio do Pivô para...

- **Fazer marketing:** Você está comercializando seu produto para um grupo demográfico específico e obtendo resultados insuficientes

---

[25] Em tempo: em 7 de fevereiro de 2023, em partida do Los Angeles Lakers contra o Oklahoma City Thunder, LeBron James ultrapassou o lendário pivô Kareem Abdul-Jabbar e se tornou o maior cestinha da história, ao alcançar a marca de 38.390 pontos. (N. T.)

[26] Luke Norris, "How Kareem Abdul-Jabbar Used What He Learned Under Bruce Lee on and off the Basketball Court", *sportscasting.com*, 1º de junho de 2020 (acessado em 7 de fevereiro de 2022).

dessa fatia da população, por isso decide testar seu produto com novos públicos para determinar o melhor caminho a seguir.
- **Influenciar decisões:** Seu filho ou filha está experimentando drogas ilegais, então você toma providências para que a criança visite um presídio de segurança máxima, o que a faz dar uma guinada e repensar o caminho que está seguindo na vida.
- **Salvar relacionamentos:** Seu relacionamento está em maus lençóis e você está desesperado por uma solução, então concorda em fazer terapia de casal, na esperança de que um especialista possa oferecer uma perspectiva neutra capaz de ajudar a consertar a relação.
- **Adaptar-se à mudança:** Uma pandemia afeta drasticamente a forma como as pessoas interagem em ambientes sociais, então sua empresa é forçada a reavaliar de cabo a rabo a experiência do cliente em suas lojas de varejo.

Ajeite seu chapéu. Ângulos são atitudes.
—Frank Sinatra

Visão pivotal

Pessoas de todos os tipos procuram um motivo para se sentirem bem consigo mesmas. Para o bem ou para o mal, em uma sociedade ultracompetitiva, muitas vezes nos enxergamos em relação aos outros. Essa potencial situação de ter que lidar com sentimentos de inferioridade levou psicólogos sociais a observar um remédio chamado "pivô de status". Esse remédio acontece quando alguém admite prontamente: "É verdade. A casa do meu vizinho é muito maior que a minha. Mas meu jardim coloca o deles no chinelo." É um pivô consciente, que revela a verdade tal qual *nós* precisamos vê-la.

Escaneie aqui para aprender a aplicação de combate do **Princípio da Carona**

Capítulo 23
O Princípio da Carona

Identifique tendências, inovações e oportunidades que o ajudarão a alcançar seu objetivo com mais eficiência.

Veja bem, a verdade é que eu não sei pilotar motos.
—Henry Winkler, também conhecido como Fonz, personagem da sitcom *Happy Days*

Durante uma luta, costumam aparecer muitas oportunidades de "carona" para os praticantes capazes de tirar proveito do princípio do qual trataremos agora, que é o Princípio da Carona. Uma "carona", ou "ir no embalo", ocorre sempre que seu oponente se desloca numa determinada direção — seja por escolha própria, seja porque você provocou esse movimento —, e você o força a carregar também o peso do seu corpo, um conceito que sintetiza a eficiência. De que maneira isso sinergiza com os outros princípios que vimos até agora? Tenha em mente o Princípio do Esgotamento e como seu oponente queimará energia ao carregar seu peso, ao passo que você conserva recursos preciosos. A fim de ampliar a frequência e a eficácia dessas caronas, lembre-se de tudo o que aprendeu com os Princípios da Conexão e do Afastamento, usando as mais de trinta partes do corpo que podem criar uma conexão com seu adversário. Em vez de grudar rigidamente no oponente feito um cobertor molhado, faça o possível para criar uma conexão mais relaxada; agarre-se a ele com força e peso, mas não com peso excessivo, pois isso impossibilitará que você faça a leitura em tempo real dos movimentos iminentes dele.

Exemplos a serem seguidos

O Princípio da Carona foi uma parte importante da minha adolescência. Foi algo a que me agarrei com unhas e dentes, com o propósito de me separar da multidão, definir meu próprio rumo na vida e resistir à pressão dos colegas. Quando cheguei ao oitavo ano do ensino fundamental, um trio de amigos meus começou a beber e a fumar maconha. Claro que queriam que eu me juntasse a eles. É sempre assim quando adolescentes se envolvem com drogas e álcool — eles querem companhia. Quanto mais gente, melhor; mais pessoas com quem compartilhar riscos e possíveis culpas.

Meu pai e minha mãe nunca bebiam álcool nem usavam drogas recreativas. Em vez disso, na minha casa nós alcançávamos nossas elevações físicas e mentais por meio da arte do jiu-jítsu. Fui criado no mesmo modelo que meu avô e meu pai seguiram com todos os filhos. Em essência, tratava-se do Princípio da Carona. Os pais e mães dão o exemplo e, naturalmente, os filhos querem segui-los, imitando o que veem. Não sou ingênuo em relação ao mundo. Sei que há uma porção de circunstâncias que podem atrapalhar e desviar uma jornada promissora, não importa qual seja o exemplo a ser seguido em casa, e também há as pessoas que na infância não tiveram um modelo positivo, mas ainda assim encontraram seu caminho livre de obstáculos e vícios nocivos.

Quanto a mim, eu nunca quis decepcionar minha família. Essa foi uma grande parte da razão pela qual recusei a oferta de seguir o caminho que meus colegas estavam trilhando. Eu não teria sido capaz de olhar na cara de meu pai, mãe e avô, por quem nutria grande admiração. Mas havia algo mais que me ajudou nessa escolha. O treinamento como lutador de artes marciais me deu confiança e autoestima para ser independente e caminhar com minhas próprias pernas, distante de qualquer "grupinho" da moda.

Antes de nos casarmos, Eve e eu tivemos uma conversa séria. Eu queria que em nossa casa prevalecesse a ausência de álcool. Mas Eve vinha de uma família em cuja mesa de jantar poderia haver uma garrafa de vinho ou poderia se abrir um champanhe em um momento de celebração. Para mim, era extremamente importante proporcionar aos nossos futuros filhos o mesmo modelo que eu tive quando mais novo. Depois de um debate acirrado, Eve por fim concordou. Embora eu tenha provocado a discussão, no fim ela reconheceu que minha necessidade de criar essa realidade para nossos filhos era mais forte do que seu desejo de manter o consumo de álcool. E, embora de início sua escolha possa ter sido motivada pelos benefícios que traria à família, com o tempo Eve passou a entender como a mudança melhorou sua própria saúde, fortalecendo, assim, sua convicção quanto ao acerto da decisão. Hoje, nossos dois filhos pequenos, Raeven e Renson, são criados com esse exemplo: "Educar pelo exemplo não é apenas *a melhor* maneira de ensinar. É *a única* maneira de ensinar." E é lógico que não temos controle sobre o que nossos filhos escolherão fazer quando adultos. Mas nossa esperança é a de que eles continuem ao nosso lado, avançando no caminho de lucidez que pavimentamos. E, quando chegar o inevitável dia em que serão atingidos pela pressão dos amigos que saíram da linha, seremos gratos pelo fato de que ambos terão o jiu-jítsu em suas vidas como outro ponto de referência positivo.

Ocorrências corriqueiras

De que modo o Princípio da Carona pode se encaixar em nossa vida cotidiana? Pense no sistema de transporte solidário (compartilhamento de caronas) e na faixa exclusiva para veículos de alta ocupação (HOV, na sigla em inglês) em uma rodovia. Assim como o jiu-jítsu, são modelos de eficiência, economizam tempo e recursos, além de serem ecologicamente corretos ao diminuir a quantidade de monóxido de carbono e outros gases de efeito estufa emitidos na atmosfera.

E o Princípio da Carona ao contrário? Você se lembra de todas as vezes em que se ofereceu para carregar pacotes ou sacolas de compras de um idoso ou de outra pessoa sobrecarregada? E das portas que abriu para os outros? E das ocasiões em que estava no ônibus e havia apenas um assento disponível, mas você cedeu para alguém que parecia menos disposto a permanecer de pé por um período prolongado. Ou talvez você seja um bombeiro cuja unidade está respondendo a uma chamada em outro município devido à falta de equipamentos considerados essenciais. Em uma escala maior, ocorrências devastadoras, como terremotos, incêndios florestais e desabamentos de edifícios, muitas vezes levam equipes de resposta de cidades vizinhas, de fora do estado ou até multinacionais a ajudarem a carregar o fardo de ajudar os outros em tempos de tragédia.

Imagine-se como um estudante de ensino médio em dia de exame final ou então como um adulto prestando um concurso público. Você está com uma sensação muito boa enquanto responde às questões da prova. Afinal, dedicou bastante tempo para estudar o material e está avançando questão após questão em um ritmo bastante razoável. A instrutora na frente da sala de aula levantou os olhos da tela do computador várias vezes para olhar em sua direção, e da última vez até chegou a pigarrear a fim de chamar sua atenção. É quando você percebe que um de seus bons amigos, sentado à sua esquerda, está sutilmente de olho na sua prova. Em resposta, você desliza a folha de gabarito para o lado direito da carteira e reposiciona o ombro esquerdo, bloqueando a linha de visão dele. Até esse momento, você não tinha percebido que seu amigo estava "pegando carona" nas suas respostas. Assim, ao final da prova, a instrutora recolhe sua folha de gabarito sem lhe dizer uma única palavra. Quando você sai da sala de aula e entra no corredor, seu amigo de olhos sorrateiros se aproxima com uma expressão irritada no rosto. Assim que ele abre a boca, você decide que precisa assumir o controle da situação e falar primeiro. O que você diz? Suas palavras iniciais vão posicionar seu amigo para lhe dar uma explicação ou para apresentar um pedido de desculpas?

Muitas pessoas querem andar com você na limusine, mas o que você quer é alguém disposto a pegar o ônibus ao seu lado quando a limusine enguiçar.
—Oprah Winfrey

Perfil: Mãos Pegajosas

Em várias outras artes marciais, agarrar-se ao oponente e forçá-lo a carregar seu peso ou energia também é um conceito fundamental. No kung fu do sistema Wing Chun há um exercício de treinamento chamado *chi sao*, ou "mãos pegajosas", no qual dois praticantes "grudam" um no outro punho a punho, usando ambas as mãos simultaneamente para sentir o movimento seguinte do oponente e responder com a técnica apropriada. Sifu William Moy pratica a técnica das "mãos pegajosas" há aproximadamente quarenta anos e é reconhecido por sua habilidade singular de exaurir um oponente, que acaba tendo que suportar o peso total de sua energia.

"Quando você consegue se prender a uma pessoa, consegue sentir os movimentos dela, começa a sentir se vai ser mais ofensiva ou defensiva. A partir daí é possível começar a afetar seu equilíbrio. Além disso, quando a pessoa é forçada a carregar o seu peso, sua energia, ela começa a se cansar muito mais rapidamente [...], e há menos espaço entre vocês. Isso torna mais difícil para ela iniciar um movimento e gerar energia própria", disse Moy, cujo pai, Moy Yat, estudou em Hong Kong com o lendário Yip Man (mestre de artes marciais que já teve a vida retratada em vários filmes importantes) e foi um colega de classe mais jovem de Bruce Lee. "O treinamento para ser um artista marcial deixa o indivíduo calmo e relaxado, física e mentalmente, mente e corpo. Mantém sua mente focada e ajuda na maneira como você interage com outras pessoas, junto com sua capacidade de compreender os outros. Também economiza tempo em sua vida, ensinando-lhe a realizar várias tarefas ao mesmo tempo, o que o torna muito eficiente."[27]

---

[27] Entrevista concedida a Paul Volponi em 2 de março de 2022.

Utilize o Princípio da Carona para...

- **Tentar algo novo:** Você quer experimentar o jiu-jítsu, mas está com medo de ir sozinho, então convida um amigo para acompanhá-lo na aula introdutória e, por fim, os dois decidem se matricular.
- **Aproveitar a tecnologia:** Você está escrevendo seu primeiro livro sobre a vida e deseja incluir um componente audiovisual para o leitor, então tira proveito de uma tendência tecnológica moderna adicionando um QR code escaneável no início de cada capítulo.
- **Cultivar relacionamentos:** Você arranja emprego como vendedor em uma concessionária de carros; desse modo, acaba cultivando um relacionamento com um dos principais representantes de vendas da empresa e pergunta se ele ou ela aceita mentorar você.
- **Influenciar decisões:** Sua filha adolescente diz que quer ser policial, então você toma providências para que ela pegue uma carona na viatura de um policial local para ajudá-la a tomar uma decisão.

A vida tem o hábito de não ficar amarrada.
Você tem de montá-la do jeito que a encontrar.
Você precisa mudar junto com ela.

—Guthrie, cantor, compositor e trovador estadunidense

Escaneie aqui para aprender a aplicação de combate do **Princípio da Sobrecarga**

Capítulo 24
O Princípio da Sobrecarga

Identifique no que você tem uma vantagem excepcional e, em seguida, dobre a aposta e arrisque-se para ampliar seu sucesso.

O burro carrega a carga, mas não a sobrecarga.
—Miguel de Cervantes, autor de *Dom Quixote*

Distribuir múltiplos recursos de modo a se concentrar em uma única parte do corpo do oponente recebe o nome de Princípio da Sobrecarga. No tatame, a vantagem óbvia dessa prática reside em combinar várias fontes de força em potencial (braços, pernas, joelhos, quadris e outros) para aumentar nossa alavancagem, a fim de dominar um aspecto singular do ataque ou defesa de nosso rival. Em geral, o lutador faz isso tendo em mente um objetivo específico, como executar raspagem, imobilização ou finalização. O Princípio da Sobrecarga pode ser claramente observado toda vez que um indivíduo solitário tenta lutar contra o ataque de dois ou mais agressores. Na sociedade, podemos ver suas ramificações em áreas como negócios, esportes e Forças Armadas.

Apostando em mim mesmo

O Princípio da Sobrecarga nos ensina a utilizar nossos pontos fortes, apostando todas as fichas no poderio dos melhores atributos e habilidades. No meu caso, além do jiu-jítsu, essa habilidade especial sempre foi minha facilidade para me conectar com outras pessoas. Afinal, foi por isso que me tornei professor. Durante as etapas iniciais da apresentação da marca Quikflip ao público, decidi combinar minha capacidade de conexão com a singularidade do meu produto, de modo a criar um extraordinário vídeo de mídia social, com destaque para interações individuais com pessoas desconhecidas no Third Street Promenade, em Santa Monica, um belo espaço aberto no qual as pessoas passeiam, fazem compras e curtem o sol do sul da Califórnia. Levei comigo quatro caixas de papelão contendo oitenta Quikflips, com o objetivo de demonstrar a rapidez com que as peças se convertem de moletom em mochila e, na sequência, ver se eu conseguiria convencer pessoas aleatórias a trocar seus próprios casacos e jaquetas por um Quikflip. Quase em uníssono, minha equipe de apoio proclamou: "Ninguém vai fazer isso. As pessoas têm memória afetiva em relação às roupas. Talvez estejam vestindo algo que ganharam de presente de um ente querido. Ninguém vai querer negociar com você, mesmo que seja em troca de uma peça de roupa novinha em folha." E é claro que o argumento da minha equipe era mais do que válido. Mas eu acreditava que, por meio da combinação da força do meu produto com a minha própria capacidade, daria conta do recado.

A primeira pessoa que eu parei no calçadão naquela tarde ouviu com atenção cada palavra que saiu da minha boca. Só que de cara notei que ela estava firmemente decidida a não fechar negócio comigo. Então demonstrei a transformação de moletom em mochila e ela hesitou um pouco antes de, por fim, ir embora. Isso me ensinou algo. Meus dois pontos fortes — o discurso de vendas carismático e a conversão do Quikflip — precisavam ocorrer de modo simultâneo, então passei a colocar em primeiro plano a conversão do moletom em mochila. As cinco pessoas seguintes trocaram os moletons que estavam vestindo por um Quikflip, e minha equipe de apoio ficou em silêncio e impressionada.

Em seguida, parei um homem e uma mulher que caminhavam juntos. Ela estava vestindo uma jaqueta jeans, e ele, apenas uma camiseta. Após meu discurso e demonstração, a mulher ficou em cima do muro. Sua jaqueta provavelmente custava muito mais do que um Quikflip novo, então no fim das contas ela decidiu recusar minha oferta. Quinze minutos depois, porém, os dois voltaram. Só que dessa vez o homem estava de moletom (ele confessou que foi a uma loja próxima e comprou um, só para poder trocar), já a mulher continuava com a jaqueta jeans, e os dois concordaram em fazer a troca. Não consigo colocar em palavras a gratificação de ver como as pessoas se mostraram dispostas a fazer negócio comigo. No final da tarde, nossas caixas estavam repletas de casacos e agasalhos usados de marcas como Nike, Under Armour a Adidas. O que eu fiz com todas essas roupas que não se convertem em mochila? Eu as doei a um abrigo de pessoas sem-teto, é claro, antes de levar minha equipe para almoçar sushi.

De onde tirei esse ímpeto empreendedor? Posso voltar no tempo até uma aula de economia que tive na West High School. Para nosso projeto final, o professor nos dividiu em grupos de quatro e nos encarregou de criar um jogo de tabuleiro com alguma temática ligada ao comércio. Eu estava surtando, porque o projeto valeria metade da nossa nota naquele semestre, e todos os membros do grupo receberiam a mesma nota. Na adolescência, sempre gostei muito de construir e projetar coisas e, a bem da verdade, eu não acreditava que meus colegas de grupo estivessem tão comprometidos quanto eu em tirar um A. Então, apresentei a eles a seguinte ideia: "Eu me encarrego de fazer todo o trabalho sozinho. O restante de vocês não precisa levantar um dedo sequer, mas cada um tem que me pagar quarenta dólares."

"*Quarenta dólares?*", indagaram meus companheiros de grupo.

"E se tirarmos um B, em vez de um A, devolvo dez dólares a cada um de vocês. Se for C, devolvo vinte dólares." E assim sucessivamente até um F, e neste caso eu não receberia nada.

Na época eu não sabia, mas estava usando o Princípio da Sobrecarga, apostando em mim mesmo ao arriscar tudo em minhas habilidades de construção e design. Ao mesmo tempo, eu estava aplicando uma estratégia de negócios chamada "reversão de risco", por meio de meu método de pagamento escalonado de modo a tornar o negócio mais atraente para meus colegas de grupo. O trio concordou, e eu arregacei as mangas e coloquei mãos à obra. Depois de algumas semanas de trabalho eu tinha criado o Oligopólio, um jogo de tabuleiro inspirado no Banco Imobiliário. Em um monopólio, uma única entidade controla o mercado. Um oligopólio, no entanto, envolve uma situação na qual um pequeno número de empresas-chave detém o controle da maior parcela do mercado. Como base para meu jogo, usei a indústria estadunidense de cereais matinais, porque ela é dominada por um quarteto de grandes corporações: Kellogg's, Post, General Mills e Quaker. Até criei caixinhas de cereal como peças de jogo (com arroz dentro para criar os efeitos sonoros) e coloquei minha própria imagem no dinheiro falso, com a legenda "Nós confiamos no Rener".

No dia da apresentação, fiquei responsável por explicar tudo sozinho. Meus companheiros de grupo apenas meneavam a cabeça ao fundo e fingiam estar cooperando. O projeto recebeu nota A+, e eu embolsei 120 dólares. Para um estudante do ensino médio que na época não recebia um centavo dos negócios da família, foi um baita feito, e o dinheiro me manteve confortável durante o verão.

> *Um dos efeitos de se viver com informação digital é que estamos habitualmente em um estado de sobrecarga de informação. A quantidade de coisas existentes excede nossa capacidade de lidar com elas.*
> —Marshall McLuhan, filósofo e escritor

Sobrecarga no ambiente de trabalho/ Forças Armadas/mundo esportivo

O aumento vertiginoso da presença da tecnologia na sociedade despertou uma questão interessante: qual é a quantidade de informação que se pode considerar informação demais? A promessa empolgante da internet e das mídias sociais é agora continuamente contrabalançada com um relativo tsunami de dados inúteis, enganosos, fraudulentos ou incorretos nos quais vez por outra parecemos nos afogar. Embora nenhum veículo específico produza informações com a intenção de nos sobrecarregar, cada um deles, aparentemente, deseja agarrar nossa atenção por um período de três a cinco minutos. O efeito cumulativo disso pode muito bem nos colocar em modo de sobrecarga, o que resulta em uma diminuição da produtividade. Smartphones, mensagens de texto e áudio e e-mails nos conectam a nossas carreiras e empregos 24 horas por dia, sete dias por semana. Muitas vezes esse tipo de acesso causa sobrecarga de trabalho, e os funcionários mais motivados e responsáveis são também os mais propensos ao esgotamento e à fadiga. O que os administradores podem fazer para combater esses resultados negativos? Não é fácil bloquear dados inadequados. Mas está claro que os administradores podem priorizar as várias tarefas mais importantes nas quais seus funcionários devem se concentrar. Ademais, muitas empresas agora exigem que os funcionários tirem uma "licença obrigatória", a fim de evitar o esgotamento acarretado pela sobrecarga.

O cérebro humano funciona melhor quando se concentra em não mais do que sete a nove informações simultâneas (tenha em mente que nos Estados Unidos os números de telefone têm sete dígitos). Na verdade, os hipnotizadores tentam se valer do Princípio da Sobrecarga para sugestionar as pessoas. Na hipnose conversacional, o hipnotizador vai tanto utilizar numerosos detalhes ao descrever uma cena quanto remover uma pequena informação de uma declaração. Por exemplo: *Estava muito frio encontrar meu gorro e luvas.* Essas técnicas sobrecarregam o cérebro (que busca internamente as palavras que faltam no exemplo acima), tornando muito mais fácil que uma sugestão se infiltre sorrateiramente no subconsciente da pessoa.

Os estrategistas militares também se deram conta do valor do Princípio da Sobrecarga. No mundo das Forças Armadas, isso é conhecido como "tática de forças combinadas". É quando os militares versados em estratégias usam os pontos fortes de diferentes divisões para aumentar o poder geral de um ataque às tropas inimigas. Essa integração de forças vem sendo empregada ao longo da história desde que começou a haver registros de guerras. Aos grupos de guerreiros munidos de paus e lanças rudimentares juntavam-se outros bandos nas encostas atirando pedras. O poderio bélico da infantaria romana era ampliado pela presença de bigas. Cavaleiros protegidos por elmos e brandindo espadas e escudos ganhavam o complemento de colunas de bestas. Canhões engrandeceram a potência da cavalaria montada até os tempos modernos, quando esquadrilhas de aeronaves e frotas da marinha de guerra passaram a apoiar a infantaria em terra.

O futebol americano tomou emprestado das Forças Armadas grande parte de sua terminologia, incluindo a *blitz* (ver o item *Blitzkrieg* mais adiante neste capítulo). Uma *blitz* é um perfeito reflexo do Princípio da Sobrecarga. O que significa acionar mais defensores para fazer pressão em cima do *quarterback* — geralmente com a intenção de derrubá-lo ou atrapalhar sua tentativa de lançar a bola —, em uma investida que os jogadores de ataque não são capazes de bloquear. Trata-se de uma tática de alto risco e grande possibilidade de recompensa, porque mobilizar defensores extras para acossar o *quarterback* implica a possibilidade de deixar algum recebedor livre de marcação a fim de agarrar um passe rápido. Por sua vez, o ataque adversário também pode usar o Princípio da Sobrecarga ao empilhar todos os recebedores de um lado do campo, o que dificulta o trabalho dos jogadores de defesa, que talvez fiquem desnorteados e dispersos ao se depararem com a decisão de qual atacante marcar de perto.

Perfil: Aplicando pressão

O treinador Ken Niumatalolo passou mais de um quarto de século comandando o time de futebol americano da Academia Naval dos Estados Unidos e ajudou a produzir não apenas bons atletas, mas também jovens líderes excepcionais e um grande número dos melhores militares do país. "Na Escola Naval, todos os jogadores se dedicam ao treinamento de artes combativas, alguns mais do que outros, mas todos passam pelo básico. Sou um grande fã do jiu-jítsu brasileiro, e acredito que as artes de combate são um fator positivo para os jogadores de futebol americano. No futebol americano, temos nosso próprio Princípio de Sobrecarga. Chama-se *blitz*. O ato de colocar nossos jogadores no campo do outro time pode ser uma ação bastante perturbadora. Realizamos a *blitz* ao sobrecarregar a proteção ao passe do *quarterback* adversário, enviando mais homens do que a linha deles é capaz de bloquear ou pressionando seus jogadores. É aí que tentamos tirar proveito de seus atletas mais fracos, de modo a não permitir que recebam qualquer ajuda. Nós nos referimos a isso como "colocar alguém numa ilha", explicou o técnico Niumatalolo.

O Princípio do Reconhecimento também entra em jogo aqui? "Com certeza fazemos nossa parte de reconhecimento, pois a comissão técnica passa horas a fio estudando vídeos de jogos e mantendo os olhos abertos durante a partida em si. Estamos sempre tentando colocar à prova o *quarterback* adversário, física e mentalmente. Além disso, também tentamos testar a capacidade de comunicação dos jogadores do outro time quando eles nos veem entrar em formação para lançar uma possível *blitz*. Às vezes, basta a ameaça de uma *blitz* para sobrecarregar o processo de pensamento de um *quarterback*. Claro, é mais difícil fazer isso com jogadores profissionais. Não costuma ser nada fácil abalar *quarterbacks* formidáveis como Tom Brady e Peyton Manning. Eles são inteligentíssimos e se livravam da bola bem rápido. Mas muitas vezes você vê *quarterbacks* profissionais mais jovens com grandes habilidades físicas que ainda não têm experiência para lidar mentalmente com a sobrecarga."[28]

• •

Nos sobrecarregamos em nossos treinos para que o jogo fique mais lento na vida real. Isso ajuda você a se tornar um jogador de basquete mais inteligente.
—Stephen Curry, duas vezes eleito MVP
(o jogador mais decisivo) da NBA

---

[28] Entrevista concedida a Paul Volponi em 5 de março de 2022.

Utilize o Princípio da Sobrecarga para...

- **Escolher o caminho:** Você percebe que seu filho ou filha é um aprendiz mais audiovisual do que cinestésico, então o matricula duas vezes mais em aulas de artes e música do que em atividades esportivas.
- **Priorizar o trabalho:** Sua capacidade mental está no auge nas primeiras horas da manhã, portanto, todos os dias você tenta realizar todo o trabalho criativo antes do almoço.
- **Cultivar relacionamentos:** Você descobre que o toque físico é uma das linguagens de amor prediletas de seu cônjuge; então, toda vez que estão juntos, faz de tudo para tornar o contato uma prioridade.
- **Superar os valentões:** Seu filho ainda não começou a aprender jiu-jítsu e está sofrendo bullying na escola, então você instrui o irmão ou irmã mais velho a ajudá-lo a enfrentar isso.

Blitzkrieg

A estratégia alemã *blitzkrieg*, na Segunda Guerra Mundial, foi um emprego extremamente calculado e bem-sucedido do Princípio da Sobrecarga. Depois de perder a Primeira Guerra, a Alemanha foi forçada a assinar o Tratado de Versalhes (1919), que limitava seu exército a um contingente de meros 100 mil soldados. Com forças menos numerosas, os estrategistas militares alemães atacavam apenas os pontos mais fracos das linhas dos Aliados, com uma precisão de ponta de lança, o que lhes dava uma vantagem de sobrecarga em uma área bastante pequena. Mas essa vantagem numérica foi suficiente para romper as linhas, causando caos e destruição do outro lado. Em apenas algumas semanas, a Alemanha ocupou toda a França graças às rápidas e potentes ofensivas de *blitzkrieg* (na língua alemã, *Blitz* significa "relâmpago"). Mas de que maneira essa estratégia acabou sendo anulada pelos Aliados? A resposta é a produção. Os Aliados superavam os alemães em termos de produção industrial. Com mais recursos, prolongaram a duração da guerra, tornando-a uma batalha de desgaste. Isso acabou entrincheirando a Alemanha do lado errado do Princípio da Sobrecarga.

Escaneie aqui para aprender a aplicação de combate do **Princípio da Âncora**

Capítulo 25
O Princípio da Âncora

Entregando-se de corpo e alma a pessoas, princípios e processos que otimizem sua efetividade e impacto.

Apesar da tempestade, a âncora resiste.
—Autor desconhecido

Quando prendemos o corpo do oponente, resultando em sua perda de mobilidade a fim de potencializarmos nossa própria posição, estamos aplicando o Princípio da Âncora. Muitas vezes, uma técnica de imobilização — também conhecida como *staple* ("grampo") — só precisa ser atingida por um breve instante para facilitar nosso objetivo. Essas imobilizações podem ser diretas ou indiretas (intermediando os pontos de conexão) e empregadas tanto em um cenário ofensivo quanto em um defensivo, tendo grande abrangência e flexibilidade: se o objetivo for nossa própria imobilidade, usamos nosso corpo, o tatame ou o adversário; por outro lado, quando queremos imobilizar o adversário, usamos de forma correspondente seu corpo, o tatame ou nosso próprio corpo. Isso equivale a um momento de completo controle na luta, que, assim esperamos, você poderá levar também para sua vida.

Dos tatames para as ruas

Há duas formas de encarar o jiu-jítsu. A primeira é como um sistema de autodefesa completo, destinado a capacitar uma pessoa fraca contra um oponente mais forte e atlético em um eventual confronto físico. Originalmente, era assim que Helio Gracie queria que a arte servisse a seus praticantes. Mas hoje o jiu-jítsu se consolidou também como esporte competitivo e apenas recreativo. Alunos de inúmeras escolas participam de torneios organizados segundo categorias de peso nas quais as lutas têm limite de tempo e um sistema de pontuação. Não há nada errado em treinar uma arte marcial visando ganhar medalhas e troféus, mas é comum que alunos expostos apenas aos aspectos esportivos do jiu-jítsu se vejam em território pouco familiar numa situação efetiva de autodefesa, sobretudo os mais novatos. Como socos e chutes não fazem parte do repertório do jiu-jítsu brasileiro e, portanto, não são admitidos em competições, as técnicas contra essas duas formas comuns de agressão com frequência são negligenciadas na prática diária das academias, muitas vezes deixando os alunos despreparados para uma eventual briga de rua.

Seguindo a abordagem de ensino de nosso avô, Ryron e eu buscamos sempre transmitir aos nossos alunos tanto a "matéria" completa necessária para competir, caso seja essa sua aspiração, quanto os aspectos mais práticos da arte. Esses são os dois pilares que ancoram nossa filosofia de ensino e nosso modelo de negócios. Dessa forma, até mesmo nossos alunos iniciantes podem seguir um programa 100% orientado à autodefesa, com foco intenso em técnicas específicas capaz de proporcionar a qualquer um as habilidades necessárias para um eventual confronto violento fora dos tatames.

Podemos dar de cara com um valentão em inúmeras situações. Mas existe um lugar onde nos recusamos a permitir que ponham suas asinhas de fora: nas dependências da Gracie University ou em qualquer um de nossos centros de treinamento certificados espalhados pelo mundo. Muitas escolas ostentam lemas equivocados do tipo só OS FORTES SOBREVIVEM ou JIU-JÍTSU NÃO É PARA QUALQUER UM. Meu avô desprezava esse tipo de mentalidade (sobretudo por ser ele mesmo um "fracote" que precisou do jiu-jítsu para ter uma chance contra adversários maiores). Treinar sob tais condições costuma gerar uma cultura tóxica de agressão e um ambiente de cadeia alimentar, em que os alunos mais novos são usados como bonecos de treino para os mais experientes e graduados se sentirem superiores. O jiu-jítsu foi criado para capacitar os fracos e é uma pena que, em tantas academias mundo afora, as mesmas pessoas para quem o jiu-jítsu foi originalmente concebido sejam impedidas de aprender.

Em qualquer academia credenciada pela Gracie University, quanto mais baixa a graduação do aluno, maior a proteção e os cuidados recebidos. Desde o primeiro dia deixamos explícito que os iniciantes estão ali para serem orientados e encorajados pelos mais experientes, e não humilhados e usados como saco de pancadas. Meu avô sempre dizia: não existe aluno ruim, apenas professores ruins. Se alguém pequeno, franzino ou pouco atlético tem coragem de tentar praticar jiu-jítsu, é nossa responsabilidade como professores exceder todas suas expectativas no que diz respeito a uma experiência de aprendizado divertida, segura e positiva. Se a pessoa faz uma aula e não volta, não é por ser fraca — é porque não fizemos nosso trabalho direito. Era nisso que meu avô acreditava, e é nisso que eu e meu irmão acreditamos, e essa é a orientação transmitida para milhares de instrutores certificados por nós e seguida por eles. Afinal, mais de 350 mil alunos do mundo todo confiam em nós para liderá-los em sua jornada pelo jiu-jítsu, o que indubitavelmente atesta nossa aplicação mais importante do Princípio da Âncora.

Ética dos tatames

O instrutor de jiu-jítsu Jonny Vasquez administra um Centro de Treinamento Certificado do Jiu-Jítsu Gracie em Apple Valley, na Califórnia. A despeito de ficar relativamente próxima a outras academias de artes marciais, algumas delas até exibindo o nome de reconhecidos campeões em suas portas, a escola de Jonny Vasquez prosperou. "Quando abri minha academia, eu era faixa azul (três graduações abaixo da faixa preta), e acho que as demais escolas na área não nos levaram muito a sério. Mas eu sabia o que queria proporcionar aos alunos e como queria que fossem tratados. Aqui, a mentalidade de *bad boy* não existe. Qualquer um que passe pela porta, seja qual for sua personalidade ou tipo atlético, é respeitado", disse Vasquez, atualmente na faixa roxa.

Antes de treinar comigo e com Ryron, o próprio Vasquez foi vítima de bullying em uma escola de artes marciais. "Mas acho bom ter passado por isso, porque hoje sei como manter esse tipo de comportamento fora da nossa cultura. Ninguém acorda um belo dia e resolve que vai virar um faixa preta. A pessoa quer aprender autodefesa e quer fazer isso sem sofrer intimidações ou constrangimentos. Temos uma incrível diversidade em nossos tatames. Desde pessoas comuns completamente fora de forma até policiais que precisam adquirir habilidades para sua segurança pessoal nas ruas. As metas de todos são respeitadas aqui. Se chega alguém novo, uma pessoa sem agressividade nenhuma e que talvez tenha até medo do contato físico, a gente não rejeita nem julga esse aluno; pelo contrário, acolhe e cuida com carinho, porque foi isso que nós aprendemos com os irmãos Gracie."[29]

Não devemos prender o navio a uma única âncora, tampouco a vida a uma única esperança.
—Epiteto, filósofo grego

Ancorando a batida

Antes da adolescência, o baterista Peter Erskine se apaixonou por artes marciais. Ele comprava revistas especializadas e sonhava em aprender a lutar um dia. Embora a música tenha levado a melhor e a prática das artes marciais ficado no passado, ao comentar sobre sua musicalidade, ele alude a uma incrível quantidade de princípios essenciais do jiu-jítsu, como os da Criação, da Velocidade, do Relógio, do Rio, do Reconhecimento e, bem a calhar, da Âncora.

---

[29] Entrevista concedida a Paul Volponi em 29 de maio de 2022.

Jazzista consagrado e professor na University of Southern California, Peter Erskine é músico há mais de meio século. Os bateristas, por serem tão determinantes para o ritmo, costumam ser vistos como a âncora ou a espinha dorsal da banda. "Nossa principal função é fornecer a informação rítmica para os outros músicos. Além de funcionarmos como metrônomo, no sentido de oferecer uma batida básica, o modo com que tratamos as notas individualmente também ditam um fraseado geral. Os intervalos entre uma batida e outra determinam o estilo, e essas subdivisões rítmicas ditam a atmosfera. Assim, além de estabelecer o andamento e o tempo, o baterista também se torna um ponto de referência para a atmosfera de determinada canção", comentou Erskine, que vê um forte paralelo entre a bateria e o boxe. "Sempre falo para meus alunos assistirem aos melhores momentos dos vídeos das lutas. O nocaute em geral acontece tão rápido que, se piscar, você perde. Isso porque ele não é telegrafado, como nos desenhos do Popeye, em que o soco é preparado, o braço vai lá para trás e o punho pode ser visto por alguns segundos. O que acontece na verdade é bem rápido, uma espécie de chicotada que não exige muito movimento, mas que tem potência substancial. O golpe é baseado em eficiência e economia de movimento. É assim que eu encaro o aspecto físico de tocar bateria. Nos grupos em que tocava antigamente, no meio da apresentação eu já estava encharcado de suor. Hoje, sou bem mais eficiente. Afinal de contas, tocar bateria é uma das poucas atividades em que todos os membros do nosso corpo estão muitas vezes fazendo algo totalmente independente uns dos outros, em termos de movimento."

Quando se trata de uma peça musical muito longa, talvez participando como convidado especial de uma orquestra sinfônica, antes de subir ao palco Erskine faz um pequeno reconhecimento. "Sento em algum canto tranquilo no camarim e repasso a música na cabeça, mais ou menos como um esquiador faria antes de descer a montanha numa competição. Imagino a música sendo construída da forma como foi escrita, não baseada em alguma improvisação. Assim, quando subo ao palco, não ocorrem surpresas. Sei onde estão os icebergs e as curvas abruptas, e isso me ajuda muito a me orientar durante a apresentação." Erskine também acredita piamente que qualquer um pode buscar o autoaperfeiçoamento e levar uma vida melhor fazendo um curso básico de música. "Nem todo mundo que faz aulas vai virar músico profissional. A questão não é essa. Participar de um grupo ou de uma banda nos ensina a ser parte de algo maior. A glória, o poder e a beleza de ver nossa modesta participação se tornando um pedaço importante do todo pode ser algo bem gratificante."[30]

O Sistema de Graduação de Boyd

Há alguns anos, tive um aluno e grande amigo chamado John Boyd. Mesmo sendo um sujeito relativamente pequeno e que começou a aprender jiu-jítsu depois de adulto, ele se dedicou por mais de uma década até obter sua cobiçada faixa preta. Um dia, ao final da aula, John entrou em minha sala, se sentou e falou: "Rener, treinei com um faixa azul que era um monstro, não consegui finalizar o cara; acho que não mereço essa faixa preta." Ele estava visivelmente abatido e ficou claro que havia uma crença ancorada em sua cabeça de que, na condição de faixa preta, ele deveria ser capaz de finalizar facilmente um aluno com graduação inferior, independentemente das disparidades físicas. Mas ele estava errado.

"John, o fato de conseguir aguentar alguém bem mais novo e mais forte é toda motivação que você precisa para fazer jiu-jítsu", expliquei a ele, que permanecia cabisbaixo, fitando o chão entre seus pés. "Pense desta forma: cada dez anos e dez quilos a menos representam uma faixa de diferença. Assim, no minuto em que você cumprimenta um cara vinte anos mais novo e vinte quilos mais pesado para começar a treinar, é como se ele tivesse uma vantagem de quatro faixas." Nesse ponto, John ergueu o rosto, e continuei: "Então, mesmo que ele tenha uma faixa azul na cintura, se você considerar a diferença de idade e de tamanho entre os dois, é a mesma coisa que enfrentar um faixa preta. Sei que a princípio é duro aceitar com toda franqueza essa comparação, mas considere o seguinte: você está com 65 anos, pesa 70 quilos. Imagine quais seriam suas chances de levar a melhor contra o mesmo oponente *sem* o jiu-jítsu no seu arsenal?" Nisso, o rosto dele se iluminou, ele levantou da cadeira, balançou a cabeça e saiu, e nunca mais

---

[30] Entrevista concedida a Paul Volponi em 2 de maio de 2022.

o escutei se queixar sobre isso. O que John precisava não era de um novo conjunto de habilidades, mas ancorar sua convicção ao pisar no tatame. Fiquei feliz por poder proporcionar isso a ele.

Anos depois, enfrentamos sua perda trágica. John veio a falecer após um terceiro ataque cardíaco. Em sua homenagem, batizei essa relação entre as faixas de "Sistema de Graduação de Boyd". Desde então, os vídeos sobre o tema que postei nas redes sociais ultrapassaram as 750 mil visualizações e já fui procurado por muitos alunos afirmando que, não fosse a clareza e o encorajamento oferecidos pelo sistema, teriam abandonado o jiu-jítsu.

Içar âncora!

Sempre que o Princípio da Âncora atua contra nós, em geral pelas circunstâncias do nosso dia a dia, podemos nos sentir soterrados por uma montanha de responsabilidades. A família, o trabalho, a escola, as tarefas e as obrigações sociais vão se acumulando até não restar sequer um momento livre para nós mesmos. Para compensar, é preciso encontrar uma forma de priorizar nossas necessidades, estabelecendo um cronograma que reserve algumas horas diárias para clarear a cabeça e respirar. Coisas simples como praticar alguns minutos de exercício, meditar, caminhar pelos arredores, escutar música ou ficar em um ambiente silencioso podem recarregar nossas baterias e nosso ânimo.

Quando conseguimos equilibrar com sucesso os desafios que a vida oferece, talvez seja hora de ajudar algum familiar ou amigo a se libertar temporariamente do peso das próprias âncoras e obter um tempo para si. Um conhecido pode estar passando por dificuldades, como ter de cuidar de pais doentes ou idosos ao mesmo tempo que precisa criar os filhos. Você pode proporcionar algum tempo livre a essa pessoa convidando os filhos dela a passar um tempo com os seus. Mesmo que a pessoa que você deseja ajudar more longe, recursos como FaceTime, Skype, Zoom etc. permitem que você de algum modo esteja presente e ofereça sua solidariedade e companhia.

As artes marciais nas telas

Sem dúvida as artes marciais estão ancoradas em nossa sociedade graças às incontáveis pessoas que treinam variadas modalidades e colocam seus princípios em prática no dia a dia. Não podemos, porém, nos esquecer do enorme papel desempenhado pela televisão, pelo cinema e pela mídia em geral. O assunto em si renderia um livro à parte, mas lembremos aqui apenas alguns exemplos como ilustração.

No premiado filme *Sangue sobre o sol*, de 1945, James Cagney participa de uma briga inspirada no judô com o ator John Halloran, que era seu instrutor na vida real. A luta dos dois, envolvendo trocas de socos e mobília quebrada, é até hoje uma das melhores cenas de artes marciais já feitas por Hollywood. Em um episódio de 1963 da série de TV *The Lucy Show*, Lucille Ball e Vivian Vance aprendem judô com o professor particular de Ball, Ed Parker, a fim de se defenderem de um agressor. Peter Sellers costumava mostrar um lado cômico das artes marciais como o atrapalhado inspetor Clouseau na série de filmes da *Pantera cor-de-rosa*. Mas, fora das telas, Sellers era um praticante sério e chegou a presidir o Clube de Judô de Londres. E nos tempos em que ainda dava aulas em nossa garagem, Rorion Gracie atuou como consultor técnico do filme *Máquina mortífera* (1987), em que Mel Gibson e Gary Busey se enfrentam numa cena de combate final apresentando uma variedade de chaves e estrangulamentos do jiu-jítsu brasileiro.

Dublê de cenas de ação

Campeã de lutas, formas e armas, Christine Bannon-Rodrigues começou a estudar artes marciais ainda na adolescência. "Na verdade, a prática se transformou em um estilo de vida para mim. Eu era uma garota tímida e estar no tatame me deu muito mais confiança: socialmente, na escola e em outros esportes. Minha atitude passou a ser a de que eu poderia conquistar qualquer objetivo que pusesse na cabeça." Um dia, os talentos de Bannon-Rodrigues chamaram a atenção do diretor de dublês Pat Johnson, que a convidou para ser dublê das cenas de ação de Hilary Swank no quarto filme da série *Karatê Kid*, de 1994. Uma história que gira em torno das artes marciais não pode deixar a desejar nas cenas de luta, e Bannon-Rodrigues teve oportunidade de mostrar todo seu potencial. "Seria legal se mais pessoas soubessem que era eu, mas este é o trabalho de um dublê: ajudar os atores a brilhar."

Ela também atuou como dublê da Batgirl interpretada por Alicia Silverstone em *Batman & Robin* (1997), filme no qual aparentemente todo o cronograma de produção dependeu de um único chute. "Era durante uma cena de luta, e Uma Thurman [interpretando Hera Venenosa] tinha uma faca na mão. Ela improvisou, fazendo uma pausa para olhar o próprio reflexo na lâmina. O diretor gostou tanto que pediu que ela repetisse o gesto na cena. Foi então que ele me perguntou se eu conseguiria tirar a faca da mão dela com um chute, sem machucá-la", recordou Bannon-Rodrigues. Mandar uma estrela de cinema para o hospital acidentalmente poderia significar terríveis atrasos de filmagem. Mas ela respondeu com confiança: "Moleza!" E acertou um chute perfeito.

Cenas de luta em geral colocam a eficiência das artes marciais em segundo plano, dando lugar ao que tem mais plasticidade diante da câmera. "Você precisa fazer tudo que foi ensinada a não fazer", revelou Bannon-Rodrigues, que foi coreógrafa de lutas para *Champions of the Deep* (2012). "Grandes chutes giratórios. Socos muito abertos. Nada curto e direto. Os chutes são bem amplos e circulares. Você tenta dar a impressão que a pessoa foi realmente atingida. Não dá para esperar que qualquer lutador profissional, sem experiência em atuação, consiga fazer essas coisas."[31]

> *Para chegar ao porto, às vezes é preciso navegar a favor e às vezes contra o vento. Mas nunca devemos permanecer à deriva nem ancorados.*
> —Oliver Wendell Holmes Sr., médico e poeta

---

[31] Entrevista concedida a Paul Volponi em 12 de fevereiro de 2022.

Utilize o Princípio da Âncora para...

- **Firmar compromissos:** Você e sua namorada (ou seu namorado) discutem sobre os valores que consideram essenciais no relacionamento. A ideia é determinar se existem possíveis âncoras em cada lado impedindo um casamento bem-sucedido a longo prazo.
- **Reter o talento:** Você fica sabendo que um funcionário muito importante planeja pedir demissão. Antes que isso aconteça, oferece uma promoção e um aumento, deixando claro seu interesse de mantê-lo no time.
- **Fortalecer laços:** À medida que seu filho amadurece, você tem medo de que se distanciem. Para evitar isso, decide aprender algo novo junto com ele (que tal jiu-jítsu?) e o recém-descoberto interesse em comum funcionará como uma importante âncora para o relacionamento.
- **Preservar valores:** Quando minha mãe faleceu, decidi usar um pingente com o nome dela como um lembrete constante para tratar os outros com o mesmo amor e abnegação que ela sempre demonstrou.

Escaneie aqui para aprender a aplicação de combate do **Princípio da Chave-Catraca**

Capítulo 26
O Princípio da Chave-Catraca

*Progressos modestos e persistentes
com o tempo resultarão em ganhos significativos.*

*Agarre como um buldogue e morda
e estrangule o máximo possível.*
—Abraham Lincoln ao general Ulysses S. Grant

O que esperamos do jiu-jítsu é um avanço constante, e essa filosofia é perfeitamente representada pelo Princípio da Chave-Catraca. O mecanismo de catraca permite avanços incrementais numa única direção, seja ela linear ou rotatória, sem nunca retroceder. Da mesma forma, a mentalidade no tatame deve ser a de recorrer à máxima persistência a fim de ganhar terreno palmo a palmo. Nesse sentido, ela compartilha uma sinergia com os fundamentos do Princípio do Rio, de sempre fluir adiante. O Princípio da Chave-Catraca compreende tanto "macroincrementos" — envolvendo o corpo inteiro — quanto "microincrementos" — os pequenos ganhos obtidos por mãos, braços ou pernas. Para ampliar a potência da alavanca e impulsionar mecanicamente nosso movimento de chave-catraca, muitas vezes nos valemos também do Princípio da Estrutura e do Princípio do Pivô. Assumir controle cada vez maior sem jamais abrir mão dessa posição superior é a base do Princípio da Chave-Catraca.

Aprendendo a colaborar

Passei a juventude dominado pelo ego. E, pensando hoje a respeito, fazia perfeito sentido. Tendo sido criado numa família de lutadores, em que cada membro aspirava superar os demais, essa era praticamente a única maneira de desenvolver minha autoimagem. E, de fato, essa característica da família Gracie, por mais desagradável que possa soar, foi certamente uma das molas propulsoras que levou o jiu-jítsu brasileiro ao topo do mundo das artes marciais. Mas, na condição de empresário iniciante na Gracie University, esse ego enorme não ajudava muito nos negócios. Eu vivia onerado pelo fardo de acreditar que qualquer boa ideia a respeito da condução da empresa só poderia partir de mim. Carregando esse peso imenso nos ombros, houve momentos em que pensei que fosse desabar de tanto estresse.

Levamos oito anos para formar parcerias com escolas de artes marciais por todo o país e estabelecer aproximadamente uma centena de Centros de Treinamento Certificados da Gracie University. Muitas dessas escolas eram administradas por pessoas com bem mais tino comercial do que eu. Mas sempre que alguém me trazia uma sugestão, eu a descartava quase de imediato simplesmente por não ter partido de mim. Era o aspecto mais desvantajoso do meu DNA familiar. Quando atingimos a marca de cem escolas, porém, algo aconteceu. Minha obsessão de que a parceria da Gracie University com todas essas academias particulares fosse bem-sucedida cresceu a um ponto opressivo e praticamente insustentável. Algo precisava mudar. Não seria nem um pouco fácil, mas percebi que eu teria de me livrar do meu egocentrismo pelo bem de todos os envolvidos, inclusive eu mesmo.

A partir daquele momento, passei a escutar a opinião dos outros e a trabalhar de forma mais colaborativa com os instrutores de nossos centros de treinamento, aproveitando suas boas ideias e trabalhando em equipe para aperfeiçoá-las ainda mais. Essa centelha inicial da mudança deu origem à nossa primeira Conferência de Capacitação de Instrutores, um evento de três dias em que convidamos os donos das escolas para se reunir conosco e discutir seus desafios, preocupações, soluções de problemas e inovações. A conferência se revelou um grande sucesso e deu origem a grupos de debate e ideias colaborativas que resultaram em estratégias de marketing, aprimoramento de software e um programa de mentoria para novos associados. O que se vê nesse caso é um maravilhoso reflexo do Princípio da Chave-Catraca, em que a Gracie University e seus instrutores certificados promoveram o avanço do modelo de negócios de forma incremental, escutando abertamente uns aos outros. Nos quatro anos seguintes ao evento, certificamos 124 novas escolas, mais do que dobrando a quantidade na metade do tempo que levou para chegarmos à primeira centena.

Hoje, uma das minhas incumbências preferidas como empresário é assegurar que todos na organização tenham oportunidade de ser ouvidos e de receber o devido reconhecimento quando trazem boas sugestões. Assim como não podemos subir por uma corda sem soltá-la em algum momento, precisei abrir mão do meu apego excessivo ao negócio para que pudéssemos galgar novas alturas — e, assim, fomos avançando gradativamente, ao ritmo de uma boa ideia por vez.

Não sou durona; sou obstinada.

—Padma Lakshmi, escritora e ativista

Dividir para conquistar

Todo mês de janeiro é a mesma coisa: somos bombardeados por anúncios de academias de ginástica e programas de emagrecimento. Afinal, no ano-novo, muita gente faz a resolução de perder alguns quilinhos e entrar em forma. Se você se enquadra nessa categoria, faça o Princípio da Chave-Catraca operar a seu favor. Nem que sejam apenas quinze minutos de exercícios diários que mal resultam numa gota de suor, o importante é começar. Esse será seu ponto de partida para evoluir em pequenos incrementos. Talvez após algum tempo você resolva ir à academia, malhar por meia hora, acrescentar aparelhos à sua rotina, aumentar a carga. Claro que começar logo por um programa completo de treinamento é possível, mas não há nada de errado na abordagem passo a passo. A cada refeição, procure consumir menos calorias. Substitua aquele cookie por uma maçã e o refrigerante por um copo de água. Há até quem controle a quantidade de vezes que abre a geladeira. No fim, todo o esforço conta.

Instrutores, professores e empresários também podem recorrer ao Princípio da Chave-Catraca para incorporar gradativamente boas ideias às suas metodologias. Os alunos muitas vezes têm uma sugestão sobre o melhor dia para uma prova (de modo que a data não coincida com as provas de outros professores), o formato ideal de questões ou o que considerar na média final. Os funcionários de uma empresa costumam observar detalhes que seus chefes deixam escapar, portanto, sua opinião deve ser valorizada e considerada com regularidade. O ideal é que todas as vozes sejam elogiadas por seu interesse, promovendo um ambiente de avanço colaborativo.

De grão em grão...

Existem muitas pessoas obstinadas que não percorrem o caminho tradicional: da escola para a faculdade e então para o mercado de trabalho. Muitas formam família antes que isso aconteça, mas, em seu íntimo, a sede de aprender e a motivação para melhorar suas condições de vida nunca são satisfeitas. Essas pessoas com frequência perseguem seus objetivos da maneira mais difícil, retomando os estudos ao mesmo tempo que trabalham em período integral e lidam com as obrigações familiares. Seus créditos na faculdade são conquistados a duras penas, disciplina por disciplina, frequentando as aulas presencialmente ou a distância, e elas avançam aos poucos rumo ao tão cobiçado diploma. Sua incrível persistência é um reflexo perfeito do Princípio da Chave--Catraca aplicado à vida.

Esforço e abnegação

Shel Simon é a personificação do Princípio da Chave-Catraca. Astro do futebol local da Morgan State University, em Baltimore, ele interrompeu os estudos aos 21 anos para focar na criação do filho recém-nascido.

"No início, fui para a indústria, aceitando qualquer trabalho que surgisse para sustentar meu filho. Depois ingressei em uma empresa farmacêutica e permaneci uma década nessa área", afirmou Simon, que queria muito causar impacto em sua cidade natal levando habilidades úteis aos jovens de Baltimore, fosse como treinador de futebol, fosse como educador. Mas, para fazer essa transição de carreira, ele precisava de um diploma. Assim, matriculou-se em um curso noturno, enquanto continuava trabalhando durante o dia. "O progresso era extremamente penoso, matéria por matéria. Eu trabalhava quase dez horas por dia e à noite assistia às aulas. Meu filho tinha uns 8 anos nessa época. Se não fossem minha mãe e a avó materna dele se revezando nos cuidados, eu nunca teria conseguido. Eu o buscava às dez da noite todo dia e chegava em casa para dormir e recomeçar tudo de novo no dia seguinte."

A determinação de Shel em progredir gradativamente acabou sendo recompensada com um diploma de informação e tecnologia da University of Maryland. "Essa jornada moldou meu caráter. Foi extremamente recompensador, uma realização e tanto. Senti que sou capaz de fazer qualquer coisa." Formado, havia chegado a hora de Shel correr atrás do sonho de ajudar adolescentes. Atualmente, ele é diretor de programação da Next One Up, uma ONG de Baltimore que busca proporcionar um futuro a jovens não caucasianos por meio do ensino, do acompanhamento psicológico e dos esportes. "Hoje meu filho tem 15 anos e se interessa por futebol e boxe. Mas, independentemente do que decidir fazer da vida, estou à disposição para oferecer minha ajuda a ele e outros adolescentes como ele."[32]

---

[32] Entrevista concedida a Paul Volponi em 13 de março de 2022.

Somos as sementes dessa planta obstinada e, em nossa maturidade e plenitude de coração, entregamo-nos ao vento para ser espalhados.
—Kahlil Gibran

Utilize o Princípio da Chave-Catraca para...

- **Implementar a mudança:** Você deseja realizar uma mudança operacional significativa no trabalho, mas tem medo de que não dê em nada se tentar implementá-la de uma vez. Então, cria um plano para introduzi-la em etapas até que o objetivo seja atingido.
- **Perseguir sonhos:** Você está ocupado com trabalho e filhos, mas, na verdade, quer se especializar em terapia familiar, então começa um curso on-line à noite e nos fins de semana.
- **Ensinar as crianças:** Seu filho tem um projeto escolar importante que deve ser completado em três meses e você o ajuda a desenvolver o hábito de trabalhar no projeto por trinta minutos todos os dias em vez de deixar tudo para a última semana.
- **Abandonar os maus hábitos:** Você está determinado a parar de fumar, mas sabe que largar o cigarro de uma vez só é muito difícil. Assim, compromete-se a reduzir a quantidade diária até conseguir superar o vício.

O Cadillac do "Homem de Preto"

Em 1976, o astro da música country Johnny Cash (que fez das roupas pretas sua marca registrada) chegou ao topo das paradas com uma canção que encarnava à perfeição o Princípio da Chave-Catraca: "One Piece at a Time" [Uma peça por vez]. Com letra de Wayne Kemp, compositor de Nashville [meca do country], a canção fala de um operário de fábrica automotiva em Detroit que planeja furtar peça por peça de um Cadillac ao longo de mais de duas décadas, até se aposentar. Dia após dia, ele surrupia uma peça em sua marmita e usa o trailer de um amigo para esconder as peças maiores. Um dia, o sujeito finalmente começa a montar seu carro dos sonhos e percebe que as peças não se encaixam porque vieram de modelos diferentes ao longo dos anos. A inspiração para escrever a canção ocorreu a Kemp após ele ouvir falar de um aviador americano que tentou fazer exatamente isso, roubando peças de helicóptero na base aérea em que trabalhava. "One Piece at a Time" fez tanto sucesso que um admirador de Johnny Cash construiu para ele um Cadillac como o da canção, utilizando peças de desmanches.

Escaneie aqui para aprender a aplicação de combate do **Princípio da Flutuação**

Capítulo 27

O Princípio da Flutuação

Aproveite a previsibilidade do comportamento humano para conquistar aliados e superar inimigos.

Um lindo dia que flutua com a leveza de um pássaro.
—Truman Capote, escritor e jornalista

Todo mundo certamente já observou bolhas de ar subindo à superfície de um líquido. Mergulhadores são treinados a seguir o caminho que elas percorrem para chegar em segurança à superfície caso se desorientem submersos. Em qualquer área da vida, temos a tendência natural de ascender para uma posição mais dominante e segura. No jiu-jítsu esse costuma ser o caso quando um lutador está imobilizado sob o outro. Reside aí a base do Princípio da Flutuação. Dessa posição inferior, sua aplicação bem-sucedida lhe permitirá sair de baixo ou provocar uma reação no adversário a ser explorada por ele (e, nesse sentido, guarda uma sinergia com o Princípio da Criação). Da perspectiva de quem está por cima, facilita preparar armadilhas, sabendo que a natureza flutuante do oponente fará de seu desejo de subir uma prioridade.

Quebra de confiança

O Princípio da Flutuação mostra que o comportamento humano geralmente segue um padrão e que, em nível individual, existe uma forte tendência de acabarmos revelando nosso verdadeiro caráter. Mais de mil alunos frequentam as aulas na Gracie University semanalmente. É um ambiente seguro, onde podem treinar juntos e se apoiar mutuamente em suas aspirações pessoais. O jiu-jítsu constitui uma parte valiosa na vida de cada um. Passo tanto tempo no tatame quanto em casa com minha família. Para mim, a escola sempre foi uma extensão do lar.

Portanto, qual não foi o meu choque e minha extrema decepção quando um dos alunos me procurou para dizer que seu celular havia sido furtado de um armário destrancado. O ocorrido parecia tão incongruente naquele lugar que a própria vítima tentou se convencer de que se enganara e o esquecera no carro ou em casa. Mas, infelizmente, um furto tinha de fato ocorrido.

Minha reação poderia ter sido chamar todo mundo e aplicar um sermão sobre como me sentia decepcionado. Mas optei por recorrer ao Princípio da Flutuação e esperei até que o gatuno voltasse a atacar.

Duas semanas depois, dito e feito. Outro celular desapareceu. Reuni minha equipe e checamos as listas de todos os alunos que haviam comparecido a ambas as aulas em que os aparelhos sumiram. Sete nomes emergiram na referência cruzada. Decidi continuar na minha. Na semana seguinte, após a última aula da manhã de sábado, um terceiro celular foi roubado. Verificando as três listas de alunos, descobri que apenas um deles comparecera às três aulas: Daniel, um jovem de 17 anos muito educado e que nunca me causara problemas.

Entrei no meu carro e, a caminho de sua casa, liguei para o celular do pai dele. Sem explicar do que se tratava, falei apenas que queria conversar com a família sobre um assunto importante.

Quinze minutos depois, eu estava sentado à mesa da cozinha da casa de Daniel com ele, seu pai, sua mãe e seu irmão mais velho. Ele parecia tenso enquanto eu apresentava os fatos circunstanciais do caso. Em dado momento, o irmão dele me interrompeu: "Meu irmão não é nenhum ladrão, Rener!" Respondi: "Valorizo sua lealdade e a confiança que você tem em seu irmão, mas os fatos contam uma história diferente." Com o peso das expectativas de todos sobre seus ombros, Daniel começou lentamente a ceder — e as bolhas de ar subiram à superfície. Ele se levantou, foi até o quarto e voltou com um celular. "E os outros dois?", perguntei, mencionando-os pela primeira vez. Para a consternação de sua família, após uma longa pausa, Daniel assentiu, saiu e voltou com um segundo aparelho — o terceiro já tinha sido vendido. "Agora a escolha é sua", falei a ele calmamente, "você pode nunca mais pisar na escola ou aparecer na próxima aula, se explicar para os seus colegas e me ajudar a restabelecer a confiança no nosso ambiente." Dito isso, fui embora e o deixei com a família para que tomasse uma decisão. Na segunda de manhã, recebi uma ligação do pai dele, avisando que levaria Daniel à aula à noite.

Por mais que eu dê crédito ao Princípio da Flutuação por me ajudar a pôr fim à onda de furtos, Daniel também merece crédito por ter decidido se tornar uma pessoa melhor.

A perspectiva de Daniel

"Honestamente, não foi tão difícil pegar o primeiro celular, cruzar essa linha e roubar um colega. Então, depois que peguei, eu pensei: 'Ah, que se dane, ninguém vai descobrir.' Só para você ter uma ideia de como minha cabeça estava confusa na época. No sábado de manhã, depois que roubei o terceiro celular, eu estava no carro com meu pai quando Rener ligou para ele e falou que ia passar lá em casa. Percebi na hora que ele já sabia.

"Comecei a ficar superansioso e não parava de apalpar o celular escondido na minha mochila. Então Rener chegou e foi muito respeitoso. Ele só expôs o caso todo, contando os fatos como se soubesse de cada movimento meu. Fiquei supermal, porque Rener sempre tinha sido como um irmão mais velho para mim, e eu tinha pisado na bola com ele. No começo da conversa tentei negar, mas não deu mais para esconder e, no fim, admiti tudo. Passei os dois dias seguintes remoendo a ideia de ter que confessar na frente de todo mundo.

"Na segunda-feira foi bem difícil falar sobre o que eu tinha feito. Mas o pessoal não reagiu como eu esperava. Pensei que nunca mais fossem olhar na minha cara. Só que não rolou nada disso. Até as pessoas de quem eu roubei o celular me chamaram para trocar uma ideia em particular. Todas as conversas e os conselhos que me deram foram positivos. De certa maneira, fiquei grato pela experiência. Eu andava com uma galera da pesada. Comecei a me acostumar com esse estilo de vida, achava maneiro fazer esse tipo de coisa. A experiência toda me transformou como pessoa e nunca mais roubei outra vez."[33]

Nota do Autor: Atualmente, aos vinte e poucos anos, Daniel trabalha com veículos a diesel, ferramentas e mecânica de motores, uma das paixões de sua vida. Após esse incidente, ele ficou mais de um ano sem treinar na Gracie University, mas agora voltou às aulas e está na faixa azul.

•••

> *Quando os escritores nos fazem*
> *balançar a cabeça com a precisão de sua*
> *prosa e suas verdades, e até mesmo nos levam*
> *a rir de nós mesmos ou da vida,*
> *flutuamos com uma leveza restaurada.*
>
> —Anne Lamott, escritora

Permanecendo à tona

Flutuação é a força exercida sobre um objeto total ou parcialmente submerso em um líquido. Ela ocorre quando a pressão abaixo do objeto é maior do que a pressão acima; caso contrário, o objeto afundaria como uma pedra (em física, uma "flutuação negativa"). O conceito foi articulado mais de dois milênios atrás pelo famoso matemático grego Arquimedes de Siracusa, que supostamente o concebeu quando entrou na banheira e percebeu como seu corpo deslocava a água que continha — para depois sair correndo nu pelas ruas gritando "Eureca"!

---

[33] Entrevista concedida a Paul Volponi em 12 de março de 2022.

De forma a controlar seus movimentos, o mergulhador pode usar um colete especial chamado bolsa de flutuação, que é inflada e desinflada, permitindo-lhe manter uma flutuação neutra sob a água. Em outra escala, é o que fazem os submarinos, utilizando a água do mar em seus tanques de lastro para obter flutuação ligeiramente negativa e controlar sua profundidade.

O conceito de Arquimedes faz parte da vida de muitos atletas modernos que buscam aumentar a proporção de massa muscular magra em relação à gordura corporal, que pode ser medida com mais precisão em um tanque hidrostático. Primeiro a pessoa é pesada normalmente. A seguir, expele o ar dos pulmões e submerge no tanque para realizar uma segunda pesagem. Devido à flutuação, tudo pesa menos sob a água e a diferença é fundamental para a medição: o tecido gorduroso é mais leve do que os músculos, portanto desloca um volume de água menor. Se com os treinos e a dieta regular o peso a seco permanece o mesmo, espera-se que na água ele aumente ligeiramente, traduzindo-se em um ganho de massa muscular e redução da gordura corporal.

Continue a nadar

Há mais de duas décadas o treinador Bob Groseth, da University of Notre Dame, tem ajudado atletas universitários a serem mais rápidos na água e pessoas melhores fora dela. Tanto suas equipes quanto seus nadadores individuais conquistaram inúmeros campeonatos, contando com mais de setenta All-Americans (ou seja, atletas de Seleção). Comentando seus métodos de treinamento, Groseth toca em muitos dos 32 princípios fundamentais do jiu-jítsu, como os da Flutuação, da Postura, da Criação, da Pirâmide, da Conexão, do Kuzushi, da Estrutura e do Impulso.

"Acredito haver muitos aspectos positivos que as artes marciais podem trazer para o nadador — aliás, para qualquer atleta. Entre eles, o controle do corpo, o equilíbrio e a alavancagem; não no sentido de fazer alavancas

contra um oponente, mas sim de aumentar seu impulso na água", afirmou ele, que, por incrível que pareça, nunca nadou no ensino médio nem na University of Indiana, onde estudou, atuando apenas como monitor. Para o treinador, o Princípio da Flutuação é de fundamental importância.

"Começa já com os nadadores iniciantes. Peço a eles que fiquem em pé com a água batendo no peito, respirando fundo e depois se encolhendo em posição fetal. A seguir, peço que flutuem para a superfície e aguardem até o corpo se estabilizar. Então os instruo a esticar os braços e as pernas. Dessa forma, eles aprendem a utilizar a flutuação para encontrar equilíbrio na água. Isso é de extrema importância para o nadador. Uma vez equilibrado, ele encontra menos resistência e gasta menos energia, encontrando uma posição que causa menos arrasto. Ao realizar o nado de peito, por exemplo, ele submerge brevemente. Na parte superior da piscina, onde há tensão superficial, a água é mais densa do que embaixo: assim o nadador faz força contra sua própria flutuação e, em vez de criar ondas na superfície, permanece submerso, encontrando menos resistência. Isso é muito importante porque, no nível universitário, a classificação para os campeonatos é definida por décimos de segundo."[34]

* * *

*Que meu nome tenha leveza suficiente
para flutuar no oceano do tempo.*
—Richard Watson Gilder, poeta
e soldado da Guerra Civil americana

Utilize o Princípio da Flutuação para...

- **Superar o bullying:** Seu filho constantemente é vítima de um valentão na escola e você sabe que isso só vai parar quando ele aprender as habilidades necessárias para desenvolver a confiança de se posicionar.
- **Gerenciar funcionários:** Um de seus funcionários de depósito conversa o tempo todo e atrapalha os demais, então você o transfere

---

[34] Entrevista concedida a Paul Volponi em 1º de março de 2020.

para o administrativo, onde poderá interagir com os clientes e usar sua personalidade extrovertida de forma mais produtiva.

- **Controlar o apetite:** Você não consegue segurar a tentação de atacar as besteiras da geladeira, então pede que sua esposa (ou marido) pare de comprá-las.
- **Solucionar um problema:** O desafio de dormir nos voos está contribuindo para seu *jet lag*, então você inventa um travesseiro especial para eliminar o desconforto.

Um problemão

Jordan Talmor é um praticante apaixonado do jiu-jítsu brasileiro e diretor de operações da Quikflip Apparel. Uma vez, Jordan comprou uma cobra-do-milho como bicho de estimação para o filho, e no primeiro dia o animal de um metro de comprimento desapareceu no apartamento onde moravam. Para resolver o mistério, Jordan recorreu ao Princípio da Flutuação.

"Vimos que a cobra tinha sumido do terrário e meu filho ficou arrasado. Minha mãe era professora de ciências e fui um leitor ávido da *National Geographic* na infância, assim eu sabia que a tendência natural da cobra seria procurar uma fonte de calor. Como a noite estava fria, desliguei o aquecimento da casa, fervi água numa panela, cobri com uma manta e a deixei no meio da sala. Na manhã seguinte, lá estava ela, enrodilhada. O fato de saber aonde algo ou alguém provavelmente irá me pareceu uma aplicação perfeita do princípio na vida real", considerou Jordan, que não recomenda dar o mole de deixar que uma cobra escape no verão.

Escaneie aqui para aprender a aplicação de combate do **Princípio do Controle da Cabeça**

Capítulo 28

O Princípio do Controle da Cabeça

Identifique a principal fonte de influência em uma organização e direcione seus esforços para ela.

Quando você reage, permite que os outros o controlem. Quando responde, você está no controle.
—Bohdi Sanders, lutador e escritor

Mais do que qualquer outra parte do corpo, a cabeça tem um tremendo controle quanto à postura, à mobilidade e ao equilíbrio de uma pessoa. No tatame de jiu-jítsu, é um prêmio conseguir controlar a cabeça do oponente, limitando assim a capacidade dele de usar vários dos princípios para defender ou armar um ataque. Quando ataca, você pode usar o Princípio do Controle da Cabeça para tirar o equilíbrio de seu oponente, conter e controlar sua capacidade de escapar das técnicas aplicadas, e efetuar uma grande variedade de finalizações. Na defesa, o princípio permite evitar golpes pelo controle da distância e reconhecer melhor possíveis fugas e reversões. Embora os usos do Princípio de Controle da Cabeça em um combate sejam de natureza inteiramente física, suas aplicações na vida vão muito além.

Controle sobre a força bruta

O Gracie Survival Tactics (GST), nosso programa de autodefesa criado para ajudar as equipes responsáveis pela aplicação da lei a se sobreporem de forma humana em sua atividade contra oponentes maiores e mais fortes, foi ensinado a oficiais em jurisdições dos Estados Unidos nas últimas três décadas. Mas, apesar do sucesso do programa, sempre senti grande frustração ao falar com os chefes de polícia a respeito de ampliar a adoção do GST.

Em média, policiais recebem apenas entre duas e quatro horas por ano de treinamento em táticas defensivas. Em minha opinião, essa quantidade de treinamento não é apenas inadequada, como também constrangedora. Sempre que a Gracie University envia uma equipe certificada de professores para trabalhar com os departamentos de polícia, é de praxe oferecermos uma semana inteira de treinamento. Nesse período, certificamos os participantes como instrutores para que possam retornar a seus batalhões e ministrar o material aos demais policiais. O problema é que os batalhões raramente oferecem aos instrutores que certificamos mais do que algumas horas por ano para compartilhar esse valioso material com seus colegas. Nos últimos vinte anos, venho defendendo que os oficiais, os quais serão os usuários finais das técnicas, recebam treinamento contínuo de pelo menos uma ou duas horas por semana. Em minha opinião, essa quantidade de tempo é o mínimo que um policial precisaria para desenvolver a memória muscular das habilidades que lhes permitiriam conter pessoas aplicando menor nível de força necessária, mantendo eles mesmos e os civis seguros durante cada interação.

Quase todos os chefes de polícia com quem falei concordam com isso. No entanto, quando chega a hora de aprovar o treinamento contínuo, eles sempre recusam, citando a despesa e a potencial perda de horas de trabalho pelas possíveis lesões de treinamento (e do seguro-saúde). Esse *pragmatismo míope* impede o reconhecimento público do que, sem dúvida, aumentaria a segurança de cidadãos, suspeitos e policiais em todos os confrontos nos quais há uso de força dentro de sua jurisdição. Em 2019, cidadãos e policiais em Marietta, na Geórgia, foram impactados por um incidente envolvendo o uso da força que foi registrado em vídeo em uma lanchonete local, após um homem que não recebeu bacon em sua refeição ficar excessivamente transtornado.

Oficiais sem treinamento são mais propensos a perder a calma e a reagir de forma exagerada em tais situações. Suas emoções são sequestradas pela amígdala, uma parte do cérebro que pode desencadear uma resposta interna de luta ou fuga, destinada à autopreservação, em vez de permitir que as funções cognitivas do córtex pré-frontal permaneçam no controle. Como resultado desse incidente, o Departamento de Polícia de Marietta (MPD, em inglês) determinou que todos os novos contratados, durante seus cinco meses de treinamento na academia de polícia, frequentassem aulas semanais em uma academia de jiu-jítsu cujos donos eram civis. Em 2020, todos os 145 policiais da ativa do MPD receberam a oferta de treinar jiu-jítsu sob patrocínio do departamento na mesma academia. Um total de 95 policiais aderiu ao programa, e os resultados foram perceptíveis.

Durante anos, tentei aplicar o Princípio do Controle da Cabeça por meio de diálogos com chefes de polícia sobre a implementação de um programa assim. Agora, graças à disposição do MPD de pensar de forma proativa, eu tinha dados significativos para justificar o que eu acreditava havia muito tempo. Os dados revelaram que os policiais treinados em jiu-jítsu tinham 59% menos probabilidade de se envolver em um incidente por conta do uso de força. Lesões graves em um civil eram 53% menos prováveis durante um confronto físico com um policial treinado em jiu-jítsu, incluindo uma redução de 23% no uso de equipamentos de choque. Quanto às implicações financeiras, a cidade pagou um total de 26 mil dólares pelas aulas durante um período de dezoito meses, mas a projeção foi de uma economia de cerca de 66.752 dólares em lesões esperadas para oficiais. E, claro, isso não inclui a possível perda de vidas nem as indenizações que um único incidente causado pelo uso de força com final infeliz poderiam causar.

Desde que esses dados foram divulgados, conversei com dezenas de chefes de polícia e batalhões em todo o país que desejavam replicar o programa de Marietta, com o trabalho árduo da Gracie University para atender às demandas de mais Centros de Treinamento Certificados. De todas as oportunidades que tive como membro da família Gracie, nenhuma me enche mais de orgulho do que fazer parte da revolução policial que defende táticas de controle humano e compassivo em detrimento da força bruta. Pois como meu avô Helio Gracie sempre dizia: "Um verdadeiro lutador de jiu-jítsu não sai por aí batendo nas pessoas. Nossa defesa é feita para neutralizar agressões."

Ainda temos um longo caminho a percorrer, mas graças ao progresso das agências de aplicação da lei, que estão empenhadas em fazer melhor, e a seus chefes que mostram ter a mente aberta, o futuro do policiamento nos Estados Unidos parece seguir em uma direção muito melhor do que no passado.

> *Se você está gritando, foi você quem perdeu o controle da conversa.*
> —Taylor Swift, escritora e cantora

Cães/negociações/meditações

Se você passeou com seu cachorro pela vizinhança durante a manhã, é provável que tenha praticado o Princípio do Controle da Cabeça ao usar uma guia e uma coleira. Também trazemos esse princípio básico do jiu-jítsu para muitos de nossos negócios diários, sejam eles grandes ou pequenos. Suponha que você esteja ao telefone com seu provedor de TV a cabo. Você já havia aceitado um acordo no qual receberia um pacote de seus canais *premium* gratuitamente por um período de dois meses. Para garantir que vai se lembrar de cancelar o pacote ao final do período de avaliação, você fez uma anotação em seu calendário. Em seguida, acessou a internet e fez o cancelamento. No mês seguinte, porém, você vê que há uma cobrança em sua nova conta de TV a cabo, um aumento de 14 dólares por mês. Depois de esperar no sistema telefônico da empresa por mais de dez minutos, você finalmente consegue falar com a voz humana de um representante de vendas. Assim, acaba contando sua história de forma resumida, do começo ao fim. E então descobre que o representante de vendas simplesmente não tem o poder de alterar o valor da sua fatura. Desse modo, por experiência, você automaticamente exige falar com um supervisor. Parabéns. Você já tem o Princípio de Controle da Cabeça do jiu-jítsu na caixa de ferramentas da sua vida.

Se você não estiver falando com a pessoa certa, alguém com poder para resolver o problema em questão, seus esforços serão em vão. Situações semelhantes poderiam ocorrer com facilidade em uma infinidade de outros lugares. Por exemplo, você não consegue resolver um problema com o professor de seu filho, então pede para falar com o diretor da escola. Há um desentendimento não resolvido com um garçom, então você chama o gerente. E assim por diante. E quando você pode se considerar um mestre do Princípio do Controle da Cabeça? Bem, quando de imediato você começa a ignorar os funcionários de nível inferior, caso seu problema seja muito complexo, e vai direto para a gerência, poupando tempo e energia.

Como você pode praticar o inverso do Princípio de Controle da Cabeça? Ao manter sua própria cabeça e mente livres de obstáculos e distrações. Cogite meditar. A meditação é um exercício de atenção plena, muitas vezes praticado todos os dias por seus adeptos. Essa atividade pode melhorar a clareza mental e a autodisciplina, reduzir o estresse e a ansiedade e, em alguns casos, até mesmo aliviar a depressão e a dor física. A prática da meditação também tem sido ligada à resposta de luta ou fuga do sistema nervoso central, algo que um praticante de jiu-jítsu deseja manter sob controle para reagir racionalmente em momentos de crise, sem que o medo domine o processo de pensamento.

Se você é totalmente novato em meditação, não se estresse. É fácil começar. Basta fechar os olhos, sentar-se num lugar calmo e silencioso e praticar. Mantenha o foco em sua respiração, e sua mente fará o resto. Quando você se encontra perdido em pensamentos, isso é consciência mental. Uma meditação de dez minutos pode parecer longa demais para um iniciante. E está tudo bem. Comece com uma quantidade de tempo que lhe seja adequada e aumente-a aos poucos para meditações mais longas, criando uma sinergia perfeita com o Princípio da Chave-Catraca do jiu-jítsu. Precisa de ajuda? No YouTube é possível encontrar uma série de meditações guiadas para iniciantes que vão ajudá-lo em sua trajetória.

Perfil: A maior jóquei feminina de todos os tempos

Julie Krone, jóquei integrante do Hall da Fama, é uma das profissionais mais talentosas da história das corridas de cavalos puro-sangue. Com seu 1,47 metro e seus quase 50 quilos, ela praticamente cresceu andando a cavalo, e chegou ao pódio mais de 3.700 vezes durante uma carreira marcada por vitórias emocionantes em grandes corridas, bem como derrotas devastadoras. Os jóqueis são alguns dos maiores atletas do mundo. Sua capacidade única de montar puros-sangues de mais de 800 quilos em uma pista de corrida por meio de um freio e um bocal torna seu trabalho um paralelo adequado ao Princípio de Controle da Cabeça do jiu-jítsu.

"Enquanto crescia, tudo o que fiz foi andar a cavalo. Então, quando cheguei ao hipódromo (aos 15 anos, por meio de uma certidão de nascimento forjada), aprendi muito sobre a psicologia do cavalo e sobre como me relacionar com todas as diferentes personalidades que os puros-sangues podem ter", explicou Julie Krone, que recebeu suas primeiras lições por meio da mãe, uma talentosa amazona. "Você não pode forçar um cavalo a fazer nada. Existem diversos estágios de dar e receber com um cavalo. As pessoas pensam neles como animais grandes e geniosos, e eles são, mas também são muito sensíveis. Você pede a um cavalo para fazer algo com pressão nas rédeas ou nos calcanhares. Quando eles obedecem, você os recompensa liberando essa pressão e os elogiando", contou Krone, que possui um dom incrível de se relacionar com os cavalos, o que muitas vezes faz o equino alcançar seu melhor desempenho.

Mas como Krone se comunica com os puros-sangues? "Definitivamente é um equilíbrio entre as mãos e o corpo. É preciso ter mãos rápidas para liberar a pressão em um cavalo depois que ele fez algo certo. Então o cavalo vai querer repetir essa ação para você. Sendo assim, se você inclinar o corpo sobre as costas dele e apertar um pouco suas pernas, um bom cavalo de corrida vai decolar embaixo de você como um Maserati. Mas, se puxar as rédeas e colocar as mãos no pescoço dele, poderá convencê-lo a diminuir a velocidade. Desse modo, você consegue ampliar seus passos, fazê-lo relaxar mais e respirar melhor. Se conseguir isso, ele vai poupar algo para uma grande reta final", observou Krone, que venceu o Belmont Stakes de 1993 exatamente dessa maneira, montando um puro-sangue chamado Colonial Affair. Foi a primeira vez que uma joqueta venceu uma corrida da Tríplice Coroa.

"Eu pensava o tempo todo em como, para mim, era fácil montar um puro-sangue, e como eles respondiam a mim, especialmente os mais desafiadores. Eu pensava comigo mesma: *Devo mesmo ser abençoada por ter um dom especial para fazer isso.*"[35]

• •

O estágio mais elevado possível na cultura moral é quando reconhecemos que devemos controlar nossos pensamentos.
—Charles Darwin, naturalista

Utilize o Princípio do Controle da Cabeça para...

- **Acionar superiores**: Você passou por uma experiência ruim em um restaurante, e o garçom lidou mal com a situação; sendo assim, você pede para falar com o gerente do estabelecimento.

---

[35] Entrevista concedida a Paul Volponi em 29 de março de 2022.

- **Buscar aprovação:** Antes de pedir a aprovação de um projeto, você faz uma pesquisa para identificar quem tem autoridade para aprovar sua ideia e, em seguida, procura os consultores dessa pessoa para obter uma orientação deles antes de fazer sua solicitação.
- **Lidar com a hierarquia:** Você está em busca de uma remuneração maior, mas sabe que seu supervisor imediato não o apoiará (pelos motivos errados), então se reúne diretamente com o gerente geral para explicar os desafios que está enfrentando com o supervisor, e por que você acredita merecer um aumento de salário.
- **Conseguir o que quer:** Você quer ir a um seminário de jiu-jítsu neste fim de semana, mas sabe que fazer isso sem o consentimento da pessoa com quem se relaciona causaria tumulto; sendo assim, você pede permissão e até concorda em cuidar das crianças no fim de semana seguinte, quando ela vai a um show, a fim de criar uma situação vantajosa para ambos.

Equinidade

Um dos primeiros usos do Princípio do Controle da Cabeça pelo homem surgiu com a domesticação do cavalo, mais de 5 mil anos atrás, pela cultura Botai, que hoje é o Cazaquistão. Aprender a controlar aqueles equinos livres e destemidos levou ao aprimoramento de atividades militares, comerciais, esportivas e de lazer. Os cavalos são controlados quase exclusivamente por meio de suas cabeças, pelo uso de um freio para direção e de rédeas para comandos sutis, como virar, acelerar e desacelerar. Esta é a origem das expressões modernas "sem rédea", que significa liberdade ilimitada, e "rédea curta", que significa restringir o controle ou o uso de energia. O nível do controle exercido por um governante sobre determinado domínio também é chamado de "reinado". Os termos no inglês, *rein* (rédeas) e *reign* (reino) são derivados do francês antigo, ambos surgindo no século XIII.

Escaneie aqui para aprender a aplicação de combate do **Princípio do Redirecionamento**

Capítulo 29

O Princípio do Redirecionamento

Use circunstâncias desfavoráveis para criar resultados favoráveis.

Quando não puder mudar a direção do vento, ajuste suas velas.
—H. Jackson Brown Jr., escritor

O jiu-jítsu há muito tempo é elogiado como uma arte que usa a força do oponente contra ele mesmo. Isso pode ser feito de várias maneiras. Até agora, testemunhamos alguns aspectos desse conceito nos Princípios da Criação, da Aceitação, do Relógio, de Kuzushi, da Tensão, da Falsa Rendição, do Esgotamento, do Impulso e da Carona. Redirecionar a energia é outra técnica valiosa para usar a força de um oponente a seu favor. O Princípio do Redirecionamento concentra-se principalmente nas maneiras de atingir esse objetivo. Você pode alterar o ângulo de impacto do golpe de entrada de seu oponente (por exemplo, substituindo um ângulo de 90 graus por um de 45 graus a fim de reduzir o impacto de um golpe) ou interceptar essa energia antes que ela esteja totalmente concentrada. Essas técnicas vão abafar as de seu oponente, abrir a porta para você contra-atacar e contribuir para esgotar a energia do adversário.

Ampliando o círculo de confiança

No fim de maio de 2021, parecia que todas as pessoas dos Estados Unidos que se preocupam de verdade com crianças que sofrem bullying nas escolas me enviaram a foto de uma garota de 13 anos, de Illinois, chamada Charlee Funes. Não foi muito fácil digerir aquela foto. O rosto de Charlee tinha vários arranhões e hematomas, e seu dente da frente estava bastante lascado. Ela também tinha a expressão vazia de alguém cuja confiança na própria segurança havia sido roubada. O trabalho da Gracie University com Austin McDaniel, um jovem de Indiana que também havia sido atacado (conforme descrito no Capítulo 21), recebeu grande atenção nas mídias sociais e, por isso, pessoas de todo o país estavam nos acionando a respeito de casos extremos como este. Como resposta, fizemos um pedido para que nos ajudassem a localizar Charlee. Em 24 horas, eu estava em uma videochamada com a menina, que não tinha voltado à escola desde a agressão brutal que havia sofrido. Charlee, uma garota incrivelmente bondosa, parecia pronta e ansiosa para aprender jiu-jítsu. Ao contrário de Austin e sua família, no entanto, a mãe de Charlee não tinha como tirar folga do trabalho para acompanhar a filha até Torrance para treinar conosco. Parecia ser uma dificuldade intransponível, até que abri minha caixa de ferramentas do jiu-jítsu a fim de encontrar uma solução.

Até aquele momento, vítimas de bullying extremo só haviam aprendido jiu-jítsu comigo ou com meu irmão. Dessa vez, porém, as circunstâncias e a logística exigiam outra coisa. Para fazer parte da virada de jogo de Charlee, precisaríamos empregar o Princípio do Redirecionamento e utilizar os talentos de um professor em um de nossos Centros de Treinamento Certificados. Procurei Jeff Kim, um artista marcial experiente, cuja escola ficava em Elgin, Illinois. Jeff admitiu certo nervosismo com a ideia de aceitar uma aluna que estava em evidência, com necessidades tão urgentes e delicadas. Mas eu o conhecia bem. E tinha confiança de que ele poderia ser fundamental para ajudar Charlee a superar os obstáculos físicos e mentais que haviam sido colocados diante dela de forma tão injusta. Além disso, eu precisava me assegurar de que outros instrutores em nossa organização fossem capazes de ter sucesso nessa tarefa.

Charlee e Jeff teriam três meses de vital importância para que ela mergulhasse no programa Gracie Bullyproof, antes da reabertura da escola de Charlee, em agosto. Os resultados? Desde o primeiro momento nos tatames, eles se deram muito bem. E, com muito trabalho, tudo se encaixou, e a dupla não perdeu o ritmo. Durante todo o verão, Jeff provou ser um líder e mentor incrível para Charlee, que acabou mudando das aulas particulares para aulas em grupo com alunos de sua idade. Eu não poderia estar mais orgulhoso deles. Em agosto, chegou o primeiro dia do novo semestre letivo. Falei com a mãe de Charlee sobre o nervosismo que ela poderia sentir ao mandar a filha de volta à escola. Ela me contou que Charlee lhe dissera: "Não se preocupe comigo, mãe. Agora sou à prova de bullying."

O Princípio do Redirecionamento ofereceu um caminho para o crescimento pessoal tanto do aluno quanto do instrutor. Charlee e sua família concordaram em fazer um vídeo de "antes e depois", mostrando sua jornada. Atualmente, o vídeo tem mais de 4 milhões de visualizações combinadas no Facebook e no YouTube. Isso é importante porque os atos de bullying escolar nunca devem ser varridos para debaixo do tapete, seja pelo constrangimento da vítima ou dos administradores da escola, que não querem lidar com as possíveis consequências. Em vez disso, fatos como esses precisam ser esclarecidos. Essa é a única forma de tais incidentes serem levados a sério. Para mim, o grande apoio de pessoas de todo o mundo para a transformação de Charlee mostra que a sociedade está pronta para dar a essa questão a atenção de que ela tanto precisa.

Algo inédito para aluna e professor

Jeff Kim começou a estudar artes marciais em meados da década de 1970 sob a tutela de seu pai, o pioneiro Ken Ok Hyung Kim, que abriu uma escola em Illinois depois de imigrar para os Estados Unidos, vindo da Coreia do Sul. Jeff estudou muitas formas diferentes de artes marciais e tem uma carreira longa e bem-sucedida como instrutor. Ao longo dos anos, muitos estudantes vítimas de bullying, junto de seus pais, procuraram sua ajuda. Então, por que Jeff ficou nervoso em aceitar o desafio de treinar Charlee?

"O nervosismo que senti tinha dois lados", contou Jeff. "Rener já tinha um relacionamento com Charlee e a família dela. Eles não me conheciam, e teriam que pegar uma hora e meia de estrada, na ida e na volta, para uma aula de uma hora. Isso era um tremendo compromisso da parte deles. Normalmente, quando ensino, há amigos e familiares dos alunos assistindo. Mas, como aquela história estava sendo documentada, eu sabia que haveria muita gente acompanhando o progresso de Charlee. Foi um peso enorme no início. Eram sempre Rener e Ryron que davam aulas a esses alunos em evidência. Eu tinha visto o impacto que eles podiam causar na vida de um aluno daqueles. Era a primeira vez que alguém de fora da Gracie University tinha sido chamado para fazer algo do tipo. Eu sentia como se eles tivessem me passado o bastão. Fiquei muito honrado, mas também não queria acabar decepcionando ninguém. No final, acho que Charlee e eu tiramos algo muito especial dessa experiência."[36]

• •

Todo problema tem uma solução; às vezes só é necessário ter outra perspectiva.
—Katherine Russel, escritora

Redirecionando o excesso de alimentos

Existem muitas pessoas e organizações em todo o mundo interessadas em redirecionar alimentos descartados para combater a fome. Sejam sobras de um restaurante ou comida perto de vencer no supermer-

---

[36] Entrevista concedida a Paul Volponi em 4 de maio de 2022.

cado, existem caminhos de redirecionamento estabelecidos, prontos para servir os alimentos às pessoas necessitadas. Entre eles está o City Harvest, com sede em Nova York, que nasceu há mais de quatro décadas, quando a primeira diretora da organização, Helen verDuin Palit, encomendou cascas de batata em um restaurante. Depois de descobrir que as sobras das batatas estavam sendo descartadas, ela fez do Princípio do Redirecionamento sua paixão por meio de uma causa social com significado. Com a ajuda de cerca de duzentos funcionários e milhares de voluntários, atualmente a City Harvest distribui mais de 34 milhões de quilos de alimentos excedentes por ano para pessoas necessitadas. Parabéns a todos os envolvidos pelo seu eficiente sistema ao estilo jiu-jítsu.

Lidando com a raiva

Um dos objetivos mais saudáveis que se pode alcançar por meio do Princípio do Redirecionamento é redirecionar sua raiva. Muitas pessoas no mundo de hoje, levadas a escolher um lado e a gritar com quem quer que expresse uma opinião contrária, têm dificuldade para lidar com a própria raiva e para redirecionar a raiva dos outros que está apontada para elas. Buda disse: "Agarrar-se à raiva é como agarrar um carvão quente com a intenção de jogá-lo em alguém; você é o único que sai queimado." Com essa observação em mente, existem muitas maneiras de desarmar essa raiva pessoal. Por exemplo, é possível redirecionar esses sentimentos para um treino ou esporte competitivo. Levantar pesos, andar de bicicleta, correr ao redor do quarteirão várias vezes ou bater em uma bola de tênis pode aliviar as tensões e liberar um pouco dessa pressão que rapidamente se acumula. Assim como no caso da bola de tênis, bater em um objeto inanimado pode servir de liberação emocional para muitas pessoas. Não custa lembrar: escolha algo macio, como um travesseiro, e não uma parede de tijolos.

Muitas vezes, escrever seus sentimentos em uma agenda, diário ou carta, mesmo que não tenha intenção de enviar a ninguém, pode ser bastante catártico. Se você puder ficar sozinho em um carro, soltar um grito primal também pode ser uma reorientação. Uma situação pode ser construída quando você se torna objeto de raiva injustificada ou inadequada. E isso acontece quando se define com alguém um novo limite (um exemplo do Princípio da Linha Central, que discutiremos no Capítulo 31). Como você lida com isso? Perceba que o problema é deles, não seu. Não permita que, como resultado, a resposta deles deixe você com raiva. Use a distância física (Princípio da Distância) para se afastar da situação. Mas não importa em que direção a raiva esteja fluindo (de você para eles ou deles para você), tente não se expressar com uma reação impulsiva. Em vez disso, se possível, substitua esse retorno por uma resposta bem pensada.

Perfil: Detonando os padrões

A dra. Ann Maria De Mars, que possui MBA e ph.D. em psicologia educacional, abraçou o Princípio do Redirecionamento durante toda a vida. Mestre em se desviar dos preconceitos de gênero por ser pioneira entre as mulheres no judô, De Mars seguiu redirecionando a negatividade, transformando-a na energia motivadora que serviu de apoio em todos os degraus da escada de sua vida. Primeira estadunidense a ganhar uma medalha de ouro no Torneio Mundial de Judô (1984), De Mars cresceu em uma época em que mulheres nem sempre tinham a chance de competir ou de serem elogiadas por seu desejo de ter sucesso em atividades diferentes do que lhes reservavam as normas sociais.

"Provavelmente perdi o comunicado da escola naquela semana, aquele que dizia como uma garota deveria se comportar e com o que deveria se importar. Eu me olhava no espelho para pentear o cabelo e escovar os dentes, não para me estressar com minha aparência. Cresci com uma imagem corporal muito positiva. Eu não me preocupava se meu nariz era muito grande ou se meus seios eram muito pequenos para se encaixar nas definições de beleza da sociedade", explicou De Mars, que tem quatro filhas incrivelmente bem-sucedidas, incluindo a ex-campeã de MMA Ronda Rousey. "O tempo todo eu dizia às minhas filhas: 'É a minha educação que coloca um teto sobre nossas cabeças, não a minha medalha de ouro.'"

Quando adolescente, De Mars passou um tempo em um centro juvenil e em um orfanato. "Entrei no judô, e isso me ajudou a mudar as coisas. Enquanto alguns de meus amigos estavam se metendo em mais problemas, eu tinha que estar no treino de judô." Mas De Mars acredita que todo adolescente deveria praticar artes marciais? "O que as crianças mais precisam é de, pelo menos, um adulto positivo em suas vidas. Às vezes isso vem de casa, às vezes de atividades externas. Realmente não importa se é judô, coral ou banda da escola. Porém, com o judô, você sabe que o jovem estará fisicamente apto e desenvolverá autoconfiança", observou.

Como a matemática e o judô se misturaram para a campeã? "Eu tive uma lesão séria no joelho, então não conseguia fazer metade do que meus oponentes podiam enquanto estava de pé." Isso motivou De Mars estudasse as estatísticas desse esporte ultracompetitivo, concentrando-se mais no trabalho de solo em vez de nos arremessos e dominando aquelas técnicas específicas por meio de intensa repetição. "Eu tenho um tipo de mentalidade voltada para a resolução de problemas, e o judô reforçou isso em mim", explicou De Mars, que tem um grande interesse em ajudar os adolescentes nativos americanos, em particular aqueles que vivem em regiões tribais, garantindo um bom conhecimento em matemática. "As crianças decidem muito cedo que não são boas em matemática, e isso as deixa para trás."

Com tal objetivo, De Mars é atualmente CEO da 7 Generation Games, empresa que cria jogos de computador com temas matemáticos para estudantes, com o objetivo de promover habilidades e um sentimento de sucesso na disciplina. Recentemente, cerca de 150 escolas incluíram o software em seu currículo. Apesar de todas as credenciais impressionantes em educação que ela tem e de todo o trabalho com adolescentes, até mesmo os *ph.D.* às vezes aprendem o básico. "Eu costumava dizer a Ronda, brincando, antes de suas lutas de judô: 'Querida, eu vou continuar te amando, mesmo que você perca, mas não tanto.' Então, um dia, Ronda, provavelmente com 13 ou 14 anos, veio até mim e disse: 'Sabe, ouvir isso me machuca de verdade.' Depois disso, eu passei a dizer, sobre qualquer coisa que ela estivesse fazendo (não apenas judô): 'Sabe, Ronda, se você não ganhar, eu vou continuar te amando tanto quanto antes.'"[37]

Você não vai conseguir olhar para uma nova direção se continuar olhando com mais intensidade para a mesma.
—Edward de Bono, médico e escritor

Utilize o Princípio do Redirecionamento para...

- **Acalmar os ânimos:** Você vê um homem discutindo de forma violenta com outro homem menor; sendo assim, intervém e usa a tática de demonstrar empatia com o agressor: "Não perca seu tempo, olhe como ele é pequeno, os policiais estão a caminho." Além de massagear o ego da pessoa, isso redireciona seu foco o suficiente para ajudar a evitar uma situação mais grave.
- **Orientar a discussão:** A pessoa com quem se relaciona demonstra frustração com a quantidade de tempo que você dedica a praticar jiu-jítsu; assim, você respeitosamente a lembra de que, acima de tudo, é o seu tempo dentro no tatame que o ensina a ser calmo, amoroso e paciente quando está fora dele.
- **Desviar a raiva:** Um cliente furioso está ao telefone dizendo como se decepcionou com um de seus funcionários; nesse contexto, você se desculpa de forma enfática antes de redirecionar a conversa, perguntando a ele qual sistema recomenda que você implemente para evitar que isso volte a acontecer. Assim, ele imediatamente muda o tom.

---

[37] Entrevista concedida a Paul Volponi em 8 de fevereiro de 2022.

- **Gerenciar expectativas:** Seu filho está implorando para que o leve à Disneylândia, mas você não tem condições financeiras. Você diz a ele que está economizando, mas enquanto isso vocês podem ir ao cinema assistir ao novo filme da Disney que acabou de sair.

Apetite vs. fome

Sim, muitas pessoas neste mundo sofrem com a fome. Mas, para quem está tentando melhorar a dieta ou perder peso, é importante reconhecer a diferença entre apetite e fome. Apetite é o *desejo* de comer, muitas vezes provocado pela visão ou cheiro da comida, às vezes até mesmo pela hora do dia. A fome é a *necessidade* de comer, quando o corpo busca sustento. Acima de tudo, é o nosso apetite que nos leva a comer, em especial aquilo que desejamos, como doces, carboidratos e salgadinhos.

Como você pode redirecionar seu apetite? Resista ao impulso imediato de parar em um fast-food. Programe um alarme para quinze minutos adiante. Na hora marcada, o desejo de se satisfazer com comida pode ter passado. Pegue um pedaço de fruta ou um talo de aipo. Se não estiver com vontade de comer nenhuma dessas coisas, provavelmente é o seu apetite tentando controlá-lo. Em um esforço para redirecionar, você pode sair do local onde está a tentação da comida. Saia para caminhar. Tome um banho. Pegue um livro e vá para o parque. O apetite pode se tornar um desejo passageiro que você é capaz de controlar.

Escaneie aqui para aprender a aplicação de combate do **Princípio da Mobilidade**

Capítulo 30
O Princípio da Mobilidade

Aceite o que você não pode mudar e tenha coragem de mudar o que você pode.

Se a montanha não vai até Maomé, então Maomé deve ir até a montanha.
—Francis Bacon, filósofo e estadista

A mobilidade é uma característica de sucesso importante em atividades que vão de negócios a esportes, até nas interações sociais diárias. E, claro, a mobilidade é um dos princípios fundamentais do jiu-jítsu. O Princípio da Mobilidade é simples e direto: se você não pode mover seu oponente, mova-se. Embora o jiu-jítsu empregue muitas técnicas baseadas em alavancagem (pense nos Princípios da Estrutura, da Postura, do Pivô e da Chave-Catraca), às vezes é mais fácil nos reposicionarmos do que fazer isso com um oponente mais pesado e bem-posicionado. Trata-se de um conceito de economia de energia em uma arte baseada na eficiência. Algumas das aplicações de mobilidade mais comuns no tatame consistem em circular, deslizar, separar, puxar e girar em relação ao nosso adversário. Todos esses são movimentos com os quais você provavelmente está bem familiarizado por fazerem parte de diversos esportes e atividades.

Mudando a posição… finalmente

Às vezes, até mesmo mestres de jiu-jítsu não conseguem enxergar o princípio central. Isso foi muito real para mim quando meu ego atrapalhou o processo de certificação pelo estado da Califórnia do método Gracie Survival Tactics (GST), que treina policiais em todo o país para o uso de técnicas de jiu-jítsu com o objetivo de levar a respostas menos agressivas durante os confrontos que requerem o uso da força. Nosso GST era um grande sucesso havia três décadas, mesmo em nosso estado natal da Califórnia, apesar de não ter sido registrado como um programa oficial pela Comissão Estadual para Padrões e Treinamento de Oficiais de Paz (POST, na sigla em inglês). Para deixar claro, a Gracie University recebia dezenas de questionamentos toda semana, perguntando se nosso programa tinha o selo Califórnia POST de aprovação. Entendendo que nosso programa estava muito acima dos demais, eu ficava incomodado com a ideia de adequá-lo aos padrões do estado. Não me descia a ideia de que burocratas deviam me dizer como ensinar jiu-jítsu, e eu definitivamente não queria reduzir nosso tamanho regular de turmas em um terço, passando de 150 alunos a cinquenta, de acordo com a regulamentação oficial.

Durante anos, meu pensamento foi o de fazer com que a Comissão POST da Califórnia mudasse sua política para atender às nossas necessidades. Mas isso nunca ocorreu, e provavelmente tinha poucas chances de acontecer. Embora a comissão e eu não concordássemos com os regulamentos de certificação, fui convidado a participar de uma videoconferência promovida pelo governo estadual, debatendo possíveis técnicas usadas pelos policiais da Califórnia para manter os cidadãos e os policiais mais seguros em caso de confrontos. Fui logo enfatizando que os oficiais em nosso estado deveriam receber mais de quatro horas de treinamento a cada dois anos. Foi aí que o moderador perguntou se eu poderia participar de uma chamada em particular com ele após a sessão. Nessa ligação, ele explicou: "Rener, se você quer mudar o sistema, a melhor forma de fazer isso é por dentro, participando dele." Suas palavras mal haviam sido pronunciadas quando minha ficha caiu — meu ego evidentemente havia me impedido de reconhecer o Princípio da Mobilidade como uma solução para esse problema.

A comissão não iria mudar por minha causa, então eu precisava mostrar que estava aberto a me adaptar. Em essência, era como um oponente, grande demais para que eu conseguisse movê-lo sem gastar uma quantidade significativa de energia. Essa conversa e a percepção causada por ela me inspiraram a mudar de postura. Recrutei meu bom amigo, o oficial Justin Wade, que havia muito tempo era um defensor do GST, para me ajudar a preencher a papelada necessária, já que ele tinha experiência em passar pelos mesmos obstáculos para que o currículo do Departamento de Polícia de Los Angeles (LAPD, na sigla em inglês) fosse aprovado pela Comissão POST. Durante semanas, trabalhamos para documentar nosso currículo em critérios reconhecidos pelo estado e, meses depois, o programa GST da Gracie University obteve a aprovação oficial. Embora tenhamos sido forçados a reduzir o tamanho de nossas turmas em dois terços, o selo de aprovação da Comissão POST da Califórnia aumentou a demanda por cursos GST no estado em impressionantes mil por cento, mais do que compensando a diferença.

A sede da Gracie University está localizada na cidade de Torrance, na Califórnia. Eu sempre me perguntei os motivos de o Departamento de Polícia de Torrance nunca ter enviado, de forma oficial, um membro para treinar conosco, quando tínhamos policiais vindos de todos os cantos do mundo para participar de nosso programa. Foi algo que nunca me pareceu certo, e sempre me decepcionou. Bem, não muito tempo depois de obter a aprovação da Comissão POST, quando eu estava indo para casa, um carro da polícia de Torrance parou em nosso estacionamento. Perguntei ao policial se poderia ajudá-lo e ele respondeu: "O chefe me enviou para matricular alguns de nossos oficiais para sua próxima turma de treinamento. Você é aprovado pelo POST, certo?" Confirmei, satisfeito, e o apresentei pessoalmente a Jackie, nossa coordenadora do método GST, que matriculou o oficial e sua equipe em nosso curso de instrução seguinte, que teria cinco dias de duração. Tenho que admitir que foi uma sensação especial, quase como uma criança em um evento esportivo que recebeu uma camisa oficial da equipe da casa.

Embora o processo de obtenção da certificação POST exigisse que eu mudasse minhas práticas de negócios e meu estado de espírito, valeu muito a pena. Vendo o enorme impacto que isso teve no crescimento do GST na Califórnia, imediatamente me concentrei em obter a mesma aprovação em todos os estados do país. Atribuí a ambiciosa tarefa de certificação nacional a Charlie Fernandez, diretor de operações do GST. Surpreendentemente, em menos de dezoito meses, recebemos a certificação (ou seu equivalente) em 41 estados, tornando a Gracie University a única organização de táticas defensivas de propriedade civil a alcançar essa distinção. Graças à incrível equipe que temos na Gracie University e ao Princípio da Mobilidade, é apenas uma questão de tempo até que o GST seja certificado em todo o país.

Alguns meses depois...

Certa manhã, eu chegava cedo ao mesmo estacionamento, e estava nervoso. Estava prestes a fazer um vídeo para a nossa série, o Gracie Breakdown, como eu havia feito centenas de vezes antes. Só que daquela vez não seria sobre o detalhamento de uma técnica específica em uma luta de MMA. Em vez disso, seria sobre um incidente polêmico envolvendo uso da força entre um policial em Grand Rapids, no Michigan, e um homem de 24 anos chamado Patrick Lyoya, que teve um desfecho terrível: a morte a tiros do sr. Lyoya.

Eu estava sentado a mais de 3.600 quilômetros de distância do local da tragédia, munido de alguns dados preliminares e das imagens da câmera do policial divulgadas em rede nacional. Entendia que não importava o que eu dissesse naquele vídeo, pois sem dúvida seria criticado pelas diferentes opiniões sobre o caso. No entanto, isso não era importante. Eu me sentia na obrigação de falar sobre o assunto. Minha experiência em trabalhar com profissionais da lei em muitas oportunidades me levou à mesma conclusão várias vezes: os policiais são muito mal treinados em táticas de controle desarmadas. Quando um oficial sente que perdeu o controle do confronto, muitas vezes isso pode causar pânico e perda da capacidade racional de tomada de decisão, o que, por sua vez, leva o policial a entrar no modo de sobrevivência.

Quando os policiais entram em pânico ou não foram treinados de forma adequada para intervir por meio de suas habilidades de controle de mãos nuas, em geral eles recorrem aos equipamentos em seu cinto de guarnição, ou seja, uma arma de choque ou de fogo. É certo que existem situações para as quais níveis mais elevados de força, incluindo força letal, são necessários e justificáveis, mas o desfecho ideal deve ser a neutralização da ameaça com menor uso de força possível. Na minha opinião, todo policial precisa passar uma hora por semana, no mínimo, em treinamento de controle de mãos nuas para se sentir mais seguro nesse tipo de confronto e para evitar a escalada que com muita frequência acontece.

Sem o treinamento intensificado, os oficiais não vão identificar as posições, ou "ilhas", de segurança que existem em cada confronto físico. Acima de tudo, aprender esses refúgios relativamente seguros permite aos policiais que mantenham ativo seu córtex pré-frontal, um fator crucial para evitar o pânico. Por que eu *precisava* fazer aquele vídeo? Para me expor às críticas? Bem, porque uma formação melhor dos policiais é uma discussão que a sociedade deve debater, agora mais do que nunca. Se eu me afastar voluntariamente dessa discussão para tornar as coisas mais fáceis para mim, então não mereço um lugar à mesa de decisões em que esses problemas um dia serão resolvidos. Sendo assim, bati a porta do carro atrás de mim, entrei na Gracie University e apertei "gravar", como forma de garantir meu lugar.

É estreita a mente incapaz
de olhar um assunto sob
vários pontos de vista.
—Mary Ann Evans (pseudônimo de George Eliot), escritora

Incômodo na praia

Uma das maneiras mais fáceis de evitar conflitos em sua vida diária é implementar o Princípio da Mobilidade. Digamos que esteja acampado na praia com sua família em uma bela tarde ensolarada. Você sai do mar e descobre que um grupo barulhento e desagradável instalou as toalhas de praia não muito longe das suas. Eles são tão barulhentos que seus próprios pensamentos se embaralham em meio à conversa irritante deles. Quando a linguagem do grupo começa a se tornar inadequada, você logo chega ao limite. É possível abordar essas pessoas e deixar claro que elas estão sendo mal-educadas? Obviamente, essa é uma opção. Mas é uma conversa difícil de se ter com estranhos que talvez serão seus vizinhos de praia por mais algumas horas.

Desse modo, em vez de tentar convencê-los a ter mais consideração pelos outros, seria mais fácil, e consumiria muito menos energia emocional, apenas mover sua família cinquenta metros mais longe na praia, fora do alcance daquela gritaria? Não permita que seu orgulho ou seu ego o façam pensar: *Nós chegamos aqui primeiro. Se alguém tem que sair, devem ser eles.* Se você estivesse em um ônibus e a pessoa que sentasse ao seu lado começasse a tossir e espirrar, você se levantaria e trocaria de lugar sem que isso causasse um conflito interno. Qual é a conexão entre os cenários da praia e do ônibus? Bem, da mesma forma que você não pode curar alguém que está doente com um estalar de dedos, não pode ensinar pessoas desagradáveis a ter boas maneiras de forma instantânea, por meio de um discurso ou de uma palestra improvisada.

Mobilidade corporativa

A pandemia da covid-19 aumentou drasticamente a evolução das práticas de negócios em todo o mundo. Uma das mudanças mais significativas foi a opção de trabalhar de casa, o que significou uma reviravolta no modelo tradicional voltado para um escritório central.

Denominada "mobilidade corporativa", essa tendência de novos locais de trabalho ganha força. Obviamente, isso só foi possível graças ao uso combinado de computadores pessoais e acesso às nuvens de compartilhamento de dados.

Quais são os benefícios da mobilidade corporativa? O aumento da produtividade e a redução das despesas da empresa e das pessoas estão entre os maiores deles. Pense que, sem o cansativo deslocamento diário para um escritório central, os trabalhadores se concentram mais em sua rotina e têm mais energia para aplicar em seus projetos. A mobilidade corporativa mostra uma sinergia inteligente com os princípios do jiu-jítsu, como os Princípios da Mobilidade, da Conexão, da Distância, da Criação, do Relógio, da Tensão, do Esgotamento e do Pivô, aumentando o moral e otimizando a produtividade.

Perfil: Lutando às cegas

O instrutor de artes marciais John Giordano é um solucionador de problemas. Ao se deparar com a tarefa de ensinar um aluno com deficiência visual, encontrou uma solução na premissa do Princípio da Mobilidade. Como a perspectiva do aluno não poderia ser alterada, Giordano enfim mudou a própria. "No começo, eu ficava frustrado como professor. Era quase como se meu aluno não entendesse o que eu estava dizendo a ele. Então tive a ideia de me vendar. Por um curto período, isso me permitia sentir exatamente o que ele estava sentindo e nos dava o mesmo ponto de referência espacial", contou Giordano, cujo aluno subiu na graduação até a faixa preta.

Como Giordano começou nas artes marciais? "Cresci no sul do Bronx. Quando tinha uns 14 anos, eu andava com uma gangue de rua. Vimos uma escola de artes marciais e eu disse: 'Por que não subimos lá e damos uma surra no professor?' Isso não aconteceu. Mas nós fomos até lá e eu gostei do que vi. No dia seguinte tive minha primeira aula. O professor queria demonstrar como bloquear um soco e pediu que alguém se voluntariasse, então levantei a mão. Enquanto ele ainda falava com a turma, tentei acertar um soco de surpresa nele. A próxima coisa que eu me lembro é de estar no chão com um pé no peito e o rosto dele sorrindo para mim. Não é preciso dizer que as artes marciais realmente mudaram minha vida."[38]

• •

> *O poder dos peões pendurados*
> *se baseia precisamente em sua mobilidade,*
> *em sua capacidade de criar*
> *situações agudas de forma instantânea.*
> —Boris Spassky, grande mestre de xadrez

Utilize o Princípio da Mobilidade para...

- **Assumir compromissos**: Seu relacionamento a distância está na corda bamba e a pessoa com quem você se relaciona não pode se mudar devido ao trabalho; sendo assim, você decide se mudar e recomeçar em uma nova cidade para dar uma chance ao relacionamento.
- **Lidar com distrações**: No escritório, a pessoa na baia ao lado fala tão alto com os clientes ao telefone que você não consegue se concentrar; desse modo, você busca a aprovação de seu supervisor para se mudar para outra baia.
- **Incentivar as crianças**: Seu filho pequeno fica apavorado com a primeira aula de jiu-jítsu e não sai do carro, então você o carrega para dentro do prédio e o deixa assistindo à aula do seu colo. Isso o deixa ansioso para tentar, pois está vendo que as crianças estão se divertindo muito.

---

[38] Entrevista concedida a Paul Volponi em 3 de fevereiro de 2022.

- **Gerenciar a saúde:** Você sofreu com a obesidade por vinte anos e fracassou em todas as tentativas de dieta; por isso, decide fazer uma cirurgia bariátrica para ajudá-lo a perder peso e aumentar suas chances de desfrutar de uma vida saudável.

Aprendizagem móvel

Eu costumava achar que o Princípio da Mobilidade para os alunos era simples: *Se você não consegue ver as anotações do professor na lousa de onde está sentado, levante-se e mude de lugar.* Não mais. Hoje, o Princípio da Mobilidade é a força motriz por trás do *"M-learning"*, ou *"Mobile Learning"*, que é o ato de usar dispositivos móveis pessoais, como smartphones e tablets, para acessar materiais de aprendizagem por meio de aplicativos móveis. E quais são as vantagens do *M-learning*? Trata-se de uma abordagem incrivelmente flexível, que permite aos alunos acessarem os materiais a qualquer hora do dia e de qualquer lugar. Imagine alguém trabalhando em tempo integral e tentando buscar um diploma universitário ou fazer pós-graduação. Definir seu próprio horário e local pode ser essencial para ir adiante na educação.

Quanto aos alunos do ensino básico, fundamental e médio, a aprendizagem a distância pode fazê-los aproveitar melhor o tempo, transformando os videogames de lazer em veículos para o aprendizado. Isso também os torna mais habilidosos no uso da tecnologia e promove o aprendizado com foco no indivíduo, no qual os alunos podem avançar em seu próprio ritmo. Como os materiais podem ser acessados 24 horas por dia, sete dias por semana, trata-se de um dos primeiros modelos educacionais capazes de mostrar quando cada aluno é mais naturalmente adaptado ao aprendizado matutino, vespertino ou noturno.

Escaneie aqui para aprender a aplicação de combate do **Princípio da Linha Central**

Capítulo 31

O Princípio da Linha Central

Seja dono da sua própria vida, estabelecendo limites onde são necessários.

Honrar seus próprios limites é a mensagem mais clara para que os outros também os honrem.
—Gina Greenlee, escritora

Controlar o centro do seu mundo é importante em todas as fases da vida. No tatame de jiu-jítsu, estabelecer o controle da linha central, a linha teórica entre dois combatentes, também é fundamental. Como os corpos mudam de posição durante uma luta e nem sempre um está de frente para o outro, pode haver duas linhas centrais, a sua e a de seu oponente. Manter o controle sobre a própria linha central aumentará suas opções potenciais, ao mesmo tempo que controlar a linha central do oponente resultará em uma drástica limitação das opções dele. De maneira ideal, queremos impedir que os membros do oponente cruzem de um lado para outro do corpo a fim de lhe dar esteio. Isso é chamado de "divisão", espelhando a teoria da estratégia militar de *dividir para conquistar* (daqui a pouco falarei mais sobre essa expressão). Uma divisão bem-sucedida pode levar também a uma "quebra", resultado poderoso que consiste em prender em armadilha um par de membros num dos quatro quadrantes de uma luta: superior direito, inferior direito, superior esquerdo ou inferior esquerdo.

Estabelecendo limites

No dia a dia, o Princípio da Linha Central gira em torno, sobretudo, de estabelecer limites para você e para os outros. Trata-se também de conversas duras e difíceis que acompanham o estabelecimento desses limites. Para a maioria das pessoas, o desafio é que elas em geral não definem limites que não são capazes de impor, e é aí que o jiu-jítsu costuma fazer a diferença.

No ensino médio em West High School, em Torrance, eu estudava com um menino chamado Martin. Não éramos amigos, mas nos conhecíamos por existirmos na mesma órbita. E, se a turma dos novatos do primeiro ano tinha um valentão, esse era Martin. Certo dia, eu estava no refeitório da escola quando ouvi atrás de mim um estrondo de pratos se quebrando, seguido de um sonoro palavrão. Ao me virar, vi Martin parado, furioso, bem na frente de um calouro com menos da metade de seu tamanho. Ao que tudo indicava, Martin parecia prestes a esmurrar o garoto — que não esboçava nenhum tipo de reação de defesa ou resistência — e levá-lo a nocaute no piso salpicado de comida. Eu não sabia quem ou o que havia começado a confusão que eu estava testemunhando, mas sabia que tinha que apagar o incêndio antes que as coisas saíssem do controle.

Eu me enfiei entre os dois, fiquei frente a frente com Martin e disse:

— Deixe o cara em paz. Cai fora.

— Você não sabe o que ele fez, Rener — retrucou Martin.

— Não estou nem aí — respondi. — Isso não vai rolar.

Em momento algum fiz ameaças verbais a Martin. Mas eu havia estabelecido um limite, consciente de que, se Martin decidisse ultrapassá-lo, provavelmente brigaríamos. Eu acreditava estar certo? Sim. Eu estava pronto e disposto a aceitar todas as consequências possíveis? Sim. Um instante depois, um Martin enfurecido se afastou.

Anos mais tarde, já como instrutor de jiu-jítsu, precisei ter uma "conversa difícil" com Yasu, um aluno dedicado que adquiriu a reputação de se preocupar mais em ser visto como "vencedor" do que com a segurança de seus colegas de treinamento. Quando mais uma vez o nome dele veio à tona em relação a esse problema, percebi que eu precisava intervir. Sendo assim, levei Yasu ao meu escritório para uma conversa individual. "As pessoas não se sentem seguras lutando com você", expliquei. A princípio, Yasu ficou surpreso com a reclamação, mas por fim admitiu: "Talvez eu me importe demais em sempre levar a melhor." Deixei claro para Yasu que aquela era a primeira e única vez que teríamos uma conversa sobre o assunto, que ele precisaria resolver o problema e que a próxima reclamação dessa natureza marcaria seu último dia de aula na Gracie University. Faz um ano que essa conversa ocorreu. Yasu ainda está conosco, e desde então nenhum outro aluno voltou a mencionar qualquer problema em relação a ele. Eu sabia que estabelecer esse limite rígido poderia ofender Yasu e levá-lo a desistir. Mas era um risco que eu estava disposto a correr, já que a cultura de segurança e trabalho colaborativo da escola é muito mais importante do que as ambições individuais de qualquer aluno no tatame.

Ter uma conversa dura com um único aluno em nossa escola de Torrance é uma coisa, mas impor limites a um instrutor de jiu-jítsu que é dono de um Centro de Treinamento Certificado (CTC) que ostenta o nome Gracie é um desafio totalmente diferente. E essa se tornou minha realidade quando soube que um instrutor casado, proprietário de um CTC, havia iniciado um relacionamento amoroso com uma aluna. Por um lado, essa questão poderia ser vista como um assunto pessoal entre dois adultos esclarecidos e que não cabia a mim me intrometer numa relação particular e consensual. Mas a situação ficou mais sombria. Vários alunos da escola sabiam do relacionamento e tinham um contato regular com a esposa do instrutor, alheia ao caso extraconjugal. Em essência, a situação fez com que esses alunos se sentissem parte de uma mentira, e não era isso que tinham em mente ao se matricularem para treinar jiu-jítsu Gracie. Baseando-me apenas nisso, senti-me obrigado a ligar para o instrutor e encerrar imediatamente o vínculo que tínhamos com sua escola.

Em uma luta, o Princípio da Linha Central nos ensina a estabelecer limites físicos de modo a neutralizar um adversário, e, na vida, esses limites são verbais, psicológicos e às vezes emocionais. Mas não se engane: a tarefa de definir e impor limites pode ser uma empreitada das mais difíceis. Pois é necessário ter confiança em si mesmo e em sua capacidade de discernimento, afinal, o que está em jogo é, em muitos casos, sua integridade ou segurança pessoal. Os limites também precisam ser justos para que sejam respeitados e tenham significado e peso. Como criador desses limites, você precisará celebrar o progresso que eles inspiram e aceitar os litígios e os processos judiciais que suas ações podem suscitar.

Dividir para conquistar

A expressão latina *divide et impera* se traduz como "dividir para conquistar" ou "dividir e governar". Ao longo dos séculos, tem sido usada como estratégia política, sociológica e militar fundamentada no conceito de dividir uma estrutura de poder em fontes individuais menores, as quais carecem de continuidade, mobilidade e potência geral de forças combinadas (é comparável ao objetivo do Princípio da Linha Central no jiu-jítsu). Costuma-se associar essa expressão ao governante romano Júlio César (81-45 a.C.), que declarou: "Toda a Gália foi dividida em três partes", a respeito da derrota e subjugação que impôs às tribos gaulesas. Mas o conceito dessa tática de manutenção do poder foi usado ou propagado por Napoleão Bonaparte, Sir Francis Bacon, James Madison, Thomas Jefferson e o filósofo Immanuel Kant. Hoje em dia, talvez os especialistas em tecnologia estejam mais familiarizados com a expressão, pois refere-se a um algoritmo de computador apropriadamente chamado de "dividir para conquistar", que tenta resolver um problema de alto nível ao fragmentá-lo em problemas menores até que se tornem solucionáveis.

O sucesso resulta de encontrar seu centro e seu eu.
—Bryant McGill, escritor

• •

Perfil: Central em sua vida

Ron Van Clief, também conhecido como "O Dragão Negro", é uma lenda das artes marciais. O aparentemente eterno Van Clief estrelou filmes do gênero na década de 1970 e ainda hoje compete em torneios de jiu-jítsu.

"Em muitos sentidos, as artes marciais salvaram minha vida. Não somente nas situações de rua, quando era uma questão de vida ou morte, mas também nos demais aspectos da vida, na hora de lidar com os obstáculos e as adversidades com as quais todos se deparam. Isso lhe dá a oportunidade de ter uma boa visão geral do propósito da vida e das próprias escolhas pessoais", disse Ron Van Clief, que na adolescência, no final dos anos 1950, conheceu de perto as ruas do Brooklyn. "Eu só comecei nas artes marciais aos 15 anos. Antes disso, fui ginasta e nadador. Meu interesse nas artes marciais era apenas ficar bom o suficiente para conseguir fazer parte dos Fuzileiros Navais."

Van Clief passou seis anos junto aos Fuzileiros, estacionado, na maior parte do tempo, no Pacífico Sul, onde teve contato com um sem-número de disciplinas de artes marciais. À medida que suas habilidades marciais e reputação cresciam, Van Clief começou a ser recrutado para estrelar vários filmes de kung fu produzidos na Ásia; além disso, fez trabalhos de dublagem em dezenas de outros. Alguns críticos da época se referiram a essas produções como "filmes *blaxploitation*", argumentando que os personagens retratados eram estereotipados e sempre inclinados à criminalidade. No entanto, Van Clief, que acredita ter ajudado a pavimentar o caminho para que as gerações futuras de atores negros conseguissem papéis de protagonismo em filmes, não vê as coisas dessa forma. "Não acredito nesse termo. Pelo simples fato de uma pessoa negra aparecer em um papel principal, qualquer exemplo positivo de caráter e proficiência é bem-vindo no domínio público. Meu trabalho nesses filmes abriu as portas para outros artistas negros estrelarem produções de Hong Kong e chegarem ao ponto em que estamos hoje na indústria cinematográfica."

O artista marcial também é conhecido pela notória façanha de ter entrado no octógono aos 51 anos para lutar contra o campeão Royce Gracie. "Eu assisti ao UFC 1 e ao UFC 2 no *pay-per-view*. Na época disse aos meus alunos: 'Eu tenho que fazer isso.' Todos acharam que eu tinha enlouquecido. Mas, quando se vê algo e isso o inspira, você tem que fazer. Você tem que seguir o seu *chi*. Era inevitável que eu lutasse contra Royce Gracie. Cada lutador escolhia seu oponente por meio de um sorteio usando bolinhas, e eu escolhi o número do Royce." Por fim, Gracie derrotou Van Clief com um mata-leão perto da marca de quatro minutos da luta. "Foi uma ótima experiência. Não muito depois disso, fui nomeado comissário do UFC e ajudei a escrever muitas das regras deles."

Perto de completar 60 anos, Ron Van Clief decidiu que queria estudar jiu-jítsu brasileiro. "Há pouco mais de onze anos, tirei a faixa preta e coloquei a faixa branca. Passei cinquenta anos construindo minha técnica de luta em pé, mas eu não tinha uma luta de chão consistente. No momento, sou faixa roxa com quatro graus. Vou continuar treinando até conseguir a faixa preta de jiu-jítsu", disse Van Clief, que treina no Havaí com Relson Gracie.

Como Ron Van Clief vê sua lendária carreira? "As artes marciais me mostraram o mundo. Morei em Nova York, Los Angeles, Hong Kong, Ilhas Virgens e agora no Havaí. Já competi em mais de novecentos torneios. Parei de competir no caratê aos 74 anos. Mas continuo competindo no jiu-jítsu."[39] É por isso que tantas pessoas ao redor do mundo se referem a Ron Van Clief como "O Dragão Negro".

• •

*O centro que não consigo encontrar
é conhecido por minha mente inconsciente.*
—W. H. Auden, poeta

---

[39] Entrevista concedida a Paul Volponi em 8 de março de 2022.

Utilize o Princípio da Linha Central para...

- **Priorizar a família:** Você percebe que, quando está em casa, se distrai muito facilmente com as notificações do celular; com isso em mente, passa a guardar o aparelho dentro de uma gaveta toda vez que está interagindo com a família.
- **Comunicar preocupações:** Seu cônjuge tem o hábito de se comunicar de maneira desdenhosa com você na presença de outras pessoas, e isso está afetando seu relacionamento; por conta disso, você se senta com ele ou ela para explicar seus sentimentos e por que esse comportamento é tão doloroso.
- **Propor mudanças:** Você e seu sócio têm participação igualitária numa empresa — cada um é dono de 50% do negócio —, mas você faz 80% do trabalho; por isso, você pede respeitosamente para renegociar o contrato de parceria, de modo que reflita as cargas de trabalho reais.
- **Revelar intenções:** Uma pessoa suspeita se aproxima sem permissão e você lhe pede que pare, mas ela insiste e continua vindo em sua direção; então, sabendo que ela tem más intenções, você começa a planejar sua defesa, como a situação exige.

Ponto de vista de Paul

Eu me lembro da minha primeira semana em uma escola de artes marciais. Havia um senhor mais velho que, entre um treino e outro, tinha o hábito de contar histórias para os alunos mais jovens. Toda vez que ele começava a falar, eu prestava atenção, atento às palavras dele.

Uma de suas histórias era sobre um adolescente que, depois de sofrer um ataque violento de um valentão, acabou com o olho roxo e se matriculou pela primeira vez na vida em uma academia de artes marciais. O rapaz mal conseguia parar em pé durante uma luta e estava longe de ter condições de derrubar um oponente. Um dia, no entanto, ele se viu caminhando do ponto de ônibus na esquina até a escola na companhia de um velho. Desconhecidos um do outro, os dois tinham acabado de descer juntos de um ônibus que vinha do centro da cidade. Do mesmo ônibus saltaram dois adolescentes mais velhos, que, por algum motivo, decidiram fazer do senhor idoso um alvo. Assim que os adolescentes arruaceiros se aproximaram do velho, o rapaz se virou para ele e fez uma reverência. O senhor retribuiu com o mesmo gesto, antes de entrar em uma casa de chá ao lado da escola. Surpresos com a troca de reverências, os dois adolescentes pararam o rapaz para questioná-lo. "O que foi aquilo?", um dos adolescentes perguntou. "As coisas são assim quando se estuda artes marciais", respondeu o rapaz. "Você sempre se curva para alguém com mais conhecimento do que você. É um sinal de respeito."

"Aquele velho é o mestre dessa escola?", o segundo adolescente quis saber. "Você ganhou esse olho roxo treinando com ele?"

"Eu sinto muito, não é algo que eu possa falar com pessoas de fora da escola. Mas, se fosse vocês, eu o deixaria em paz", respondeu o rapaz, categórico.

Por um momento, os dois supostos encrenqueiros se entreolharam, depois rapidamente se afastaram na direção oposta.

Sempre que penso na sinergia entre o Princípio da Mobilidade e o Princípio da Linha Central, penso nesse menino, que aceitou o fato de que não teria condições físicas de defender o velho. Em vez disso, ele encontrou outra maneira de protegê-lo, estabelecendo um limite instigado pelo medo e pela dúvida que conseguiu incutir na mente dos dois delinquentes juvenis em potencial.

Quando o senhor mais velho da academia de artes marciais terminou de contar a história, um dos alunos mais novos da escola lhe perguntou: "O senhor era o menino da história?" Ao que ele respondeu: "Isso não é o mais importante. A verdadeira questão é: será você esse menino um dia?"

Escaneie aqui para aprender a aplicação de combate do **Princípio do Grande Mestre**

Capítulo 32

O Princípio do Grande Mestre

Viva com a confiança de um faixa preta enquanto aprende com a humildade de um faixa branca.

A mente é tudo. Você se torna tudo aquilo em que pensa.
—Buda

O amálgama e a sinergia de todos os princípios que você aprendeu se reúnem no Princípio do Grande Mestre. Muitas vezes me perguntam: "O que faz de alguém um Grande Mestre?" Crescendo numa família de lutadores, se eu não executasse a técnica exatamente como me foi ensinada, eu pagaria por isso. Então, em vez de aprender a pensar por mim mesmo, eu me tornei muito bom em memorizar técnicas. E quero ter certeza de que você não percorrerá o mesmo caminho em sua jornada no jiu-jítsu. Pois, para se tornar um Grande Mestre, você precisa aprender a pensar por si mesmo. Isso não decorre de lhe ensinarem cada detalhe, de lhe dizerem o que fazer certo ou o que fazer errado. Em vez disso, é resultado de investigar possibilidades, fazer as perguntas certas e estar aberto a alternativas. Quando você encontrar obstáculos na vida — e sem dúvida vai —, nem sempre haverá um professor no seu ombro, sussurrando em seu ouvido o que você deve fazer. Não, você vai pensar por conta própria e, em algumas situações, improvisar na hora para criar uma técnica ou uma solução específica com base em tudo o que aprendeu até aquele momento. Um professor bom de verdade facilitará esse processo. E espero que eu tenha feito isso por você.

Lembro-me do dia em que recebi minha faixa preta, e aí me dei conta: *Puxa vida, ninguém vai me dar todas as respostas. Se eu quiser seguir melhorando no jiu-jítsu, tenho que aprender a ensinar a mim mesmo.* Levando em conta todo o meu conhecimento atual de jiu-jítsu, "me ensinaram" apenas 50% do que há para aprender. Os outros 50% eu descobri por meio do meu próprio estudo minucioso, com base em meu conhecimento a respeito dos princípios e fazendo perguntas intermináveis. Por meio desse mesmo processo, meu avô Helio Gracie desenvolveu muita coisa que constitui o jiu-jítsu de hoje. Durante grande parte da vida, ele não contou com um professor, então teve que ser seu próprio professor. E ele foi capaz de fazer isso porque incorporou todos os princípios fundamentais da arte, embora não os tivesse nomeado — da mesma forma que a gravidade sempre existiu, mas não tinha um nome até Isaac Newton aparecer.

Mesmo tendo ajudado a inventar a arte do jiu-jítsu brasileiro, Helio nunca deixou de buscar conhecimento. Ele jamais achou que sabia tudo ou que era maior que a arte em si. Esse tipo de pensamento nunca passou por sua cabeça. Em vez disso, ele sempre tentava desenvolver as técnicas para adaptar sua frágil compleição física a fim de conseguir enfrentar oponentes maiores e mais fortes. O que impulsionava meu avô era uma incansável busca pela eficiência, o princípio máximo da arte e a matéria-prima de todos os princípios essenciais que analisamos neste livro. Meu irmão, Ryron, e eu sentimos imenso orgulho de ter aprendido com nosso avô tantas lições valiosas sobre o jiu-jítsu e a vida.

Ao mesmo tempo, estou orgulhoso em igual medida por compartilhar esse conhecimento com você, leitor. Eu sei que você vai passá-lo adiante para outras pessoas também. À medida que enfrentar a vida, agora munido de uma caixa de ferramentas de jiu-jítsu, espero que os

32 Princípios aliviem seu fardo e aprimorem a jornada. A partir de agora, esses princípios são seus para que os esmiuce, experimente, modifique e utilize a fim de criar soluções ou técnicas capazes de superar os obstáculos e as adversidades que inevitavelmente esperam por você ao longo do caminho. Por favor, dê a si mesmo a permissão de ser seu próprio professor, de modo que possa evoluir para ser o Grande Mestre de sua própria vida. Lembre-se sempre de que todo problema é uma técnica à espera de ser descoberta, e os 32 princípios são seus aliados nessa busca.

> *O destino de uma pessoa nunca é um lugar, mas uma nova maneira de enxergar as coisas.*
> —Henry Miller, escritor

Você sabe que é um Grande Mestre na vida quando...

- **Toda vez que se depara com um obstáculo,** a primeira pergunta que lhe vem à mente é: qual dos princípios me servirá melhor?
- **Toda vez que enfrenta um revés,** seu primeiro pensamento é: o que eu posso aprender com isso e o que me ajudará no futuro?
- **Sempre que alcança um êxito,** a primeira coisa que você quer saber é: como eu posso tornar esse processo mais eficiente?
- **Toda vez que atinge uma meta,** você comemora, mas logo depois se pergunta: o que vem a seguir?

> ## Uma das Sete Maravilhas
>
> Helio Gracie compartilhou seu nome com o deus do sol da mitologia grega – *Helios*. O Colosso de Rodes, uma das Sete Maravilhas do Mundo originais, era uma imensa estátua construída para homenagear Helios e tinha aproximadamente trinta metros de altura. Concluído em 280 a.C., por mais de meio século o monumento figurou como uma extraordinária façanha da arquitetura antiga, até ser derrubado por um terremoto.
>
> Imagine isto: se o Colosso de Rodes pudesse ter treinado com Helio Gracie, sua queda ao chão teria sido confortável. E é mais do que provável que o Colosso teria lutado ferozmente contra o tal terremoto, até mais cedo ou mais tarde forçá-lo a se submeter e dar os três tapinhas de rendição.

Em 29 de janeiro de 2009, Helio Gracie faleceu de causas naturais, aos 95 anos de idade. Ele nunca parou de praticar jiu-jítsu e passou seus últimos dias no Brasil, na cidade de Petrópolis, junto com sua família e entes queridos. Suas derradeiras palavras foram: "Da dignidade no esporte eu fiz uma bandeira. Eu zelo pelo nome da minha família com afeto, nervos firmes e sangue."

Agradecimentos

Rener:
A todos os membros da família Gracie que vieram antes de mim, obrigado por tudo o que fizeram para pavimentar o caminho. Por meio de sua intensa paixão e persistência, vocês mudaram o mundo para melhor, de uma forma que nunca poderá ser desfeita.

Ao meu irmão, Ryron, obrigado por ser tudo o que eu poderia desejar em um irmão. Com você ao meu lado, nenhuma tarefa é difícil demais e nenhum sonho é grande demais.

À minha esposa, Eve, obrigado por ser a peça que faltava em todos os quebra-cabeças da minha vida. Cada dia que estou com você me dá a sensação de que ganhei na loteria, e ter o privilégio de criar uma família ao seu lado é a maior alegria da minha vida.

Aos meus filhos, Raeven e Renson, obrigado por me inspirarem de maneiras que eu não sabia que eram possíveis e por serem tão pacientes comigo enquanto busco minha faixa preta em como ser pai. Sei que ainda tenho um longo caminho a percorrer.

Paul:
Agradeço à minha família por sempre me incentivar a me expressar: Paul Volponi Sr., Mary Volponi, April Volponi e Sabrina Volponi.

E obrigado a William Moy por uma década de paciência e confiança me ensinando a pensar e agir como um artista marcial.

Tanto Rener quanto Paul gostariam de agradecer a Rachel Phares, Herb Schaffner, Joe Perry, Kim Broderick e Jordan Talmor por suas contribuições editoriais perspicazes para este projeto.

1ª edição	NOVEMBRO DE 2023
impressão	IMPRENSA DA FÉ
papel de miolo	PÓLEN NATURAL 70G/M²
papel de capa	CARTÃO SUPREMO ALTA ALVURA 250G/M²
tipografia	ADOBE GARAMOND PRO